普通高等学校“互联网+”立体化教材

# 大学立体化体育教程

主　编　许春彪　吴维民

新　华　出　版　社

**图书在版编目（CIP）数据**

大学立体化体育教程 / 许春彪，吴维民主编 . —北京：新华出版社，2018.6
ISBN 978-7-5166-4247-4

Ⅰ . ①大…　Ⅱ . ①许…　②吴…　Ⅲ . ①体育—高等学校—教材
Ⅳ . ① G807.4

中国版本图书馆 CIP 数据核字 (2018) 第 139763 号

**大学立体化体育教程**

**主　　编：** 许春彪　吴维民

**责任编辑：** 朱思明　　**封面设计：** 张　勍

**出版发行：** 新华出版社
**地　　址：** 北京石景山区京原路 8 号　　**邮　　编：** 100040
**网　　址：** http://www.xinhuapub.com

**照　　排：** 高荣华
**印　　刷：** 艺堂印刷（天津）有限公司
**成品尺寸：** 185mm × 260mm
**印　　张：** 17.5　　**字　　数：** 432 千字
**版　　次：** 2018 年 8 月第一版　　**印　　次：** 2022 年 8 月第四次印刷
**书　　号：** 978-7-5166-4247-4
**定　　价：** 38.00 元

# 《大学立体化体育教程》编委会

主　编　许春彪　吴维民

副主编　杨　锐　林楠楠　王　浩

# 前 言

体育是任何教育层次的学校都不能忽视的一门课程，“以人为本，健康第一”的思想是我们育人的基本理念。根据现代大学生的体育素质，我们提倡理论与实践相结合，以实践课为主体，理论课为指导的教学方法，使学生对体育锻炼经历“被动接受—主动接受—自觉锻炼”这样一个过程，在增强体质的同时，养成终身体育的良好习惯，为学生以后的工作与生活打下坚实的基础。

我们根据《全国普通高等学校体育课程教学指导纲要》的精神，遵循体育课程设置的基本规律，针对目前我国高校公共体育教学的实际情况，牢牢把握“以人为本”“素质教育”“强健体魄”“健康第一”的指导思想，编写了这本《大学立体化体育教程》。

本教材力求成为在校大学生体育学习和满足其终身体育锻炼需要的指导性用书；力求成为教育性、实用性、系统性的体育教材；力求突出体育文化的传播；力求在追求面向全体学生的同时，努力发展学生的个性，培养学生的终身体育锻炼习惯和能力，倡导科学合理的生活方式。本教材概括起来，具有以下特色。

**1. 理念新颖**

本教材遵循“健康第一”“终身体育”的新理念。在理论上，紧紧围绕体育锻炼与增进健康进行阐述；在实践上，兼顾竞技运动项目的同时，介绍了与强身健体有关的运动项目，使学生在学习的过程中，充分认识到体育锻炼对健康的益处和终身体育锻炼的重要性。

**2. 内容精练**

围绕大学体育课程建设目标，本教材有选择性地吸收了国内外大学体育教学的最新研究成果，摒弃陈旧、繁冗的内容，将理论与实践相结合，使教材的系统性更强，内容更精练，既能帮助学生掌握基础的运动项目，又能让学生了解户外体育项目。

**3. 科学性强**

本教材以大量的科研成果为依据，理论体系力求严谨、科学，学练方法力求实用、合理，避免空洞的说教，努力做到言之有理、言之有物、论之有据。

4. 实用性强

本教材注重理论与技能相结合，在教学内容和形式上突显了普通高等学校的特点，在学生学习运动技能的同时能够让其明确学习目标及考核标准。

5. “互联网+”新形式

运动项目加入了教学视频二维码，学生在教材的基础上，可通过扫码观看视频进行辅助学习。

本教材参编人员具体分工如下：许春彪（东北石油大学）编写了第一章、第三章、第六章、第十一章第二节；吴维民（东北石油大学）编写了第二章、第五章、第八章、第十二章第三节和第四节、杨锐（东北石油大学）编写了第四章、第九章、第十章第二节、第十一章第三节；林楠楠（东北石油大学）编写了第十一章第一节、第十二章第一节和第二节、第十三章；王 浩（东北石油大学）编写了第七章、第十章第一节和第三节、第十四章。

在编写过程中，我们参考和借鉴了大量的书籍、资料，并得到了有关专家的热情指导与大力协助，在此表示衷心的感谢。

由于水平有限，我们衷心地希望广大师生和专家可以提出宝贵意见，以便我们今后对教材进行修订和完善。

# 目 录

## 理论知识篇

## 运动实践篇

# 第一章

# 体育文化，你了解吗？

## 第一节　体育文化概述

### 一、体育文化的含义

把体育作为一种文化现象来加以认识，便产生了综合全部体育活动的上位概念—体育文化。德国学者G. A. 菲特在1818年出版的《体育史》一书中，就已使用“Physical Culture”一词，他用这一词来指沐浴和按摩等保健养生活动。据此，《韦氏国际大辞典》也称身体文化为“有关身体系统的保养”。有的解释更为宽泛，认为身体文化是包括从身体涂油剂、颜料，营养摄取，入浴设施直至身体训练的运动器械在内的各种文化现象的总称。第二次世界大战后，苏联和东欧各国把身体文化作为体育广义的概念来使用，认为它是整个文化的组成部分。20世纪50年代，库什金和凯里舍夫对于身体文化的定义是：“改善苏联人民健康、全面发展其体能、提高运动技巧以及创造体育教育专有的精神和物质财富等方面获得的成就的总和。”在日本，身体文化是与体育相关的概念。近藤英男认为，所谓身体文化，是为了保护、培养、锻炼和提高人的生命力，以身体或身体活动为基础和媒介而形成的文化的总称。他把身体文化分成以下四个部分：① 运动文化：把生产劳动及游戏技术发展起来的运动、舞蹈等身体活动练习，统称为运动文化。② 健康科学：为维护生命、保护和增进健康的有关人体的科学体系。③ 日常生活中的行为：包括茶道、礼节、教养和仪式等活动中人们的行动，这是行为美学的一部分。④ 体育运动教育：将上述体系作为媒介，以人的教育为目标的体系。

1974年，国际体育名词术语委员会出版的《体育运动词汇》中指出：“体育文化是广义文化的一个组成部分，它综合了各种利用身体锻炼来提高人的生物学和精神潜力的范畴、规律、制度和物质设施。”对体育文化的理解见仁见智，有人认为身体文化就是身体锻炼。法国的顾拜旦则认为体育文化是促进健康和增强体力的身体运动体系。尽管人们对体育文化的认识还没有完全统一，对于概念的使用范围尚有争议，但是体育发展过程中所产生的观念形态和知识体系，所创造的手段、方法、技术、器械和设施，以及有关的组织、宣传机构等，已经在人类的社会生活中构成了一种独特的文化现象。人们的体育价值观念，运动技能和体育活动的组织管理方法，有关体育报刊、书籍和音像制品的出版发行，广播、电视中的体育节目，体育题材的文艺作品，体育奖品、宣传品、纪念品以及体育文物等影响到人们精神生活的一切方面，均可视为体育文化的范畴。

苏联教授马特维也夫博士 1989 年应北京体育学院邀请进行了为期一周的讲学。马特维也夫认为，身体文化从广义上讲是社会文化的一部分，它是旨在使人的身体完善而合理利用的专门性手段、方法和条件所取得成就的总和。通常可将身体文化分为两个部分：第一部分是社会所利用和创造的一切有价值的东西，即专门性的手段和方法及使用它以保证人们最有效地发展身体并达到一定的身体准备程度；第二部分是利用这些手段、方法和条件的积极结果。身体文化与体育在本质上是一样的，都是为了人的身体的完善发展，但它们二者并不完全相同。在涉及体育及体育成果作为某种价值的时候，二者相同。体育是社会在发展的过程中，新一代人与老一代人交接身体文化珍品的一个渠道，也是文化珍品的积累方法。

体育文化包括：体育物质文化，如为了满足人们体育需要而开发的各种运动器材和场地设施等；体育制度文化，如在体育运动中人的角色、地位以及各种体育活动的组织形式，为促进体育发展而形成的各种组织机构，人们围绕体育而创造的各种直接影响体育活动的原则、制度等；体育精神文化，如依托体育改造人的精神的思想观念及理论体系，通过抽象的声音、色彩等表现体育精神的艺术文化等。有的学者认为，体育文化是人类体育运动的物质、制度和精神文化的总和，包括体育认识、体育情感、体育价值、体育理想、体育道德、体育制度和体育的物质条件等。这种对体育文化的界定是比较准确的。

综上所述，体育文化是在增进健康、提高人们生活质量的过程中创造和形成的一切物质和精神的财富，包括与之相应的社会组织及规范体育活动的各种思想、制度、伦理道德和审美观念，还包含为达成体育目标而采取的各种改革举措以及相应的成果。

## 二、体育文化的特性

### （一）民族性

不同地域的人类，创造了不同类型、不同形态的文化，又塑造了具有不同文化特征的群体。任何形式的民族文化，都与本民族的形成、延续和发展密切相关，都与本民族的地理环境、人种特点、风土人情、经济条件、生产力水平乃至和社会结构相适应。反映本民族的传统的体育文化规范着本民族的体育行为，也影响着人们的体育价值观念。中国在儒家文化的长期影响下，形成了注重修身养性的娱乐性和技巧性为主要特色的体育文化。

### （二）时代性

时代在不断地演化和发展，各个不同的历史时期有着不同的生产方式。人们总是生活在一个特定的环境中，这个生活环境对人类产生着重大的影响。人们在生活实践中所创造的文化，也都离不开这个环境的影响。因此，文化也具有特定的性质、特定的内容和特定的形态，表现出鲜明的时代性。

### （三）社会性

文化的社会性，也称文化的群众性。这是因为任何文化都离不开大众，更不能离开社会。如果说人离开了文化，就不能成为真正的人，同样，社会离开了文化就会变成一个愚昧的社会。因此，人、文化和社会三者之间形成了相互关联、相互作用的复合体。

### （四）差异性

文化的差异性既表现在一个地区、一个民族的行为习惯上，也表现在价值标准和价值观念上。例如，东方体育文化重礼节、求持中、重自身完善和求个人身心平衡的品格形式，表现了人的内在品质和言行相一致的东方色彩。再者，身材普遍纤瘦的区域的人们善于技巧性运动，体格健壮的人们则更善于摔跤、马术；身体较为单薄的人群在运动中更需要相互协作，因此在体育运动中表现为集体项目的倾向，体格健壮的人群则表现了较多的个性化项目的属性等。

### （五）继承性

继承性也可称为传统性。例如，在养生学的发展中，一脉相承地主张以静养生，后来有人主张以动养生，再后来主张动静结合。这是体育文化延续和人们不断深化认识的过程。

# 第二节　中国传统体育文化

## 一、中国传统体育文化的特点

从决定文化特点的传统思维方面来认识中国传统体育文化的特点，可以说，强调整体性是中国传统体育文化最大的特点。因为中国人自古代起就习惯于从整体方面认识事物，把人、自然和社会看成是一个不可分割的有机整体，以主客体统一为基础，把世界看作是由两种相对应的事物构成的统一体，并由这两种对应事物的矛盾运动推动事物的发生和发展。在这样一种中国传统思维方式特征的影响下，中国传统体育文化带上了十分明显的整体性思维方式的特征，具体表现在以下三个方面。

### （一）追求与自然的统一

武术是中国传统体育的典型代表，虽然它的拳种流派很多，但一般都要求根据大自然的季节和地理环境的变化而采取不同的练习方法，如形意拳锻炼时要与四时相配，要按四季发展的规律（即春发、夏放、秋收、冬藏）进行。流行于广东的“少林八卦五行功”则要求练功者根据不同的季节，分别进行卧功、坐功、站功和走功的练习。

除了在练功时间上追求与自然变化相统一以外，对练功地理环境的追求也是中国武术的一大特点。在传统武术训练中，一般都要求训练场所“须择山林茂盛之地，或奇观庄严之处，或房屋洁净之区”，达到人与自然环境之间的和谐统一。

### （二）追求练心与练形的统一

神是指人体的精神思维活动，包括意识、心理等。形是指形体，包括人体的皮肉、筋骨、脉络、脏腑及充盈其间的精血，是人体生命活动的物质外壳。在形与神的关系上，我国传统观点历来是主张形神为一，是相互联系的有机体，并有“精神内伤，身心败”（《黄帝内经》）之说。

中国传统体育主张以动养形，以静养神，形神共养。针对人之形体喜静不喜动，人之精神喜动不喜静的特点，汉代名医华佗说：“动摇则谷气得消，血脉流通，病不得生，譬如户枢不朽是也。”他还由此创编了运动强身法“五禽戏”，后世所创编的丰富多彩的运动健身方法也是由这种思想而来的。中国古人在主张以动养形的同时，对“静亦养神”也给予了高度重视，创编了无数以静养神的方法，即以“气功”称之的各种功法。

最能体现形神共养、共练特点的是中国传统体育所强调的动中有静，静中有动，动静结合。如气功中的静功是指练功时躯体在空间保持不动的一类功法，虽从外形上看是没有有意识的肢体运动，但气血却要在意念的支配下形成有意识的运动状态，这是动静结合的一种形式。另外一种形式是气功中动功和武术的一般练习方法，练功时，躯体在空间的位置不断地发生变化，此时人体外形在有意识地运动，而精神却要求保持专一、宁静，从而做到动静结合，在传统武术练习中流传有“内练一口气，外练筋骨皮”的说法。这都充分体现了中国传统体育文化整体性的特点。

### （三）追求培养人与社会相和谐的意识

这一特征反映在中国传统体育上，即中国武术的武德文化。在中国武术众多的流派中，几乎都无一例外地重视对习武者武德、操行的培养和教育，从而制定了许多戒约、规定。例如，《昆吾剑言》规定了“十不传”，即“人品不端者不传；不忠不孝者不传；文武不就者不传；借此求财者不传；俗气入骨者不传；市井人不传；拳脚行不传；宁可失传也不轻传”；《少林戒约》云：“平日对待师长，宜敬谨从事，勿得有违傲慢之行为。对待侪辈，须和顺温良，诚信勿欺。”

中国传统体育这种追求培养人与社会相和谐的意识的特点，充分体现了中国传统体育的整体性特点。

## 二、中国传统体育文化在中国传统体育社会中的作用

### （一）中国传统体育文化是中国传统体育社会的标志之一

在不同的国家、民族或群众之间，文化所表现的区别要比人类的肤色或任何其他生理现象所表现的区别深刻得多。地域、疆界只能划出两个国家、民族在形式上的区别，只有文化才能表现出其内在的、本质上的区别。作为中国传统文化组成部分的中国传统体育文化也不例外。只要一说到武术、气功或体育文化的整体性特征，人们马上就会想到中国传统体育文化的东西。

### （二）中国传统体育文化使中国传统体育社会有了系统的行为规范

通常来说，有了文化，人们便有了行为标准。文化也促进人们相互间的行为协调和相互配合。文化使一个社会的规范、观念更为系统化，文化集合解释着一个社会的全部价值观和规范体系。同样，中国传统体育文化也使得中国传统体育社会的各种规范和观念更为系统化，包括习武者的所属门派、饮食、穿着、庆贺的要求和方式、拜师的仪式、行为的戒约规定、追求的最高理想等。

### （三）中国传统体育文化使中国传统体育社会的团结有了重要基础

这一点被称为文化的整合功能，即使社会形成一个整体。从文化整合的观点出发，中国传统文化中的观念文化、制度文化和器物文化等都从不同侧面维持着中国传统体育社会的团结。体育观念文化，如武德文化从思想上影响着中国传统体育社会的成员；制度文化，如各种戒约规定约束着体育社会成员的行为，器物文化，如各门派所传授的各种功法、拳法和器械操作要求等，都使得各门派的师徒产生了认同和友谊。

# 第三节　奥林匹克运动文化

奥林匹克运动文化，包括奥林匹克运动的全部思想体系和活动内容，是奥林匹克运动在实践过程中所创造的物质财富与精神财富的总和。物质财富即物质文化，主要指奥林匹克运动对人体、技能的改造、发展，以及所采用的各类场馆、器材等设施和由此产生的文化形态。精神财富即精神文化，主要指奥林匹克运动对人的内心世界、社会行为的影响以及与之相关的各项文化艺术活动。古代及现代奥林匹克运动都蕴藏着丰富的物质文化与精神文化。

## 一、奥林匹克运动文化概述

现代奥林匹克运动历经100多年的风风雨雨，已发展成迄今为止人类历史上最盛大的社会文化现象。回顾奥林匹克运动产生与发展的历程，我们不能不追溯它的源头——古代奥林匹克运动会。

古希腊被称为欧洲文明的发源地，也是古代奥林匹克运动会的发祥地。古代奥林匹克运动会的竞技场遗址——奥林匹亚，就是奥运火炬熊熊燃起的地方。

公元前776年，人们组织了大规模的体育祭礼活动，并决定在奥林匹亚每4年举行一次。这样，公元前776年举行的奥林匹克运动会被正式载入史册，到公元394年，历时1170年。由于奥林匹克运动会期间实行休战，奥林匹克运动会不间断地举行了293届，创造了人类文明史上的奇迹。古代奥林匹克运动会体现的公平竞争的原则，“永远争第一”“在生活的一切领域追求最高成绩”的拼搏意识，竞技优胜者的高强技艺、高尚道德和健美体魄都对现代奥林匹克运动产生了积极的影响。

现代奥林匹克运动的产生是在一个广阔的时代背景下长期孕育的结果。14—18 世纪，欧洲大陆出现了三次大的思想文化运动，为奥林匹克运动的兴起奠定了思想基础。他们还进一步制订了锻炼身体的各种措施，使体育成为培养全面发展的人才不可缺少的教育活动。

法国教育家顾拜旦是公认的现代奥林匹克运动的创始人。他为现代奥林匹克运动的诞生和发展做出了卓越的贡献。在他的不懈努力下，1894 年 6 月 16 日—24 日，“国际体育运动代表大会”在巴黎索邦神学院举行。这次大会唤起了与会者对古代奥林匹克运动会的向往，与会代表一致同意顾拜旦的主张，决定复兴奥林匹克运动会，并通过了复兴奥运会的决议。1896 年 4 月 6 日—15 日，第 1 届现代奥林匹克运动会如期在雅典举行。现代奥林匹克运动的影响力远远超出了体育范畴，在当代世界的经济、哲学、文化、艺术和新闻媒介等诸多方面，产生了一系列不容忽视的影响。奥林匹克运动不仅构成了现代社会所特有的体育文化景观，还以其特有的文化魅力愉悦人们的身心，更以其强烈的人文精神催人奋进。它已成为人类社会友谊、团结的象征，为维护世界和平和推动人类社会的进步做出了巨大贡献。

## 二、奥林匹克运动文化的特征

奥林匹克运动文化，以欧洲文化为主要特征。这是因为奥林匹克运动发源于欧洲，而且最初的参加者主要来自欧洲和北美。但是，现代奥林匹克运动会不仅仅是古代奥林匹克运动会的简单翻版。作为一种文化，它是对古代奥林匹克运动会的继承和发展，是带有古代奥林匹克运动会传统色彩的、具有现代思想内涵的国际体育盛会。总的来说，奥林匹克运动文化具有平等化、国际化、理性化和人文化的特征。

### （一）平等化

古代奥林匹克运动会由于受到古希腊体育文化及古希腊宗教文化的影响，种族主义、阶级性和性别歧视特别明显，对于参加奥运会的选手做出了禁止外来居民、奴隶参加，禁止妇女观看和参加比赛的规定。

随着时代的发展，社会的进步，现代奥林匹克运动会已经完全摆脱了这种情况。在《奥林匹克宪章》的第二部分中，对于参赛选手资格做出了明确的规定，即凡是承认和遵守《奥林匹克宪章》《世界反兴奋剂条例》的运动员，无论种族、国家、阶级、性别如何，都可以参加奥运会。这充分地体现了体育运动面前人人平等、重在参与的奥林匹克宗旨。它教导人们在生活中最重要的事情不是胜利，而是斗争，不是征服，而是拼搏，并影响着人类社会活动的各个领域，不断地推动着人类社会的发展与进步。

### （二）国际化

古代奥林匹克运动会对参赛选手是有限制的。最初规定参赛的人必须是具有希腊血统和自由人身份，并且没有犯罪记录的男性公民，这导致了体育文化交流的局限。但是随着体育的不断普及，奥林匹克运动逐渐深入人心，奥运会的规模不断地扩大。1896 年第 1 届现代奥林匹克运动会召开时只有 14 个国家的 241 名运动员参加，发展到 2016 年里约热内卢第 31 届奥运会，205 个国家和地区的 10500 名运动员参加了 26 个大项、302 个单项的比赛。由此可见，奥林匹克运动已经成为世界的汇合点和各种不同文化联系的纽带。

### （三）理性化

奥林匹克运动从古奥运会创始初期就强调了人的身心和谐发展，认为竞技优胜者不仅应具有高超的技艺，而且应道德高尚、知识丰富、内心充实、体魄健美、举止优雅。但是，由于古代奥林匹克运动会在发展初期，受到欧洲文化以及宗教文化等主导文化的制约，奥林匹克运动文化在物质层面上体现得较为突出，人们主要追求外在形体健美等表面化的东西。

随着社会的发展，人们对于奥林匹克运动文化的认识开始由感性深入到理性，即从“形体美”深入到“心灵美”，开始着重强调其精神层面，即要求锻炼者在身体健美、均衡和体态端正的基础上达到意志、品质和身心的完美结合，充分体现了奥林匹克运动文化的理性化特征。

### （四）人文化

每一届奥运会的举行都能体现奥林匹克运动的文化主题。然而，奥运文化主题的设计，并不能尽善尽美地实现奥林匹克运动的理想，有时甚至完全背离奥林匹克主义的宗旨。

在现代奥林匹克运动发展的过程中，20 世纪的奥林匹克运动以竞技体育运动为核心，由它主宰了体育运动发展的命运，营造了 20 世纪灿烂夺目的竞技运动文化，并积极地影响着人们的文化生活。

“现代奥运之父”顾拜旦曾明确指出，奥林匹克精神，首先是文化概念。当今，在市场经济的环境下，体育要讲经济功能，但是绝不能忘记奥林匹克是一种文化。因此，北京 2008 年奥运会将文化主题设计为“人文奥运”，体现了当今社会人们追求科学与人文精神的统一，这也为奥运文化未来的整合展示了一个全新的走向。

## 三、奥林匹克运动文化的价值

不同地域、不同民族以及不同时代，其文化形态也是不尽相同的，而文化形态又约束和规范着不同地域、不同民族及不同时代人们的思想和行为习惯。奥林匹克运动作为一种独立的社会文化形态也表现出其特有的价值，在人类社会的发展过程中，影响着人类的物质层面和精神层面的价值取向。

奥林匹克运动文化主题的设计，从一开始就是人类在生存与发展的过程中所向往的文化价值的体现。奥林匹克格言、奥林匹克主义和奥林匹克精神等，对其文化价值做出了十分精辟的阐述。奥林匹克运动文化的价值可以概括为以下几个方面。

### （一）激发精英精神与拼搏意识

在古希腊奥运会时期，竞技运动受到社会各界的广泛支持和尊重。竞技场上的优胜者，不仅会得到橄榄枝冠、棕榈枝花环、月桂冠和塑像等奖励，人们还为他们举行盛大庆典，更重要的是他们会像英雄一样受到故乡人民的崇拜并成为人们的榜样。其原因在于奥林匹克运动教育人们要努力成为一个有智慧和不断超越自我的人。

同时，古希腊人在当时社会背景的影响下，具有十分强烈的拼搏精神。无论是在竞技场上，还是在现实生活中，他们都崇尚“永远争取第一，永远争取超过别人”。奥运会的文化设计者早就意识到了这一点，运用它去激发人们的拼搏意识。“更快、更高、更强——更团结”的奥林匹克格言以及奥林匹克主义则集中体现了这种精神，不断地鼓励和鞭策着人们努力战胜对手，超越自我，永不满足，不断拼搏，向着更高的目标迈进。这种勇于克服各种艰难险阻、付出辛勤汗水争取胜利的精神对所有人都是一种启迪。

### （二）促进世界和平

从古至今，促进世界和平一直是人们所共同拥戴的文化主题。19世纪末，欧洲文化的发展使人从神本主义中走出来，人道主义逐渐深入人心。古奥运的“休战精神”，也在顾拜旦先生的诠释下升华为“和平、团结、友谊、民主”的文化精神。顾拜旦在《体育颂》中所倡导的“体育就是和平”的奥林匹克理想，正是欧洲想走向联合、实现休战的和平思想的一种反映，是人道主义价值观、人生观和世界观的一种反映。

当今社会，生产力高速发展，科学技术突飞猛进，和平已成为世界发展的主要潮流，但专制政治的堡垒仍旧存在，和平依然是人们所渴望的。“体育以世界和平为终极目标”的历史任务并没有完成。

因此，体育将继续为促进和维护人们的尊严和社会的和平服务，通过开展没有任何形式歧视、遵循互相了解、友谊、团结和公平竞争的奥林匹克精神的体育活动来教育青年，指导着人们为建立一个和平和美好的世界作出贡献。

### （三）为世界文化的交融搭台

随着社会的进步，原先地域、血缘特征十分明显的民族体育文化逐渐地趋于模糊、淡化。奥林匹克运动既是展现民族体育文化的舞台，同时也有力地促进了体育文化的交流。

研究表明，传统的体育文化有其深厚的民族性和历史性。因此，民族传统体育文化具有一定的独特性。然而，世界体育文化的根基在于传统的民族体育文化。

总之，现代奥运会不是古代奥林匹克运动会的简单翻版，现代奥林匹克运动文化是一种全新的理念，必将为人类的发展和进步作出更大的贡献。

# 第二章

# 锻炼，你准备好了吗?

## 第一节　认识自我

### 一、体育锻炼的生理学基础

#### （一）人体的基本形态结构及组成规律

人体的形态，从外形看，可分为头、颈、躯干和四肢等主要部分；从人体内部看，主要包括肌肉、骨骼、心、肝、肺、肠、胃等器官。如果用显微镜来观察就可以发现，人体任何部位、器官都是由基本相同的结构单位组成的，这就是细胞。它是组成人体的形态、结构、机能和生长发育的基本单位。

细胞作为组成人体的基本单位，不是无序的堆积，而是按照一定的组合规律组成组织的。其中由一种组织起主要作用的整体结构称为器官；由若干种功能有密切联系的器官组合起来构成执行统一功能的结构体系称为系统；再由若干种功能不同的系统统一组成人体的整体。人体各系统是在神经系统统一控制、调节下执行着人体的各种功能。

由此可以看出，人体的组成规律就是：细胞和细胞间质—组织—器官—系统—完整人体。

#### （二）人体运动与肌肉工作

1.肌肉的一般知识

人体有 600 余块骨骼肌。通过肌肉的收缩和舒张，人得以进行多种运动和维持各种姿势。

肌肉接受主神经冲动后，会产生收缩从而引起身体的运动。骨骼肌收缩时，会牵引它所附着的骨骼产生运动。肌肉只能“拉”而不能“推”，对每一块引起运动的肌肉来说，总有另一块肌肉产生相反的动作。举一个简单的例子，一块肌肉能使我们的腿弯曲，同时还会有另一块肌肉将其拉直，这些肌肉对被互相称为拮抗肌。

2. 肌肉的收缩形式

肌肉收缩时会产生长度和张力的变化。肌肉收缩根据长度和张力变化的特点，可分为等长收缩和等张收缩两种。而等张收缩根据运动形式又可分为向心收缩、离心收缩和等动收缩。

（1）等长收缩：当肌肉收缩产生的张力等于外力时，肌肉积极收缩，但长度不变，这种收缩形式称为等长收缩，如站立、悬垂和支撑。

（2）向心收缩：这是肌肉收缩时长度缩短的收缩，其特点是肌肉收缩使肌肉的长度缩短，起止点相互靠近，因而引起身体的运动，如哑铃屈肘。

（3）离心收缩：当肌肉收缩产生的张力小于外力时，肌肉积极收缩被拉长，收缩时肌肉起止点逐渐远离，这种收缩形式称为离心收缩。

体育锻炼中向心收缩和离心收缩通常体现在一个动作中，如哑铃弯曲时，收起是向心收缩，放下是离心收缩，还有引体向上、跑步等。

（4）等动收缩：指在整个关节运动范围内，肌肉以恒定的速度进行的最大用力收缩，如自由泳中手臂的划水动作。在日常锻炼中，等动收缩需要专门的器械，最基本的就是等动拉力器。

## （三）体育锻炼的能量供应

人体运动需要的能量是从哪里来的？又是怎样供给肌肉运动的？

1. 物质代谢

碳水化合物、脂肪、蛋白质、水、无机盐、维生素和膳食纤维七大营养物质，是人生命活动的物质基础。人体活动的能量，是食物在人体内经过化学变化，进行物质代谢得到的。人参加体育运动时，由于肌肉频繁收缩和舒张，脏器活动增强，能量消耗会大大增加。这就是体育锻炼可以促进人体的新陈代谢过程、提高机能活动水平、增强体质的原因所在。

碳水化合物是生命活动中能量的主要供应者，它在体内除供应能量外，还可以转变成蛋白质和脂肪储存能量。人在进行体育运动时，体内能量消耗大，肝脏储存的糖原便转化成葡萄糖进入血液，由血液输送到肌肉中以满足运动的需要。经常参加体育运动，体内糖储备量增加，调节糖代谢能力加强，能使血糖在较长时间内保持稳定，提高身体耐力。

脂肪是人体细胞的组成部分，是一种含能量最多的物质，它在体内氧化所释放出的能量约为同质量的碳水化合物或蛋白质的两倍。脂肪还可以起到保护器官、减少摩擦和保持体温的作用，但脂肪过多对人体是有害的。经常参加体育锻炼，可以防止肥胖，预防因脂肪过多而造成的疾病。

蛋白质是生命的基础，是细胞的主要组成部分，是能量的来源之一。肌肉收缩、神经系统的活动、血液中氧的携带和参与各种生理机能调节的许多激素都与蛋白质有关。人体内能加速各种化学反应进行的酶，其化学本质也是蛋白质。参加体育锻炼，能提高酶的活性，有利于增加人在运动时体内能量供应和运动后消耗物质的补充。

水在人体的组成中含量最高。成人体内的含水量约占体重的65%。水不但可以维持人体体温，参加体内的水解，促进物质的电离，还在体内有润滑作用。水还是运输营养物质及代谢废物的工具。锻炼者在运动中和运动后补水，可以保持机体水代谢的平衡。

无机盐也是人体细胞的组成部分。它在维持体液的渗透压、血液的酸碱度、神经及肌肉的应激性方面起着重要的作用。因此人体在运动时要注意无机盐的补充。

维生素是维持生命和人体正常机能不可缺少的一种营养素。它起着调节物质代谢、保证生理功能的作用。有的维生素直接影响人体的运动能力，因此控制人体摄取维生素的量十分重要。如供应量不足，人体的正常代谢和生理机能会受到影响，如摄入量过多可引起体内代谢的紊乱。

膳食纤维是指不被消化、吸收的食物性物质，包括纤维素、半纤维素和果胶等。膳食纤维的主要功能是维护肠道生态平衡、预防心血管疾病、抗癌以及减肥等。

**2. 能量代谢**

肌肉活动是人体运动的动力，肌肉收缩时能量的直接来源是三磷腺苷（ATP）的分解，最终来源是碳水化合物或脂肪的氧化分解。

肌肉活动时，肌肉中的三磷腺苷在酶的催化下，首先迅速分解为二磷酸腺苷（ADP）和无机磷酸，同时释放出能量。但是肌肉中的三磷腺苷的储备量很少，所以必须边分解边合成才能保证持久的肌肉活动。事实上，三磷腺苷一被分解，就立即同其他产物再合成。因为当肌肉中存在有二磷酸腺苷时，肌肉中的另一种高能磷化合物——磷酸肌酸（CP）立即分解为磷酸和肌酸，放出能量供给二磷酸腺苷再合成为三磷腺苷，但肌肉中磷酸、肌酸的含量也是有限的，也必须不断地再合成。各磷酸、肌酸再合成所需要的能量，均来自碳水化合物的氧化分解。根据当时机体氧供应的情况，碳水化合物的供能有两种形式：当氧供应充足时，来自碳水化合物（或脂肪）的有氧氧化；当氧供应不足时，即来自碳水化合物的无氧酵解，其结果是形成乳酸。乳酸最后在氧供应充足时，一部分又继续氧化，放出能量使其余部分再合成为肝糖原。所以，肌肉收缩能量的最终来源是碳水化合物和脂肪的有氧氧化。

运动时，人体以何种方式供能，取决于需氧量与吸氧量的相互关系。当吸氧量能满足需氧量时，机体即以有氧氧化供能。当吸氧量不能满足需氧量时，其不足部分即依靠无氧酵解供能。运动时的需氧量主要取决于运动强度，强度越大，需氧量越大，无氧酵解供能的比例也越大。

有氧氧化与无氧酵解是人体在不同活动水平上根据需氧量的不同情况而进行的紧密相连、不可分割的两种供能方式。人在进行任何一种项目的体育锻炼时，其能量供应总是包含有氧与无氧这两种方式，只不过两种比例不同而已。这种比例上的差距既是不同运动项目的供能特征，也是采用不同锻炼方法的依据之一。

### （四）体育锻炼与氧运输系统

人体的氧运输是由心血管系统来完成的。心血管系统把氧气和营养物质运输到组织，同时把代谢废物等排出体外。

（1）循环系统：循环系统是由心脏和血管组成的管道，血液把人体所需的氧气和养料，通过复杂的血管网运送到全身各处。血管主要有三种类型：将血液输出心脏的动脉、将血液输到心脏的静脉以及遍布全身组织并且连接动脉和静脉的毛细血管。

（2）呼吸系统：在氧运输系统中，呼吸系统功能强弱决定着血液和外界环境气体交换的多少，而心血管系统功能的强弱决定着组织器官获得氧气的多少。就运动中而言，往往是心血管系统决定着机体的供氧能力。

有训练者与无训练者呼吸循环系统的生理机能指标是不同的，如表 2-1-1 所示。

表 2-1-1　有训练者与无训练者呼吸循环系统的生理机能指标对比

| 指　标 | 有训练者 | 无训练者 |
|---|---|---|
| 最大每搏输出量（毫升） | 180 | 120 |
| 安静时心率（次 / 分） | 40 | 70 |
| 心容积（升） | 0.95 | 0.75 |
| 血红蛋白（克 / 升） | 13.7 | 11.6 |
| 运动时最大血流量（升 / 分） | 135 | 110 |
| 最大每分钟摄氧量（升） | 6.5 ～ 8 | 3 ～ 4 |

## 二、体育锻炼的心理学基础

### （一）体育锻炼中的运动知觉

运动是一切事物存在的基本形式，它必须要在一定的空间和时间中进行，离开空间和时间，运动就无法表现。运动知觉是人脑对当前运动物体或动作在空间、时间上位置的反应。它是一种复杂的知觉，根据所反映对象的不同，可基本分为以下三种。

1. 本体运动知觉

本体运动知觉是运动者对自身各部分运动和位置变化的反应。它包括：动作知觉，如躯干的弯曲和伸直、四肢的动作、头部的位置等；运动形态知觉，如直线、曲线、圆周运动等；运动方向知觉，如运动方向的向左、向右、向上、向下、向前、向后等；运动时间和速度知觉，如时间的长短、运动的节奏、运动速度、加速或减速等；运动用力知觉，如用力的大小、阻力、重力等。

本体运动知觉在体育运动中具有十分重要的意义，它是完成身体运动的前提和基础。例如，做前滚翻需要低头团身，初学时若抬头展体就不能完成动作。

2. 客体运动知觉

客体运动知觉即是对外界物体的运动知觉，是由物体的运动方向、距离、形状、大小、速度等因素组成的。它包括对他人的感觉和对外界物体的感觉两种，前者如对手、伙伴，后者如球、铁饼、标枪等活动物体。对外界物体的运动知觉能力，是发展相关技术不可缺少的素质。

3. 专门化的运动知觉

专门化的运动知觉也称为专项运动知觉，是通过运动训练形成的高度分化的运动知觉。根据所从事运动项目的不同，专项运动知觉有不同的表现形式，如篮球运动中的“球感”、游泳中的“水感”、器械体操运动中的“器械感”等。个体在形成和发展专门化运动知觉中所花费的时间有长有短，最终的发展水平也有较大差异，这主要是由个体分析器系统的机能水平的不同造成的。

运动知觉的形成和发展是分阶段的，了解这一特点，有利于对动作技术的掌握。

第一阶段，可以直接感知的技术动作是直观的具体动作，始发信息是视觉信息。这一阶段学生的学习任务主要是观察教师的示范，尽可能看得准确、完整。

第二阶段，主要是通过学生的深度模仿和练习实现的。直接的模仿和练习，输入的信息主要是本体感觉中的运动知觉。因为运动知觉不像视觉那样明确，不能一次性地感知，必须重复多次才能使运动知觉逐渐明确起来，这是技术动作学习的关键阶段。

第三阶段，随着时间的推移，运动知觉逐渐明确化，技术动作在时间和空间中变得更加准确。这是运动知觉从模糊状态逐渐变得明确化的过程，也是逐步掌握运动技术的过程。在这一过程中，教师的讲解、示范和辅导帮助是使运动知觉清晰的重要条件，自身的反复练习是必要条件。

### （二）体育运动动机

体育运动动机是推动一个人参与体育活动的心理动因或内部动力，它能引起并维持人的体育活动，并将其导向一定的目标。体育运动动机的产生和培养是个体的内在过程，它的作用有：① 引起和发动个体活动；② 指引个体选择活动的方向；③ 具有调节功能，即维持、加强或制止、减弱某一活动。

**1. 体育运动动机的产生**

引起动机的条件有以下两个方面。

（1）内在需要：对人们参与体育活动的内在需要的调查分析显示，这类需要主要包括生理需要、心理需要和社会需要三个方面。所谓生理需要，就是参加体育活动为的是保持身体健康，增强体质；所谓心理需要，就是参加体育活动是为了调节和控制情绪，保持良好的精神状态；所谓社会需要，就是参加体育活动是为了扩大社交范围，结交更多的朋友，增强集体凝聚力，提高自身竞争能力和社会适应能力。

（2）外部诱因：包括物质因素和精神因素，二者统称为环境因素。环境因素是很多的，如优良的体育设施和器材、教师的表扬或批评、同伴之间的情绪感染、考试分数、竞赛的奖励（包括精神的、物质的）等。

**2. 体育运动动机的培养**

（1）树立正确的体育价值观，这是提高参加体育运动自觉性的思想基础。

（2）设置目标，如设置长跑、游泳的距离或体操动作的次数和质量等。当这种目标转化为练习者的内心需要时，练习者就会经常处于自己的意识控制之下，提高努力程度和动机水平，调动积极性。

（3）积极反馈。在运动过程中，无论是反馈正确的动作信息，还是反馈错误的动作信息，都有利于练习者坚持目标或修正目标，有利于鼓励练习者坚持目标，使已有动机得到强化。在进行反馈时，应注意做到：及时反馈，即在动作练习当中或完成之后立即给予反馈；

积极反馈，即反馈的内容应以积极性内容为主；反馈得法，即不同的练习者视自己的能力做出适量的反馈，过量或不合适的反馈信息会使练习者的信心受挫，动机下降。

（4）创设情境。情境具有诱发动机的功能。在有限的时间内，学生在教师设计的情境中进行学习或锻炼，由于情境的不同，效果会有很大的差异。例如，体育活动使人际交往频繁，在练习的过程中练习者能体验到长者的认同、悦纳以及同伴的友好和关心，进而产生继续练习的意向，提高动机水平。

### （三）体育锻炼与体育兴趣

1. 体育兴趣的概念

体育兴趣是人们力求认识和从事体育活动的心理倾向，具有积极的情绪色彩，是人们参与体育运动的基本动力。

2. 体育兴趣的培养

体育兴趣是在人们对体育活动需要的基础上，在各种各样的体育活动中形成的，它对体育活动的实践起着主导作用。

（1）体验成功。苏联教育家苏霍姆林斯基说："只有在学习获得成功而产生鼓舞的地方，才会出现学习兴趣。"在进行体育活动的过程中，每一次成功和胜利都会使练习者深受鼓舞，产生积极的情绪体验，使其更关心体育活动，对更大成功和胜利产生信心和希望。所以，产生体育兴趣的前提条件是练习者有获得成功、品尝胜利成果的喜悦。

（2）寓教于乐。人都有趋乐避苦的倾向，教师在教学中优美的示范动作、生动的语言和和蔼的态度，会使学生感到亲切、可敬，会驱除学生练习时的惧怕心理，教师的"乐教"就会转化为学生的"乐学"。

（3）激发兴趣。学生体育兴趣的培养离不开教师的诱导，教师在教学训练中用各种方法持续"引趣"是学生形成体育兴趣的重要条件。例如，新颖教法"引趣"，生动形象语言的"引趣"，准确优美的示范动作"引趣"以及体育信息的"引趣"等，都能激发学生对体育的兴趣。

# 第二节　了解锻炼项目

## 一、体育锻炼的内容

体育锻炼的内容极为丰富，根据锻炼目的的不同，主要分为以下几类。

### （一）健身运动

健身运动是指为增进健康、增强体质、预防疾病而进行的体育锻炼。这类内容主要是促进身体的正常发育、身体各部分的协调发展、各器官系统机能的增强，提高身体素质和提高身体的基本活动能力，如走、跑、跳、游泳、舞蹈、体操及各种球类活动等。

### （二）健美运动

健美运动是指在健康的基础上通过特制的方式为创造美的体型、姿态、风度、气质而进行的体育锻炼。这类内容不仅可以增进健康，还可以培养审美能力和身体的表现能力，如举重、哑铃操、技巧、韵律操等。

### （三）娱乐性体育

娱乐性体育是指为了调节精神、丰富文化生活而进行的体育活动。这类活动能使人身心愉快，既锻炼了身体，又陶冶了情操，如活动性游戏、踢毽子、钓鱼、郊游、爬山等。

### （四）格斗性体育

格斗性体育是指以掌握和运用格斗的攻防技术（包括军事技术）而从事的体育锻炼。这类内容既能强身，又能达到自卫的目的，如擒拿、散手、短兵、拳击、刺杀、射击等。

### （五）医疗康复体育

医疗康复体育又称体育疗法，其对象是体弱有病者，目的是祛病健身和恢复机体特定功能。这类活动一般应在医生的指导下进行，主要内容有健步走、慢跑、太极拳、健身气功及各类医疗体操等。

## 二、体育锻炼内容的选择

体育锻炼内容的选择必须从锻炼者的年龄、性别、身体条件、职业特点、运动基础和兴趣爱好等实际情况出发，注意锻炼者所处的地域特点，体现体育锻炼的实效性与安全性。

### （一）根据年龄选择体育锻炼内容

年龄阶段不同，人体的机能也不同。中老年时期，人体各组织器官逐渐老化，运动器官机能减弱，关节韧带的灵活性差，不宜完成幅度过大、用力过猛的动作，可选择一些活动量相对平稳的运动项目，如健步走、慢跑、太极拳等，以避免运动损伤的发生。青壮年时期，人体各系统的功能均达到高峰期，运动适应性强，能承受较大的练习强度，可选择一些对抗性强、跑动较剧烈的运动项目，如球类运动、爬山比赛等，以增加练习者体育锻炼的兴趣。

### （二）根据身体健康状况选择体育锻炼内容

练习者身体的健康状况是选取锻炼内容的主要依据。锻炼前应通过体质监测、医学诊断和病史调查等方法来了解锻炼者的健康状况。对从事康复体育锻炼的人来说，运动量不要过大，其参与锻炼的主要目的是恢复身体机能，或是为保持身体机能不致过分下降。对于一些有特殊慢性疾病的人，要有针对性地选择适合自己的体育锻炼项目。体重超过正常标准者可选择长跑、长距离游泳、健美运动及专为肥胖病设计的运动处方，以达到减肥的目的；体重偏瘦者可选择举重、健美、体操等项目以使身体健壮、丰满起来。

### （三）根据锻炼者的职业特点选择体育锻炼内容

由于社会分工不同，不同职业者劳动的性质差别较大，因此，要根据不同职业者的劳动特点选择相适应的体育锻炼内容。比如，脑力劳动者在工作时经常要维持弯腰伏案的姿势，颈部前倾，脑供血受阻，易出现颈、背、腰部肌肉的酸痛；由于经常要低头含胸，呼吸机能降低，肌肉缺乏活动，出现体力下降等。针对这些特点，脑力劳动者应以动作舒展的户外运动锻炼为主。不同特点的体力劳动者，锻炼的内容也应具有特异性，其主要特点是：对劳动中负担较重的部位和肌群的锻炼应以舒展和放松练习为主；对劳动中负担较轻或基本无负担的部位和肌群，可适当加大活动强度，注重身体各部位和身心的协调发展。

### （四）注意锻炼者所处地域特点

我国幅员辽阔，不同地区的地理气候条件、体育区域特色等均有不同，锻炼中要因地制宜，从各地的实际情况出发，有针对性地安排练习内容。我国居民多在室外进行身体锻炼，因此受季节气候的制约较大，要依据自然环境的变化，调整和变更锻炼计划和锻炼内容。

# 第三节　体育锻炼的基本原则

体育锻炼的原则是身体锻炼基本规律的反映，也是参加者安排锻炼计划、选择锻炼内容、运用锻炼方法所要遵循的原则。为了达到体育锻炼的目的，提高锻炼的效果，在锻炼中我们应遵循以下五条基本原则。

## 一、自觉积极性原则

自觉积极性是要求锻炼时首先要有明确的健身目标，懂得“生命在于运动”的道理，树立起锻炼有益于学习、工作和生活的信念，把个人的切身需要和身体锻炼的功效与民族体质、人口质量以及国家的兴旺发达结合起来，这样就能更好地激发自己锻炼的热情。在这个基础上，还应认真选择适宜的身体锻炼的内容和方法，以及安排适宜的运动负荷，使进行身体锻炼之后获得一种精神上的满足，感到有乐趣、心情舒畅。人们在进行有趣味的活动时，就会对这项体育活动表现出极大的主动性和自觉性，使身心统一。总之，体育锻炼的效果、信心、兴趣三者是相辅相成的，应密切结合才能做到自觉积极地进行体育锻炼，这样也可提高比赛时的心理素质。

定期检测锻炼效果的信息反馈，可以使自己经常看到锻炼的结果和进步，增强自信心，有助于不断巩固和提高自觉锻炼的积极性。

## 二、从实际出发原则

从实际出发原则是指根据体育锻炼的目的、内容、方法以及自身的条件状况，而选择适宜的运动负荷的原则。

运动负荷大小由“负荷量”和“负荷强度”组成。“负荷量”可以通过练习动作的次数、组数、时间、距离、负荷重量等特征表现出来；“负荷强度”可以通过练习动作的速度和难度、练习的密度、练习间歇时间的长短、单次负重的大小、投掷的距离、跳跃的高度和距离等表现出来。量和强度要处理适当。强度越大，量就要相应减少；强度适中，量可以相应加大。要做到适量，以练习者能够承受并有一定的疲劳为限。

## 三、持之以恒原则

锻炼效应具有不稳定性，当锻炼的系统性和连续性遭到破坏而出现间断或停顿时，已获得的全锻炼效应（机能水平提高、运动素质的发展、运动技能的形成与巩固等）就会逐渐消退以至完全丧失，使体质逐渐下降。贯彻持之以恒原则，应注意以下两点。

### （一）坚持安排合理的锻炼间隔时间

锻炼间隔时间长，锻炼的效果就不明显，因此每次锻炼安排间隔要合理。显然，要有长期计划、短期安排，计划安排要根据身体适应运动负荷的能力而定。

### （二）锻炼要有恒心

持久锻炼、日积月累可使健身益心之效显著，兴趣逐渐产生，达到身心愉悦，从而养成经常锻炼的习惯。

## 四、循序渐进原则

循序渐进原则是指体育锻炼必须根据人体身心发展规律和个人的实际情况，在锻炼的内容、方法、运动负荷等方面逐步提高，使机体功能不断得到改善和提高。进行体育锻炼不能急于求成。

### （一）选择合适的锻炼内容

在锻炼内容上，根据自己的身体状况合理选择，体质不同锻炼起点也不同。体质较好的人，可选择比较剧烈的运动方式，如各种竞技运动项目；体质较弱的人，开始锻炼时可选择比较缓和的运动，如慢跑、徒手操、武术、乒乓球等。患慢性疾病的人，可选择保健体育的一些内容，如太极拳、散步等。当体质逐渐变好时，锻炼内容也可逐步由缓和变为较为剧烈的运动。

### （二）运动量逐步加大

机体对运动量的增加有个缓慢的适应过程，锻炼时运动量要由小到大，逐步增加。开始锻炼，时间要短，运动量不要过大，待机体适应后再逐步加大。如果运动量长期停留在一个水平上，机体的反应就会越来越小。机体机能的提高是按照刺激 — 适应 — 再刺激 — 再适应的规律有节奏地上升的，运动量也应随着这种节奏来安排。病后或中断锻炼后再进行锻炼，尤其要注意循序渐进，以免发生意外。

### （三）每次锻炼过程也要循序渐进

每次锻炼前要做准备活动，锻炼后要做好整理活动，如长跑前先进行 5 ～ 10 分钟慢跑，长跑后也不要马上停下来。

## 五、全面锻炼原则

全面锻炼原则是指体育锻炼应全面发展身体的各个部位和各个器官的机能，提高身体素质和基本活动能力，从而达到身心全面和谐地发展。

人体是在大脑皮层调节下的有机统一的整体，人体各部位、各器官系统的机能，各种身体素质和基本活动能力之间是相互联系、相互制约的。身体素质是人体在运动过程中所表现出来的力量、速度、耐力、柔韧和灵敏等机能能力，它们是通过肌肉活动表现出来的，但同时反映着内脏器官的机能、肌肉工作时的供能情况，以及运动器官与内脏器官活动的配合协调状况。

对于处于生长发育关键时期的青少年来说，全面发展尤为重要。各个运动项目对身体发展都有其独特的锻炼作用，但同时也有一定的侧重性。如长跑锻炼有益于发展心血管系统和呼吸系统，加强中枢神经系统的调节。锻炼的内容可结合自己的兴趣爱好选择 1 ～ 2 个作为每天必练的主要项目，同时加强其他项目的锻炼以弥补主项的不足。全面锻炼的过程中还应注意心理素质的发展，如群体意识、个性的发展等。

# 第四节　运动服装和防护用具

## 一、运动服装

正确的着装，不但方便运动、美观，更重要的是可以减少不必要的运动伤害。对于普通大众，在进行体育锻炼时，选择运动服装要考虑以下几点。

舒适性：所穿的服装是否合体、动作是否受限是选择运动服装首要考虑的。

保护性：在运动时是否具有保护作用，这包括激烈运动时、气温高时的排汗性，气温低时的保暖性，户外运动的防紫外线性能以及在运动时对身体重要部位的保护性。

专业性：什么运动着什么装，这是穿运动服装的原则，也是选择运动服装最简单、有效的方法。

全面性：大多数业余体育锻炼者在着装时往往只注重外衣，在而运动中，我们有些损伤是来自于贴身的内衣，如一双袜子没穿对，脚磨起了泡；内衣没穿好，影响了呼吸、血液循环。因此，在穿着运动服装时，不但要考虑外服的专业性，也要考虑内衣的专业性。

美观性：着一身漂亮的运动服装进行体育锻炼，不但可以让自己心情愉快，也可以让你成为被欣赏的对象，从而调动锻炼的热情。

## 二、防护用具

运动防护性用具是保护运动中人们避免受伤的一种工具。护具能对关节部位的肌肉、韧带进行加压，协助相应的肌肉动作，减缓可能的过度拉扯，并起到强化关节部位支撑的作用。运动护具可以限制某一关节的活动度，降低表皮的摩擦力或吸收冲击能量，来达到预防运动伤害或保护已受伤的部位的防护的目的。

在进行体育锻炼时，要重视防护用具的合理保用。

一是按项目要求穿戴保护用具。比如在进行足球运动时，按规定要求带上护腿板，防止小腿受伤；自行车运动时戴上头盔、护膝等防护用具，避免摔倒时受伤。

二是对于一些可预见的运动伤害，要提前采取防护措施。比如在大重量的负重深蹲时，提前就要戴上护腰；初学滑冰者，要提前做好头、手、肘、膝的保护等。

三是对于已经受伤的部位，在运动时合理使用保护用具，避免损伤加重。比如，在关节受伤后，根据需要使用护膝、护踝、护腰、护肘、护腕等保护器具。

# 第三章

# 锻炼，你的方法正确吗？

## 第一节　锻炼的基本方法

在体育锻炼时我们不仅要遵循体育锻炼的基本原则，还应掌握正确的锻炼方法，以达到锻炼的目的。

### 一、重复锻炼法

在运动锻炼的过程中，用多次重复同一练习，两次（组）练习间安排相对充分的休息，从而增加负荷的锻炼方法叫重复锻炼法。此方法关键是一次练习完毕后，间歇时间应当充足，这样可有效地提高锻炼者的无氧、有氧混合代谢能力，提高各种技术应用的熟练性与机体的耐久性。

重复锻炼是为追求必要的负荷而反复做动作的过程。这个过程中的重点是负荷强度，而不在于改正动作错误。因此，运用重复锻炼方法的关键是掌握好负荷的有效价值范围（最有锻炼价值负荷量下的心率），并据此调节重复次数。在重复锻炼中，对负荷量如何控制和怎样去重复才能达到理想效果的负荷强度，应视实际情况而定。通常认为，普通大学生的负荷心率在130～170次/分的范围内是较适宜的，心率低于130次/分则健身效果不大，应增加重复次数，超过170次/分则需减少重复次数，或安排足够的间歇时间。

运用重复锻炼法还要注意根据锻炼项目的不同特点和不同体质状况，随时进行调整，以免机械呆板和产生厌倦情绪。

### 二、间歇锻炼法

在运动锻炼的过程中，对多次锻炼时的间歇时间做出严格规定，使机体处于不完全恢复状态下，反复进行锻炼的方法叫作间歇锻炼法。该方法的关键是严格控制间歇时间，使机体处于不完全恢复状态，但每次练习的负荷时间较长、负荷强度适中。此方法可使锻炼者的心脏功能明显增强，通过调节负荷强度，可使机体各机能产生与锻炼项目相匹配的适应性变化，并提高有氧代谢供能能力，提高体质。

同重复锻炼法一样，间歇的时间也要依据负荷的有效价值标准去调节。一般说来，当负荷反应（心率）指标低于有效价值标准时应缩短间歇时间，而在高于价值标准时则可延长间歇时间。实践中，一般心率在130次/分左右时，就应再次开始锻炼。间歇时，不要做静止休息，而应边活动边休息，如慢速走步、放松手脚、伸伸腰或做深而慢的呼吸等。因为轻微活动可使肌肉对血管起到按摩作用，帮助血液回流和排除代谢所产生的废物。

总之，通过适当的间歇，能够把负荷量调节到负荷有效价值范围，以达到良好的锻炼效果。

## 三、连续锻炼法

在运动锻炼的过程中，为了保持有价值的负荷量而不间断地连续进行运动的方法叫作连续锻炼法。此方法要求负荷强度较低、负荷时间较长、无间断地连续进行运动。连续、间歇、重复都是在整个锻炼过程中实现的。连续、间歇、重复等因素各有其特有的作用，连续的作用在于持续负荷量不下降，维持在一定的水平上，使身体充分地受到运动的作用。

连续锻炼时间的长短，同样要根据负荷有效价值范围而确定。通常认为在140次/分左右心率下连续锻炼20～30分钟，可使机体的各个部位都长时间地获得充分的血液和氧的供应，因而能有效地发展有氧代谢能力，发展耐力素质。实践中，用于连续锻炼的内容主要是那些比较容易并已为锻炼者所熟悉的运动，如跑步、游泳，也可以是跳迪斯科舞等。

## 四、循环锻炼法

循环锻炼法由几个不同的练习点（或称作业站）组成，练习者按照既定顺序和路线，依次完成每点练习任务，即一个点上的练习一经完成，练习者就迅速转移到下一个点，后面的练习者依次跟上，练习者完成了各个点上的练习，就算完成了一次循环。这种练习方法就叫循环锻炼法。其结构因素有：每点的练习内容、每点的运动负荷、练习点的顺序安排、练习点之间的间歇、每遍循环之间的间歇、练习的点数与循环练习的组数。

循环锻炼法对技术的要求不高，且各项目都采用比较轻度的负荷练习，因此练起来简单有趣，可有效地提高不同层次和水平的练习者的运动情绪和积极性；可以合理地增大锻炼过程的练习密度；可以随时根据具体情况加以调整，做到区别对待；可以防止局部负担过重，延缓疲劳的产生，交替刺激不同体位，有利于综合锻炼，从而达到全面发展的效果。

运用循环锻炼法时，关键是要按照全面性原则去搭配项目。根据已有的经验，一般选择6～12个已为锻炼者掌握的简单易行的项目。搭配时注意上肢动作与下肢动作、剧烈的跑跳练习与静力憋气动作之间的合理交替。在健身锻炼中，可根据锻炼项目安排循环练习各练习点，还可分队比赛，增加竞争性，以提高练习兴趣。

## 五、变换锻炼法

通过不断变换运动负荷、练习内容、练习形式以及条件，以提高锻炼者的积极性、适应性及应变能力的方法称作变换锻炼法。此法可以有效地调节生理负荷，提高兴奋性，强化锻炼意识，克服疲劳和厌倦情绪，以达到提高锻炼效果的目的。

例如，刚参加锻炼时，可多做些诱导性练习和辅助性练习；随着锻炼水平的提高，应加大练习的难度，如用越野跑代替在田径场的长跑等。锻炼条件的变化，可对锻炼者的大脑皮层产生新异的刺激，提高兴奋性，激发锻炼的兴趣，从而提高机体对负荷的承受能力，提高锻炼效果。另外，不断地对锻炼的内容、时间、动作速率等提出新的要求，可有效地调节生理负荷，使机体不断产生适应性变化，达到更好地锻炼身体的目的。

### 六、负重锻炼法

负重锻炼法是使用杠铃、哑铃、沙袋等重物进行身体运动来锻炼身体、增强体质的方法。负重的方法既适用于普通人为增强体质而进行的锻炼，又适用于各项运动员进行的身体训练，还适用于有身体疾病患者的康复。

一般进行负重锻炼，应该采用最大摄氧量和最大心血输出量以下的负荷。因为过大的负荷可能给心血管和呼吸系统带来不良的影响。为了保证这种锻炼方法对身体的良好作用，在运动负荷价值阈范围内可以多次重复或连续进行。

## 第二节　健康体适能锻炼方法

### 一、心肺耐力的锻炼方法

有氧运动是增强心肺耐力的基本手段，具体锻炼方法如下。

#### （一）有氧运动形式的选择

有氧运动是指人体需氧量和摄氧量达到动态平衡的运动。做有氧运动时，体内较少产生乳酸堆积，心率和呼吸保持在较为稳定的状态，因而持续运动时间长、安全性高、脂肪消耗多，有利于改善心血管系统的功能。常见的提高心肺耐力的锻炼方式包括慢跑、步行、爬山、跳绳、划船、骑自行车和游泳等。凡是有大肌群参与的慢节奏的运动都是有效的有氧锻炼方式。户外运动和各种有音乐伴奏的有氧健身形式都属于有氧运动的范畴。

#### （二）有氧练习的方法

1．综合练习

综合练习由几种不同的锻炼内容所组成。例如，第一天是跑步，第二天为游泳，第三天骑自行车。综合练习的一个优点就是避免长期进行同一种练习的枯燥感，并且可以防止身体局部的过度疲劳。

2．持续练习

持续练习是指长时间、长距离、慢节奏的中等强度（强度保持在约70%最大心率）的练习，是最受欢迎的心肺锻炼方法之一。一次锻炼时间可持续 40 ～ 60 分钟。

3．间歇练习

间歇练习是指重复进行练习，且练习的强度、持续时间、运动量和间歇时间较固定的锻炼方法。练习内容不同，练习持续的时间各不相同，一般为 1 ～ 5 分钟。每次练习后有一个休息期，休息期的时间与练习时间相等或稍长于练习时间。间歇练习与持续练习相比能使学生完成更大的运动量，且锻炼的方式可以有所变化。

4．法特莱克（fartlek）练习

“fartlek”是瑞典词，意思是“速度运动”，是一种与间歇练习相似的长距离跑的锻炼方式，但练习时间与休息时间的比例不固定。法特莱克的锻炼地点比较随意，可以减少枯燥感。

### （三）有氧练习的有效练习强度和频率

健身效果与有氧训练的频率、强度和每次训练的持续时间有关。因此，练习者在进行有氧练习时，要科学地控制练习强度和频率。

（1）选择主要以大肌肉群参与为主，而不是以小肌肉群参与为主的运动方式。

（2）每周练习 3 ～ 5 次，一次练习的运动持续时间为 30 ～ 60 分钟。

（3）运动强度控制在“靶心率”范围内。在这个心律范围的练习既安全，又有效。

（4）运动强度是有氧锻炼的一个重要因素，因为它与能量来源、能量需求、氧消耗量、运动损伤等因素都相关。运动强度的大小常以心率、耗氧量及安静时能量或耗氧量的倍数来表示。由于年龄、体能和健康等状况存在个体差异，因此，每个人的有氧锻炼量亦不相同。（表 3-2-1）

表 3-2-1　不同人群有氧锻炼适宜心率参考值

| 人群分类 | 最大心率 | 有氧锻炼心率 |
|---|---|---|
| 体能良好者 | 220－年龄 | （70%～85%）×最大心率 |
| 体能普通者 | 220－年龄 | （60%～75%）×最大心率 |
| 体能不佳者 | 220－年龄 | （50%～70%）×最大心率 |

## 二、肌肉力量和肌肉耐力的锻炼方法

负重抗阻练习是增强肌肉力量的基本手段，进行长期的渐增阻力的力量练习就可以发展肌肉力量。不论练习者的性别和年龄差异，只要每周进行适当的力量练习，都可以增加肌肉组织含量，提高肌肉力量，促进健康。

根据肌肉收缩的类型，力量练习可分为等张练习、等长练习和等动练习。

### （一）等张练习

肌肉以等张收缩的形式进行负重或不负重的动力性抗阻练习，称为等张性练习或动力性练习。等张练习是最常用的力量练习法。等张练习能有效地发展动力性力量，改善神经肌肉的协调性，不足之处是在整个动作过程中不能保证肌肉每一次收缩的负荷都相等，容易造成在某些关节运动角度上肌肉负荷不足。因此，只能按照力量最弱的关节运动角度来安排负荷，所以在整个练习中负荷往往偏小。

### （二）等长练习

肌肉以等长收缩的形式使人体保持某一特定位置或对抗固定不动的阻力的练习，称为等长性力量练习或静力性练习。它能有效地发展静力最大力量和静力耐力。

等长力量练习与等张力量练习主要有两个方面的区别：① 等长力量的发展是高度特异性的，如果采用等长练习来发展某一特定动作的力量，需在动作范围内的某几点上进行不同的等长性练习，而等张练习能使肌肉力量在整个动作的关节范围内都能得到发展；② 大强度等长练习，由于血液循环条件不良和憋气等因素的影响，大脑血流量减少，容易引起头晕眼花、引发隐性心脏病发作等不良反应。

### （三）等动练习

等动练习是借助于专门的等动训练器，在动力状态下完成练习的方法。在整个练习中关节运动在各角度上均受到相同的较大负荷，从而使肌肉在整个练习中均能产生较大的张力。

## 三、柔韧性的锻炼方法

发展柔韧性的目的是提高关节周围的肌肉、肌腱、韧带等软组织的伸展性。伸展能力的提高主要是“力”的拉伸作用的结果。这种“力”表现在动作上可分为两种，即主动动作和被动动作，而主动柔韧性和被动柔韧性练习又都可以分为动力性练习和静力性练习。肌肉伸展的方法有三种：主动或被动的静态伸展法、主动或被动的弹性伸展法、本体感受神经肌肉伸展法。（表 3-2-2）

表 3-2-2　不同类型柔韧性练习的方法及特点

| 柔韧性练习类型 | 举　例 | 特　点 |
| --- | --- | --- |
| 主动柔韧性的静力练习 | 控腿、拱腰、造桥等 | 使主动肌保持在一个相对静止的收缩状态，有意识地逐步放松对抗肌，使之慢慢拉长 |
| 被动柔韧性的静力练习 | 拉肩、吊肩、耗腿、搬腿、劈叉、压脚 | 在自身体重或外力作用下，肌肉被强制拉伸 |
| 主动柔韧性的动力练习 | 肩绕环、扩胸、振臂、转腰、涮腰、踢腿等 | 在主动肌的力量和速度不断增长的条件下，不断发展对抗肌的柔韧性 |
| 被动柔韧性的动力练习 | 压肩、压腿等 | 活动关节，协调主动肌和对抗肌的运动，发展肌肉力量、爆发力 |

### （一）主动或被动的静态伸展法

主动或被动的静态伸展法是一种行之有效且比较流行的伸展肌肉的方法，它是缓慢地将肌肉、肌腱、韧带拉伸到有一定酸、胀、痛感觉的位置，并维持此姿势一定时间。关于在酸、胀、痛的感觉位置停留的最佳时间，目前的研究尚无定论，一般认为 10 ～ 30 秒应该是一个理想的时间，每块肌肉的伸展应连续重复 4 ～ 6 次为好。

这种肌肉伸展方法可以较好地控制拉伸时所使用的力量，比较安全，尤其适合于活动少或未经训练的人。它可减少和消除超过关节伸展能力的危险性，避免拉伤，而且由于拉伸缓慢而不会引起牵张反射。

### （二）主动或被动的弹性伸展法

主动或被动的弹性伸展法是指有节奏地、速度较快地、幅度逐渐加大地多次重复一个动作的拉伸方法。主动的弹性伸展是靠自己的力量拉伸，并重复地收缩收缩肌来达到拮抗肌的快速伸展效果；被动的弹性伸展是靠同伴的帮助或负重借助外力的拉伸。

利用主动动作或被动动作所产生的动量来伸展肌肉，所用的力量应与被拉伸关节的可伸展能力相适应，如果大于肌肉组织的可伸展能力，肌肉就会被拉伤。运用该方法时，用力不宜过猛，幅度一定要由小到大。先做几次小幅度的预备拉伸，再逐渐加大幅度，从而避免拉伤。

### （三）本体感受神经肌肉伸展法（PNF 法）

本体感受神经肌肉伸展法原先被用于对各种神经肌肉瘫痪病人的治疗，直到近年来才被当作正常人改善肌肉柔韧性的伸展方法来使用。现在流行的本体感受神经肌肉伸展法，包括慢速伸展—保持—放松法、收缩—放松法和保持—放松法三种。所有这些方法都包含有收缩肌和拮抗肌的支持收缩和放松（一个 10 秒钟推的过程紧接着一个 10 秒钟放松的过程）。

以伸展股后肌群为例，慢速伸展—保持—放松法有几个步骤：首先仰卧，膝关节伸直，脚踝成 90° 角，同伴帮助推一腿，弯曲髋关节至有轻微酸痛感；此时开始收缩股后肌群以抵抗同伴的推力，持续 10 秒钟以后，放松股后肌群而收缩股四头肌（收缩肌）；同伴再加力帮助伸展股后肌群（拮抗肌），放松过程持续 10 秒，此时，从这个关节新的角度开始，再一次对抗同伴的推力，这样的过程至少重复三次。

收缩—放松法和保持—放松法是慢速伸展—保持—放松法的变形。在收缩—放松法中，股后肌群等张收缩，因此，事实上，腿在被推的过程中朝推力的反方向移动；而在保持—放松法中，股后肌群做等长收缩。在放松阶段中，这两种方法都包括股后肌群和股四头肌的放松，股后肌群被动地伸展。

以上三种伸展方法都可有效地改善身体柔韧性，但弹性伸展法容易引起肌肉酸痛，也存在着肌肉被拉伤的危险，所以很少被采用。然而，我们在实际的体育锻炼中都要做弹性伸展，并通过它来提高动作练习效果，弹性伸展法比较适合经常锻炼的人和运动员。静态伸展法是使用最为广泛的方法，因为这种方法简单、有效、安全，甚至不需要同伴的帮助，通过一段时间的锻炼可有效地提高关节柔韧性。PNF 法在一次伸展过程中可以大大提高关节活动幅度，比静态伸展法的效果更加显著，且不易导致肌肉酸痛或损伤，因此，越来越多的人选择用此方法来改善肌肉、关节的柔韧性，但该方法的主要缺点是需要同伴的帮助，无法一个人进行。

# 第三节　重视准备活动与整理活动

## 一、准备活动

运动前的准备活动经常被忽视，尤其是一些年轻人，到了篮球场直接打球，到了足球场直接踢球，到了田径场直接跑，等等。久而久之，这些不做准备活动的习惯对我们的身体会造成极大的伤害。

### （一）准备活动的作用

准备活动主要作用有以下三点。

（1）提高肌肉温度，克服肌肉组织的黏滞性，增加肌肉、韧带的伸展性和弹性，预防运动损伤的发生。体育锻炼前我们要做一定强度的准备活动，可使代谢过程加强，肌肉温度升高，增加肌肉中毛细血管开放的数量，提高肌肉力量和提高韧带的弹性和伸展性，使关节腔内的滑液增多，防止肌肉和关节的损伤。科学合理的准备活动，可以减少运动中的疲劳，延长高效工作能力，全面提高肌肉的灵活性和柔韧性，增强运动者的生理机能。

（2）提高内脏的机能水平，克服内脏器官的惰性，以适应身体剧烈运动的需要。适当的准备活动可在一定程度上预先动员内脏器官的机能，提高内脏器官的机能水平，减少因突然剧烈的运动造成的心脏供血不足的危险，减轻运动后出现的内脏器官不舒服的感觉，调节运动者的生理状态。

（3）调整心态，提高神经系统兴奋性。体育锻炼前的准备活动可将锻炼者的心理状态调整到体育锻炼或比赛的情景中来，接通各运动中枢间的神经联系，使大脑皮层处于最佳的兴奋状态，投身于体育锻炼中，可达到事半功倍的效果。

### （二）如何做准备活动

准备活动分为一般性准备活动和专项性准备活动。

一般的体育锻炼只需进行一般性准备活动，如慢跑、拉伸运动、徒手操等，本着先全身后局部、先慢后快、逐渐加大动作幅度的原则进行。专项准备活动应与即将进行的运动项目紧密联系，比如进行篮球运动，先做一些熟悉球性的运球、抛接球、手指拨球等练习；进行武术运动，先进行一些腰、腿的柔韧性练习；进行100米跑，做一些小步跑、高抬腿等专门性练习，这些都是专项准备活动。但无论进行什么运动，一般的规律都是先进行一般性准备活动，后进行专项性准备活动。

准备活动的时间和运动量因人而异。一般半小时的体育锻炼，其准备活动在十分钟左右，气温较低时可稍长一些。时间不宜太短或太长，太短热身不充分，容易出现运动损伤；太长体力过早消耗，影响正式锻炼。准备活动的运动量一般以感觉身体发热和微微出汗为宜。测定脉搏，更能客观地反映出运动负荷的大小。一般准备活动时，以平均心率在

120 次 / 分、最快心率不超过 150 次 / 分即可。准备活动后到比赛或锻炼间隔时间一般为 3 ～ 5 分钟。准备活动后要注意保暖。

## 二、整理活动

### （一）整理活动的作用、意义

整理活动是最容易被锻炼者忽略的一个运动环节。整理活动是指练习结束后所做的较轻松的练习，目的是使人体由紧张的肌肉活动逐步过渡到安静状态，促进体力恢复。

事实上，运动所引起的生理变化，并不是随运动的停止而同时消失的。在进行剧烈运动时，肌肉的活动常常是在缺氧的情况下进行的。这样，在运动后内脏器官还得继续加强工作，以补偿运动时缺少的氧气。就拿中距离跑来看，氧的需要量超过平时的 15 倍多，如果不做整理运动而突然完全静止下来，那么，身体的静止姿势首先就妨碍了强烈的呼吸运动，影响氧的补充，同时也必然影响静脉血的回流，心脏血液的输出量因而减少，血压必然降低；由于重力的影响，血液不容易送到头部，甚至可能造成暂时性的脑缺血，产生一系列的不良感觉，如恶心、呕吐、心慌、面色苍白，甚至晕倒等。运动后的整理活动，能通过肌肉放松而有节律的收缩，改善肌肉的血液循环，使缺氧的感受和积聚的代谢产物迅速消散。它有助于缓解肌纤维痉挛并使吸氧量维持在一定的水平，有利于偿还“氧债”和加快乳酸消除，减轻疲劳，促进体力恢复，使肌体由紧张状态转入轻松安静状态。

### （二）如何做整理运动

整理活动的内容是多种多样的。一般有走步、慢跑、伸展运动、放松舞蹈、动作和缓的游戏等。

做整理活动时，一般是先慢跑，然后再做全身性的肌肉放松活动。整理活动的最佳强度约是锻炼强度的 50% ～ 60%，这样才有利于促使循环与呼吸功能保持一定的水平，加速代谢物的消散。整理活动量逐渐减小，速度要逐步减慢，活动时要结合深呼吸运动，以加大肺的通气量，提高气体交换，这对神经系统也有良好的调节作用。整理活动的量不可过大，要逐渐减轻，尽量使肌肉放松，当自己觉得呼吸和心跳已较稳定，其他一些不适感觉消失时就可以了。锻炼后能够沐浴放松更好。

在激烈运动后，整理运动的起始的运动应和刚刚结束的运动相衔接，比如参加赛跑、滑冰、自行车等项比赛时，到达终点后必须再继续前进一段距离，逐渐减低速度，然后做腿部屈伸和呼吸等动作，促使下肢的血液能够很快地流回心脏，防止短暂性脑缺血发作。

# 第四节　运动处方

## 一、运动处方概述

运动处方类似于医生给病人开的医药处方，是针对锻炼者的年龄、性别、健康状况、运动经历等情况，用处方的形式规定的适当的运动内容、运动频率、运动时间和运动负荷。运动处方是因人而异的，对“症”下“药”，只有这样才可以更好地达到健身和防治疾病的目的。运动处方的制订应包括健康检查、体力测试等步骤。

### （一）制订运动处方的原则

（1）根据自身的形态、机能和素质现状，确定锻炼的内容。

（2）根据运动技术掌握的水平和体育课成绩，确定锻炼的内容。

（3）根据个人兴趣和爱好，确定锻炼的内容。

（4）根据学习和生活的规律，确定锻炼的时间。

（5）根据人体生理机能活动规律，合理安排运动负荷。

### （二）运动处方的内容

（1）运动目的：健身、治病或提高体能。

（2）运动种类的选择：有氧运动的耐力性运动项目（如健身走与跑、游泳、球类运动、健美操、社区性健身等）；伸展运动与保健操（如太极拳、太极剑、交谊舞等）；力量性锻炼（如采用各种中等强度的力量训练）。

（3）运动强度：一般通过控制运动强度来调控运动量，而运动强度又可以通过心率换算出来。锻炼后心率的控制，应与锻炼后的主观感觉相联系。

运动心率异常可能是身体不适的信号，说明上次训练后体力未完全恢复，或处于脱水状态，或者是患有未发现的疾病。

（4）运动时间：根据目的而定。每次进行 20 ～ 60 分钟的耐力性运动比较合适。心率达到 150 次 / 分并保持 5 分钟以上才有效。

（5）运动频度：依据锻炼目的的不同而不同。力量性练习一般每周 3 ～ 4 次最合适，其他最好每周 6 ～ 7 次。

（6）注意事项及微调整：避免禁忌的运动项目和某些危险动作；注意运动中的自我观察指标，出现异常时应停止运动；每次运动前要做充分的准备活动，而运动后一定要做放松整理活动。

## 二、几种常见的运动处方

### （一）神经衰弱

主要症状：头晕、失眠、多梦、精神不振、注意力分散、记忆力减退、情绪不稳，有些人还会出现多汗、耳鸣、心慌等。

原因：精神负担过重、生活作息不规律或过度紧张和疲劳都容易患神经衰弱，同时也与个人性格、精神状态等内在因素有一定的联系。一般来讲，缺乏体育锻炼或体力劳动的人易患此病。

体育疗法：根据患者不同的症状而有所差别，如精神萎靡不振的可采用比较生动活泼的游戏性或竞赛性的身体活动，诸如步行、慢跑、健身运动等；身体健康、性格开朗的可参加球类活动，但要注意控制运动负荷。一般来讲，以中等负荷为宜，不要过度疲劳。

### （二）关节炎

主要症状：关节红肿疼痛，有时体温增高，严重的能使关节变形、强直或脱位。

原因：关节炎种类很多，原因也不一样，有风湿病引起的风湿性关节炎，有外伤引起的创伤性关节炎，也有原因不明的类风湿性关节炎。

体育疗法：主要是医疗体操，可分为被动与主动活动两类。被动活动主要用于关节炎的急性期或亚急性期，目的是防止畸形和关节强直，主要做关节的屈伸运动，幅度不能大，动作要缓和。主动活动的目的是增强肌肉力量，改善肌肉和关节的营养代谢，恢复关节的活动范围，内容以体操为主，练习时先从健康关节开始，逐渐引向病患关节。除医疗体操外，配合按摩和在温水中进行关节活动，效果更好。

### （三）腰肌劳损

原因：多数是由于长期做体位固定工作而造成的。

体育疗法：主要是一些有针对性的体操，例如，取仰卧位，两膝屈起收腹，两手抱膝，使腰背贴床，臀部高抬；左右脚轮流举起，动作稍快而轻松，以不引起疼痛为适度；叉腰站立，轮流向左右侧转体；分腿站立，体前屈，动作幅度要尽量大；并腿站立，两手扶腰部做旋转运动。

### （四）近视眼

原因：看书、电视或电脑时间过长且距离过近等是造成眼睛近视的主要原因。学习环境欠佳，看书写字时光线不足，课桌高度不符合学生身体发育；学习负担过重，用眼时间过长，学习精神紧张；不注意用眼卫生，有躺着看书、乘车看书的不良习惯也都是造成近视的诱因。另外，有的是遗传因素造成的。近视对学生学习、工作及身心健康都会产生不良的影响，应引起大家的高度重视。

体育疗法：眼睛近视与平时缺乏体育锻炼有很大关系。应积极参加各种体育锻炼，尤其是打乒乓球。适当增加户外运动的机会，每天应有 1 小时的锻炼时间，做到劳逸结合。可采取专门的体育疗法，如每天做两三次的眼睛保健操，每学习 1 个小时就进行一下眼部按摩等。

### （五）溃疡病（胃和十二指肠溃疡）

原因：其发生与大脑皮质中形成的持续性的病理性兴奋灶有关。该兴奋灶使胃或十二指肠局部血管痉挛，黏膜的抵抗力减退，同时胃酸分泌过多，侵蚀胃肠壁而形成溃疡。

体育疗法：气功、太极拳是治疗溃疡病最主要的体疗方法，其中以内养功效果最好。每次练功 30 分钟，逐渐增加至 1 小时，每天一两次。在气功疗法的整个疗程中都要进行太极拳练习，每天两次，做到动静结合、意气相随，才能收效。

### （六）慢性胃病

主要症状：胃部不适，闷胀或疼痛、食欲不振、消化不良、嗳气、反酸、恶心、呕吐等，多数人往往还有神经衰弱的症状。

原因：常为饮食习惯不良，如饮食不定时定量，暴饮暴食，常吃生冷和刺激性食物等。另外，长期精神、情绪不佳，如过于疲劳忧伤等，都可能致病。

体育疗法：对于慢性胃病患者，除了有出血现象的应暂停体育活动外，一般的都可参加身体锻炼。病重者，可做些和缓的活动，并特别注意饭后不要过早进行体育活动，以 1 小时以后为宜。剧烈运动后，应休息一段时间，待心率恢复正常半小时以后方能进餐。此外，还应适当做腹肌锻炼和腹式呼吸，这对治疗慢性胃病有好处；采用气功疗法，也有助于胃病患者恢复健康。

### （七）慢性支气管炎

主要症状：长期反复咳嗽，多痰，冬季加剧，久病严重者可以发展为肺气肿。除上述症状外，还伴有胸闷、气短等症状，导致呼吸机能减弱，劳动能力下降。

原因：多因经常患伤风感冒，或长期吸入有刺激性的灰尘和气体，或大量吸烟等原因引起。

体育疗法：症状轻者可进行一般性的体育活动，如慢跑、打羽毛球、太极拳和做一些简易体操等；症状重者以做呼吸体操为主，多在户外散步。活动时呼吸动作为鼻吸气、口呼气，多练腹式呼吸。为了加强呼气，可按一定的节拍延长呼气时间，吸气与呼气的比例按 1∶3 或 1∶4，呼气时主动收缩腹壁，可做弯腰呼吸或压腹呼吸。专门性呼吸体操每天做 1～3 次，每次 5～10 分钟，最好与一般健身活动配合进行。另外，气功练习宜采用强壮功，它对改善气急症状和膈肌活动有良好作用。

### （八）肥胖症

原因及危害：肥胖症除少部分是遗传原因外，绝大部分是能量失衡造成的，即摄入营养大于人体消耗的能量，造成营养过剩，多余能量转换成脂肪贮存在人体内。肥胖绝不仅仅只是影响美观的问题，更大问题在于过度肥胖会严重影响到健康。肥胖极易引起心血管疾病，如高血压病、高脂血症、心脏病、动脉硬化、脑血栓等。

体育疗法：减肥最根本的措施是运动，增加能量的消耗，其次是进行适当的饮食控制。最有效的运动方式就是进行持之以恒的有氧运动——长时间、中等负荷（心率在 120～130 次/分，时间 30～40 分钟），每周 4～5 次。运动项目有长跑、游泳、瑜伽等。

# 第四章

# 锻炼，你的身体感觉好吗？

## 第一节　体育锻炼效果检查与评定的意义

### 一、什么是“体质”

体质是在遗传性与获得性的基础上表现出来的人体结构、生理功能和心理因素综合的相对稳定特征，是衡量人们健康水平的重要因素之一，也是人们常用的体育锻炼效果的评价依据之一。

### 二、体育锻炼效果检查与评定的意义

**（一）了解锻炼者自身的体质现状，为制订健身计划提供依据**

锻炼者要使自己的锻炼卓有成效，首先应对自己的体质现状有一个客观的了解，才能确定自己的锻炼手段、强度以及阶段发展目标等。例如一个体质基础较弱的人，则不应急于采用超量锻炼的方式进行锻炼，否则会伤害身体；相反，一个体质基础较强的人若选择微弱强度手段锻炼，结果可能达不到锻炼效果。

**（二）加强医务监督，确保锻炼安全有效**

通过体育锻炼效果检查与评定，严密监控锻炼者健康水平和机能状况，适时调整锻炼强度、密度、时间以及阶段发展规律目标，确保锻炼者在安全锻炼基础上获得最大的锻炼收效。

**（三）科学评价已有锻炼效果，为改进后期锻炼计划提供依据**

身体锻炼效果的评价应是多方位的，除了锻炼者自我主观感觉，还需借助科学的检查与评定手段才能对锻炼效果有一个完整的评价，从而为下个阶段锻炼计划的确定提供可靠的依据。

### （四）激发锻炼者对体育锻炼的兴趣

只有进行锻炼效果的检查与评定，锻炼者才能真实地看到自己努力的成果，引发兴趣，激励上进，增强自觉锻炼的积极性和主动性。

### （五）为社会推动全民健身提供有价值的反馈信息

锻炼效果的检查与评定看起来只是锻炼者个人的需要，其实不然。首先，大面积的普查可以为国家有关决策部门了解国民体质现状，制定全民健身国策提供依据；其次，准确的信息反馈，可以促进体育教学、运动训练及群体工作的有效开展。

# 第二节　体育锻炼效果检查与评定的主要指标及标准

## 一、主要定性指标及标准

### （一）一般感觉

一般感觉是指人们日常生活状态下的自我主观感受，该指标反映了人体功能的基本状况，尤其是中枢神经状况。

标准：运动适度的人，主观感觉总是精力充沛、活泼愉快，学习工作效率高，而运动过度或时常患病就会感到精神萎靡不振，软弱无力，行动迟缓，不愿学习和工作，情绪容易激动。

### （二）运动前心情

运动前心情是指参与运动前的心理状态，该指标反映了人的精神状况。

标准：一个人在运动前心情愉快，乐意参加锻炼，这是健康的表现。反之，如无疾病、情绪刺激等其他干扰因素，运动前对锻炼缺乏热情，不乐意执行锻炼计划，表现出态度冷淡，甚至厌倦，这可能是早期过度疲劳和健康状况不佳的征兆。

### （三）克服疲劳的能力

克服疲劳的能力是指运动后的恢复能力，该指标反映了运动量的大小和机体对运动强度的适应水平。

标准：运动负荷适当时，一般锻炼后肌肉酸胀、四肢乏力等现象经过适当休息，便可消失。如果在休息和营养保证的情况下，上述现象长时间不能消退，还伴有头痛、头晕、恶心、气喘、胸闷或腹疼等不良感觉，就可能是过度疲劳。

### （四）睡　眠

睡眠是指人的入睡质量，该指标反映了机体的疲劳状态。

标准：锻炼正常者睡眠表现为睡得快、睡得深，早起感觉轻松。若经常锻炼者出现入睡难、失眠、惊梦、早起浑身乏力或嗜睡等现象，说明锻炼方法和负荷量安排不当。

### （五）食　欲

食欲是指人的饮食欲望，该指标反映了机体的代谢水平。

标准：经常正常锻炼者，机体代谢旺盛，食欲一般较好。而在正常情况下，若出现食欲不佳，这可以考虑是否与过度疲劳或健康状况不良有关。

## 二、主要定量指标及标准

### （一）身体形态指标及标准

#### 1. 身　高

身高反映了人体骨骼纵向生长发育水平。身高测量的数据，不仅是评价生长发育的重要依据，而且对于计算体力和身体指数、评价体格的优劣及一般能力，都有较大的应用价值和实际意义。（表 4-2-1）

**表 4-2-1　中国大学生健康体质标准：身高标准**　（单位：厘米）

| 年龄 | | 17岁 | 18岁 | 19岁 | 20岁 | 21岁 | 22岁 |
|---|---|---|---|---|---|---|---|
| 男生 | $\bar{X}$ | 169.94 | 169.31 | 169.58 | 169.90 | 169.94 | 169.93 |
| | S | 6.08 | 6.01 | 5.77 | 5.92 | 5.90 | 5.83 |
| 女生 | $\bar{X}$ | 157.85 | 157.88 | 158.42 | 158.33 | 158.36 | 158.2 |
| | S | 5.52 | 5.48 | 5.46 | 5.43 | 5.29 | 5.41 |

（选自李文辉等编著的《大学生健康教育教程》）

#### 2. 体　重

体重反映了人体骨骼、肌肉、皮下脂肪及内脏器官重量增长的综合状况和身体的充实度。身高和体重的比例可以辅助说明营养状况和肌肉的发育程度。（表 4-2-2、表 4-2-3）

**表 4-2-2　中国大学生健康体质标准：男生身高标准体重**　（单位：千克）

| 身高段 / 厘米 | 营养不良 | 较低体重 | 正常体重 | 超重 | 肥胖 |
|---|---|---|---|---|---|
| | 50分 | 60分 | 100分 | 60分 | 50分 |
| 160.0～160.9 | <47.4 | 47.4～53.6 | 53.7～60.9 | 61.0～63.4 | ≥63.5 |
| 161.0～161.9 | <48.1 | 48.1～54.3 | 54.4～61.6 | 61.7～64.1 | ≥64.2 |
| 162.0～162.9 | <48.5 | 48.5～54.8 | 54.9～62.2 | 62.3～64.8 | ≥64.9 |
| 163.0～163.9 | <49.0 | 49.0～55.3 | 55.4～62.8 | 62.9～65.3 | ≥65.4 |

续 表

| 身高段 / 厘米 | 营养不良 | 较低体重 | 正常体重 | 超重 | 肥胖 |
|---|---|---|---|---|---|
| | 50分 | 60分 | 100分 | 60分 | 50分 |
| 164.0～164.9 | <49.5 | 49.5～55.9 | 56.0～63.4 | 63.5～65.9 | ≥66.0 |
| 165.0～165.9 | <49.9 | 49.9～56.4 | 56.5～64.1 | 64.2～66.6 | ≥66.7 |
| 166.0～166.9 | <50.4 | 50.4～56.9 | 57.0～64.6 | 64.7～67.0 | ≥67.1 |
| 167.0～167.9 | <50.8 | 50.8～57.3 | 57.4～65.0 | 65.1～67.5 | ≥67.6 |
| 168.0～168.9 | <51.1 | 51.1～57.7 | 57.8～65.5 | 65.6～68.1 | ≥68.2 |
| 169.0～169.9 | <51.6 | 51.6～58.2 | 58.3～66.0 | 66.1～68.6 | ≥68.7 |
| 170.0～170.9 | <52.1 | 52.1～58.7 | 58.8～66.5 | 66.6～69.1 | ≥69.2 |
| 171.0～171.9 | <52.5 | 52.5～59.2 | 59.3～67.2 | 67.3～69.8 | ≥69.9 |
| 172.0～172.9 | <53.0 | 53.0～59.8 | 59.9～67.8 | 67.9～70.4 | ≥70.5 |
| 173.0～173.9 | <53.5 | 53.5～60.3 | 60.4～68.4 | 68.5～71.1 | ≥71.2 |
| 174.0～174.9 | <53.8 | 53.8～61.0 | 61.1～69.3 | 69.4～72.0 | ≥72.1 |
| 175.0～175.9 | <54.5 | 54.5～61.5 | 61.6～69.9 | 70.0～72.7 | ≥72.8 |
| 176.0～176.9 | <55.3 | 55.3～62.2 | 62.3～70.9 | 71.0～73.8 | ≥73.9 |
| 177.0～177.9 | <55.8 | 55.8～62.7 | 62.8～71.6 | 71.7～74.5 | ≥74.6 |
| 178.0～178.9 | <56.2 | 56.2～63.3 | 63.4～72.3 | 72.4～75.3 | ≥75.4 |
| 179.0～179.9 | <56.7 | 56.7～63.8 | 63.9～72.8 | 72.9～75.8 | ≥75.9 |
| 180.0～180.9 | <57.1 | 57.1～64.3 | 64.4～73.5 | 73.6～76.5 | ≥76.6 |
| 181.0～181.9 | <57.7 | 57.7～64.9 | 65.0～74.2 | 74.3～77.3 | ≥77.4 |
| 182.0～182.9 | <58.2 | 58.2～65.6 | 65.7～74.9 | 75.0～77.8 | ≥77.9 |
| 183.0～183.9 | <58.8 | 58.8～66.2 | 66.3～75.7 | 75.8～78.8 | ≥78.9 |
| 184.0～184.9 | <59.3 | 59.3～66.8 | 66.9～76.3 | 76.4～79.4 | ≥79.5 |
| 185.0～185.9 | <59.9 | 59.9～67.4 | 67.5～77.0 | 77.1～80.2 | ≥80.3 |
| 186.0～186.9 | <60.4 | 60.4～68.1 | 68.2～77.8 | 77.9～81.1 | ≥81.2 |
| 187.0～187.9 | <60.9 | 60.9～68.7 | 68.8～78.6 | 78.7～81.9 | ≥82.0 |
| 188.0～188.9 | <61.4 | 61.4～69.2 | 69.3～79.3 | 79.4～82.6 | ≥82.7 |
| 189.0～189.9 | <61.8 | 61.8～69.8 | 69.9～79.9 | 80.0～83.2 | ≥83.3 |
| 190.0～190.9 | <62.4 | 62.4～70.4 | 70.5～80.5 | 80.6～83.6 | ≥83.7 |

注：身高低于表中所列出的最低身高段的下限值时，身高每低 1 厘米，实测体重需加上 0.5 千克，实测身高需加上 1 厘米，再查表确定分值。身高高于表中所列出的最高身高段时，身高每高 1 厘米，其实测体重需减去 0.9 千克，实测身高需减去 1 厘米，再查表确定分值。

**表 4-2-3　中国大学生健康体质标准：女生身高标准体重**　　（单位：千克）

| 身高段 / 厘米 | 营养不良 | 较低体重 | 正常体重 | 超重 | 肥胖 |
|---|---|---|---|---|---|
| | 50分 | 60分 | 100分 | 60分 | 50分 |
| 155.0～155.9 | <42.3 | 42.3～49.1 | 49.2～59.1 | 59.2～62.4 | ≥62.5 |
| 156.0～156.9 | <42.9 | 42.9～49.7 | 49.8～59.7 | 59.8～63.0 | ≥63.1 |
| 157.0～157.9 | <43.5 | 43.5～50.3 | 50.4～60.4 | 60.5～63.6 | ≥63.7 |
| 158.0～158.9 | <44.0 | 44.0～50.8 | 50.9～61.2 | 61.3～64.5 | ≥64.6 |
| 159.0～159.9 | <44.5 | 44.5～51.4 | 51.5～61.7 | 61.8～65.1 | ≥65.2 |
| 160.0～160.9 | <45.0 | 45.0～52.1 | 52.2～62.3 | 62.4～65.6 | ≥65.7 |
| 161.0～161.9 | <45.4 | 45.4～52.5 | 52.6～62.8 | 62.9～66.2 | ≥66.3 |
| 162.0～162.9 | <45.9 | 45.9～53.1 | 53.2～63.4 | 63.5～66.8 | ≥66.9 |
| 163.0～163.9 | <46.4 | 46.4～53.6 | 53.7～63.9 | 64.0～67.3 | ≥67.4 |
| 164.0～164.9 | <46.8 | 46.8～54.2 | 54.3～64.5 | 64.6～67.9 | ≥68.0 |
| 165.0～165.9 | <47.4 | 47.4～54.8 | 54.9～65.0 | 65.1～68.3 | ≥68.4 |
| 166.0～166.9 | <48.0 | 48.0～55.4 | 55.5～65.5 | 65.6～68.9 | ≥69.0 |
| 167.0～167.9 | <48.5 | 48.5～56.0 | 56.1～66.2 | 66.3～69.5 | ≥69.6 |
| 168.0～168.9 | <49.0 | 49.0～56.4 | 56.5～66.7 | 66.8～70.1 | ≥70.2 |
| 169.0～169.9 | <49.4 | 49.4～56.8 | 56.9～67.3 | 67.4～70.7 | ≥70.8 |
| 170.0～170.9 | <49.9 | 49.9～57.3 | 57.4～67.9 | 68.0～71.4 | ≥71.5 |
| 171.0～171.9 | <50.2 | 50.2～57.8 | 57.9～68.5 | 68.6～72.1 | ≥72.2 |
| 172.0～172.9 | <50.7 | 50.7～58.4 | 58.5～69.1 | 69.2～72.7 | ≥72.8 |
| 173.0～173.9 | <51.0 | 51.0～58.8 | 58.9～69.6 | 69.7～73.1 | ≥73.2 |
| 174.0～174.9 | <51.3 | 51.3～59.3 | 59.4～70.2 | 70.3～73.6 | ≥73.7 |
| 175.0～175.9 | <51.9 | 51.9～59.9 | 60.0～70.8 | 70.9～74.4 | ≥74.5 |
| 176.0～176.9 | <52.4 | 52.4～60.4 | 60.5～71.5 | 71.6～75.1 | ≥75.2 |
| 177.0～177.9 | <52.8 | 52.8～61.0 | 61.1～72.1 | 72.2～75.7 | ≥75.8 |
| 178.0～178.9 | <53.2 | 53.2～61.5 | 61.6～72.6 | 72.7～76.2 | ≥76.3 |
| 179.0～179.9 | <53.6 | 53.6～62.0 | 62.1～73.2 | 73.3～76.7 | ≥76.8 |
| 180.0～180.9 | <54.1 | 54.1～62.5 | 62.6～73.7 | 73.8～77.0 | ≥77.1 |
| 181.0～181.9 | <54.5 | 54.5～63.1 | 63.2～74.3 | 74.4～77.8 | ≥77.9 |
| 182.0～182.9 | <55.1 | 55.1～63.8 | 63.9～75.0 | 75.1～79.4 | ≥79.5 |
| 183.0～183.9 | <55.6 | 55.6～64.5 | 64.6～75.7 | 75.8～80.4 | ≥80.5 |
| 184.0～184.9 | <56.1 | 56.1～65.3 | 65.4～76.6 | 76.7～81.2 | ≥81.3 |
| 185.0～185.9 | <56.8 | 56.8～66.1 | 66.2～77.5 | 77.6～82.4 | ≥82.5 |
| 186.0～186.9 | <57.3 | 57.3～66.9 | 67.0～78.6 | 78.7～83.3 | ≥83.4 |

注：身高低于表中所列出的最低身高段的下限值时，身高每低 1 厘米，实测体重需加上 0.5 千克，实测身高需加上 1 厘米，再查表确定分值。身高高于表中所列出的最高身高段时，身高每高 1 厘米，其实测体重需减去 0.9 千克，实测身高需减去 1 厘米，再查表确定分值。

3. 胸　围

胸围反映了胸廓的大小和胸部肌肉的发育情况。（表 4-2-4）

表 4-2-4　1995年中国学生体质调研数据（胸围）　（单位：厘米）

| 年龄 | | 17岁 | 18岁 | 19岁 | 20岁 | 21岁 | 22岁 |
|---|---|---|---|---|---|---|---|
| 男生 | $\overline{X}$ | 83.05 | 83.98 | 84.54 | 84.85 | 85.23 | 85.27 |
| | S | 5.21 | 4.94 | 4.61 | 4.53 | 4.32 | 4.62 |
| 女生 | $\overline{X}$ | 78.49 | 78.80 | 79.23 | 79.25 | 79.41 | 78.39 |
| | S | 4.91 | 4.79 | 4.74 | 4.62 | 4.75 | 7.77 |

（选自李文辉等编著的《大学生健康教育教程》）

## （二）机能指标

1. 心　率

脉搏是指动脉血管壁随心脏的收缩和舒张而发生的规律性搏动，在正常情况下，与心跳频率是一致的，所以运动实践中常用测量脉搏来代替心率的测定。它反映了心脏和动脉本身的机能状态，是评价心肺机能的重要指标之一。

基础心率为清晨起床前静卧时的心率。身体健康、机能状况良好时，基础心率稳定并随训练水平及健康状况的提高而趋平稳下降。健康状况不良时，基础脉搏则会有一定的波动。

安静心率是空腹不运动状态下的心率。运动员安静心率低于非运动员，不同项目运动员的安静心率也有差别，一般来说，耐力项目运动员安静心率低于其他项目运动员。正常人安静脉搏标准见表 4-2-5。

表 4-2-5　安静时脉搏正常值

| 年　龄 | 新生儿 | 1岁 | 5岁 | 7岁 | 8岁 | 10岁 | 12岁 | 15岁 | 16岁 | 18岁 | 成　人 |
|---|---|---|---|---|---|---|---|---|---|---|---|
| 次/分 | 135 | 120 | 100 | 92 | 90 | 86 | 82 | 76 | 74 | 72 | 70～75 |

（选自王则珊等编著的《群众体育学》）

运动中心率是指运动时的心率，了解运动中心率可以控制运动强度，获得良好训练效果。适宜运动中心率的计算公式为：

适宜运动中心率＝安静时心率+60%（最大心率－安静时心率），

最大心率=220–年龄。

在耐力训练中，使用心率指标来控制运动强度最为普遍。一般学生在耐力运动中心率需控制在 120 ～ 150 次/分，且保持 5 分钟以上才能收到一定的锻炼效果。

2. 血　压

血压是推动血液在血管内向前流动的压力，也是反映心血管机能状态的重要生理指标之一。血压过低，大脑、内脏等器官和组织会因供血不足而发生功能障碍；血压过高，会造成脑出血等严重后果。因此血压的相对稳定，对于正常人体的生命活动十分重要。我国健康成年人的收缩压为 110 ～ 120 毫米汞柱，舒张压为 60 ～ 80 毫米汞柱。当收缩压高于 140 毫米汞柱或舒张压高于 90 毫米汞柱时称为高血压，舒张压低于 50 毫米汞柱或收缩压低于 90 毫米汞柱则为低血压。

测量安静血压对训练程度和运动疲劳的判定有着重要的参考价值。如果运动后安静血压比同年龄组血压高 15% ～ 20%，持续一段时间不复原，又无引起血压升高的其他诱因，就可能是运动负荷过大所致。

收缩压主要反映的是心肌收缩力量和每搏输出量，舒张压主要反映的是动脉血管的弹性及外周小血管的阻力，运动后理想的反应应当是收缩压升高而舒张适当下降或保持不变。（表 4-2-6）

**表 4-2-6　运动强度与血压变化表**

| 强度 | 血压变化 | | |
|---|---|---|---|
| | 收缩压上升/毫米汞柱 | 舒张压下降/毫米汞柱 | 恢复时间 |
| 小强度 | 20～30 | 5～10 | 3～5分 |
| 中等强度 | 20～40 | 10～20 | 20～30分 |
| 大强度 | 40～60 | 20～30 | 24小时 |

（选自体育系通用教材《运动医学》）

### 3. 肺活量

肺活量是指人体尽全力吸气后再尽全力呼出气体的总量。它反映了一个人的通气能力。成年男女肺活量的水平见表 4-2-7。

**表 4-2-7　肺活量评定表（18～25岁）**　（单位：毫升）

| 水　平 | 优 | 良 | 中 | 下 | 差 |
|---|---|---|---|---|---|
| 男　性 | 5280以上 | 5260～4500 | 4480～3760 | 3740～3200 | 3180以下 |
| 女　性 | 3700以上 | 3680～3160 | 3140～2600 | 2580～2220 | 2200以下 |

## （三）身体素质指标

### 1. 耐　力

耐力是指机体长时间进行肌肉活动和抗疲劳的能力。通常采用定长距离计时跑和定时间计距离跑两种形式来进行耐力测量。我国大学生体质健康标准的耐力指标是定长距离计时跑，包括 800 米跑（女）和 1000 米跑（男）。以上耐力指标评价标准见《国家学生体质健康标准（2014 年修订）》。

12 分钟跑是一种定时间计距离跑，该指标特别适宜于自我测试，其评价标准见表 4-2-8。

**表 4-2-8　12 分钟跑体质评定表**　（单位：米）

| 年　龄 | 性　别 | 年龄 / 岁 | | | |
|---|---|---|---|---|---|
| | | <30 | 30～39 | 40～49 | ≥50 |
| 极　差 | 男 | <1600 | <1500 | <1350 | <1280 |
| | 女 | <1500 | <1350 | <1200 | <1050 |

续 表

| 年 龄 | 性 别 | | 年龄 / 岁 | | |
|---|---|---|---|---|---|
| | | ＜30 | 30～39 | 40～49 | ≥50 |
| 不 好 | 男 | 1600～1950 | 1500～1800 | 1350～1650 | 3280～1580 |
| | 女 | 1500～1800 | 1350～1630 | 1200～1500 | 1050～1350 |
| 及 格 | 男 | 2050～2350 | 1850～2100 | 1680～2050 | 1600～1950 |
| | 女 | 1850～2150 | 1860～2050 | 1550～1800 | 1400～1650 |
| 良 好 | 男 | 2400～2780 | 2150～2600 | 2080～2450 | 2000～2380 |
| | 女 | 2200～2600 | 2100～2450 | 1850～2300 | 1680～2150 |
| 优 秀 | 男 | ≥2800 | ≥2650 | ≥2480 | ≥2400 |
| | 女 | ≥2650 | ≥2480 | ≥2320 | ≥2160 |

（选自许砚田主编的《大学体育》）

2. 速 度

速度指标反映机体最短时间完成动作的能力。通常采用的测量方法有 50 米跑和 100 米跑。我国大学生体质健康标准的速度指标是 50 米跑，其评价水平标准见《国家学生体质健康标准（2014 年修订）》。

3. 力 量

力量也叫肌力，反映了肌肉的收缩能力。我国大学生体质健康标准所测的力量指标有反映上肢力量的握力指数、腰腹力量的仰卧起坐、下肢爆发力的立定跳远。它们的评价标准见《国家学生体质健康标准（2014 年修订）》。

4. 柔 韧

柔韧测试可以了解人体在完成动作时，关节、肌肉、肌腱和韧带的伸展能力，尤其是背部浅层肌肉和腿后部肌肉的伸展能力。我国大学生体质标准所测的柔韧指标是坐位体前屈。它主要是评价躯干弯曲的能力。其评价标准见《国家学生体质健康标准（2014 年修订）》。

## （四）指数指标

1. 体形指数

体形指数反映的是人体形态的综合指标。常用皮格涅特－维尔维克指数公式（简称PV）指数，即：

PV指数=体重（千克）+胸围（厘米）×100身高（厘米）。

其评价标准见表 4-2-9。

表 4-2-9　PV 指数分类评价表

| 性别 | 平均值 | 标准差 | 瘦弱型 | 瘦长型 | 均称型 | 粗壮型 | 肥胖型 |
|---|---|---|---|---|---|---|---|
| | $\bar{X}$ | S | $\bar{X}$ -2S | $\bar{X}$ +0.5S～ $\bar{X}$ -2S | $\bar{X}$ +0.5S | $\bar{X}$ +0.5S～ $\bar{X}$ +2S | ＞ $\bar{X}$ +2S |
| 男 | 83.03 | 4.75 | ＜73.53 | 73.53～80.66 | 80.66～85.41 | 85.41～92.53 | ＞92.53 |
| 女 | 81.32 | 5.54 | ＜70.24 | 70.24～78.55 | 78.55～84.09 | 84.09～92.40 | 92.40 |

（选自王天佩主编的《大学体育》）

### 2. 体重身高指数

体重身高指数与体重指标反映的意义是一致的，之所以在此介绍该测量法，是因为它简单、易操作。其计算公式为：

体重身高指数=体重（千克）/[身高（厘米）−100]。

其评价标准见表 4-2-10。

表 4-2-10　体重身高指数法评价表

| 评　定 | 过　瘦 | 稍　瘦 | 正　常 | 稍　胖 | 过　胖 |
|---|---|---|---|---|---|
| 指　数 | ＜0.8 | 0.8～0.9 | 0.9～1.0 | 1.0～1.1 | 1.1 |

（选自李文辉等编著的《大学生健康教育教程》）

### 3. 胸围指数

胸围指数是一种将胸围与人体高度相结合进行综合评价人的形态的方法，反映了人的形态的发育水平。常用艾里斯曼公式为：

胸围指数=胸围（厘米）−0.5×身高（厘米）。

其评价标准见表 4-2-11。

表 4-2-11 胸围身高指数法评价表

| 形态发育水平 | 良　好 | 中　等 | 较　差 |
|---|---|---|---|
| 指　数 | ≥1 | 0～1 | ＜0 |

（选自李文辉等编著的《大学生健康教育教程》）

### 4. 体重指数（Body mass index，BMI）

BMI测定是一种利用体重和身高相结合进行辅助性测定身体成分的方法。它反映了人的体脂程度。其计算公式为：

BMI=体重（千克）/身高$^2$（米$^2$）。

其评价标准见表 4-2-12。

表 4-2-12　体脂程度分类标准

| 等　级 | BMI（体重/身高$^2$） | |
|---|---|---|
| | 大学男生 | 大学女生 |
| 正　常 | 17.9～23.9 | 17.2～23.9 |
| 低体重 | ≤17.8 | ≤17.1 |
| 超　重 | 24.0～27.9 | 24.0～27.9 |
| 肥胖 | ≥28.0 | ≥28.0 |

5. 运动负荷强度指数

它是反映运动强度是否合适的重要指标。其计算公式为：

$$运动负荷强度指数=\frac{运动中的脉搏（次/分）}{安静时脉搏}。$$

标准见表 4-2-13。

表 4-2-13　运动负荷强度指数

| 强　度 | 较　小 | 小 | 中 | 较　大 | 大 |
|---|---|---|---|---|---|
| 指　数 | ＜1.2 | 1.2～1.5 | 1.5～1.8 | 1.8～2 | ＞2 |

（选自王天佩主编的《大学体育》）

## （五）学生体质健康测试

1. 说　明

《国家学生体质健康标准》（以下简称《标准》）是国家学校教育工作的基础性指导文件和教育质量基本标准，是评价学生综合素质、评估学校工作和衡量各地教育发展的重要依据，是《国家体育锻炼标准》在学校的具体实施，适用于全日制普通小学、初中、普通高中、中等职业学校、普通高等学校的学生。

本标准的修订坚持健康第一，落实《国家中长期教育改革和发展规划纲要（2010—2020年）》《国务院办公厅转发教育部等部门关于进一步加强学校体育工作若干意见的通知》《教育部关于印发〈学生体质健康监测评价办法〉等三个文件的通知》有关要求，着重提高《标准》应用的信度、效度和区分度，着重强化其教育激励、反馈调整和引导锻炼的功能，着重提高其教育监测和绩效评价的支撑能力。

本标准从身体形态、身体机能、身体素质等方面综合评定学生的体质健康水平，是促进学生体质健康发展、激励学生积极进行身体锻炼的教育手段，是国家学生发展核心素养体系和学业质量标准的重要组成部分，是学生体质健康的个体评价标准。

在本标准的适用对象中，大学一、二年级为一组，大学三、四年级为一组。

大学各组别的测试指标均为必测指标。其中，身体形态类中的身高、体重，身体机能类中的肺活量，以及身体素质类中的 50 米跑、坐位体前屈为各年级学生共性指标。

本标准的学年总分由标准分与附加分之和构成，满分为 120 分。标准分由各单项指标得分与权重乘积之和组成，满分为 100 分。附加分根据实测成绩确定，即对成绩超过 100 分的加分指标进行加分，满分为 20 分；大学的加分指标测试项目为男生引体向上和 1000 米跑，女生 1 分钟仰卧起坐和 800 米跑，各指标加分幅度均为 10 分。

根据学生学年总分评定等级：90.0 分及以上为优秀，80.0 ～ 89.9 分为良好，60.0 ～ 79.9 分为及格，59.9 分及以下为不及格。

每个学生每学年评定一次，记入《〈国家学生体质健康标准〉登记卡》。特殊学制的学校，在填写登记卡时可以按规定和需求相应地增减栏目。学生毕业时的成绩和等级，按毕业当年学年总分的 50% 与其他学年总分平均得分的 50% 之和进行评定。

学生测试成绩评定达到良好及以上者，方可参加评优与评奖；成绩达到优秀者，方可获体育奖学分。测试成绩评定不及格者，在本学年度准予补测一次，补测仍不及格，则学年成绩评定为不及格。普通高等学校学生毕业时，《标准》测试的成绩达不到 50 分者按结业或肄业处理。

学生因病或残疾可向学校提交暂缓或免予执行《标准》的申请，经医疗单位证明，体育教学部门核准，可暂缓或免予执行《标准》，并填写《免予执行〈国家学生体质健康标准〉申请表》，存入学生档案。确实丧失运动能力、被免予执行《标准》的残疾学生，仍可参加评优与评奖，毕业时《标准》成绩需注明免测。

各学校每学年开展覆盖本校各年级学生的《标准》测试工作，《标准》测试数据经当地教育行政部门按要求审核后，通过中国学生体质健康网上传至国家学生体质健康标准数据管理系统。测试和数据上传时间由教育行政部门确定。

2. 单项指标与权重（表 4–2–14）

表 4–2–14　测试指标与权重

| 测试对象 | 单项指标 | 权　重 |
|---|---|---|
| 大学各年级 | 体重指数（BMI） | 15% |
| | 肺活量 | 15% |
| | 50 米跑 | 20% |
| | 坐位体前屈 | 10% |
| | 立定跳远 | 10% |
| | 引体向上（男）/1 分钟仰卧起坐（女） | 10% |
| | 1000 米跑（男）/800 米跑（女） | 20% |

注：体重指数（BMI）= 体重（千克）/ 身高 $^2$（米 $^2$）。

3. 测试评分表（表 4–2–15 至表 4–2–21）

表 4–2–15　体重指数（BMI）单项评分表　（单位：千克 / 米 $^2$）

| 等　级 | 单项得分 | 大学男生 | 大学女生 |
|---|---|---|---|
| 正　常 | 100 | 17.9 ～ 23.9 | 17.2 ～ 23.9 |
| 低体重 | 80 | ≤ 17.8 | ≤ 17.1 |
| 超　重 | | 24.0 ～ 27.9 | 24.0 ～ 27.9 |
| 肥　胖 | 60 | ≥ 28.0 | ≥ 28.0 |

表 4-2-16 大学男生各测试项目评分表 （大一、大二适用）

| 等级 | 单项得分 | 肺活量/毫升 | 50 米跑/秒 | 坐位体前屈/厘米 | 立定跳远/厘米 | 引体向上/次 | 耐力跑 1000 米/分·秒 |
|---|---|---|---|---|---|---|---|
| 优秀 | 100 | 5040 | 6.7 | 24.9 | 273 | 19 | 3:17 |
| | 95 | 4920 | 6.8 | 23.1 | 268 | 18 | 3:22 |
| | 90 | 4800 | 6.9 | 21.3 | 263 | 17 | 3:27 |
| 良好 | 85 | 4550 | 7.0 | 19.5 | 256 | 16 | 3:34 |
| | 80 | 4300 | 7.1 | 17.7 | 248 | 15 | 3:42 |
| 及格 | 78 | 4180 | 7.3 | 16.3 | 244 | | 3:47 |
| | 76 | 4060 | 7.5 | 14.9 | 240 | 14 | 3:52 |
| | 74 | 3940 | 7.7 | 13.5 | 236 | | 3:57 |
| | 72 | 3820 | 7.9 | 12.1 | 232 | 13 | 4:02 |
| | 70 | 3700 | 8.1 | 10.7 | 228 | | 4:07 |
| | 68 | 3580 | 8.3 | 9.3 | 224 | 12 | 4:12 |
| | 66 | 3460 | 8.5 | 7.9 | 220 | | 4:17 |
| | 64 | 3340 | 8.7 | 6.5 | 216 | 11 | 4:22 |
| | 62 | 3220 | 8.9 | 5.1 | 212 | | 4:27 |
| | 60 | 3100 | 9.1 | 3.7 | 208 | 10 | 4:32 |
| 不及格 | 50 | 2940 | 9.3 | 2.7 | 203 | 9 | 4:52 |
| | 40 | 2780 | 9.5 | 1.7 | 198 | 8 | 5:12 |
| | 30 | 2620 | 9.7 | 0.7 | 193 | 7 | 5:32 |
| | 20 | 2460 | 9.9 | -0.3 | 188 | 6 | 5:52 |
| | 10 | 2300 | 10.1 | -1.3 | 183 | 5 | 6:12 |

表 4-2-17 大学男生各测试项目评分表 （大三、大四适用）

| 等级 | 单项得分 | 肺活量/毫升 | 50 米跑/秒 | 坐位体前屈/厘米 | 立定跳远/厘米 | 引体向上/次 | 耐力跑 1000 米/分·秒 |
|---|---|---|---|---|---|---|---|
| 优秀 | 100 | 5140 | 6.6 | 25.1 | 275 | 20 | 3:15 |
| | 95 | 5020 | 6.7 | 23.3 | 270 | 19 | 3:20 |
| | 90 | 4900 | 6.8 | 21.5 | 265 | 18 | 3:25 |
| 良好 | 85 | 4650 | 6.9 | 19.9 | 258 | 17 | 3:32 |
| | 80 | 4400 | 7.0 | 18.2 | 250 | 16 | 3:40 |
| 及格 | 78 | 4280 | 7.2 | 16.8 | 246 | | 3:45 |
| | 76 | 4160 | 7.4 | 15.4 | 242 | 15 | 3:50 |
| | 74 | 4040 | 7.6 | 14.0 | 238 | | 3:55 |
| | 72 | 3920 | 7.8 | 12.6 | 234 | 14 | 4:00 |

续　表

| 等　级 | 单项得分 | 肺活量/毫升 | 50米跑/秒 | 坐位体前屈/厘米 | 立定跳远/厘米 | 引体向上/次 | 耐力跑1000米/分·秒 |
|---|---|---|---|---|---|---|---|
| 及　格 | 70 | 3800 | 8.0 | 11.2 | 230 | | 4:05 |
| | 68 | 3680 | 8.2 | 9.8 | 226 | 13 | 4:10 |
| | 66 | 3560 | 8.4 | 8.4 | 222 | | 4:15 |
| | 64 | 3440 | 8.6 | 7.0 | 218 | 12 | 4:20 |
| | 62 | 3320 | 8.8 | 5.6 | 214 | | 4:25 |
| | 60 | 3200 | 9.0 | 4.2 | 210 | 11 | 4:30 |
| 不及格 | 50 | 3030 | 9.2 | 3.2 | 205 | 10 | 4:50 |
| | 40 | 2860 | 9.4 | 2.2 | 200 | 9 | 5:10 |
| | 30 | 2690 | 9.6 | 1.2 | 195 | 8 | 5:30 |
| | 20 | 2520 | 9.8 | 0.2 | 190 | 7 | 5:50 |
| | 10 | 2350 | 10.0 | -0.8 | 185 | 6 | 6:10 |

表4-2-18　大学女生各测试项目评分表　（大一、大二适用）

| 等　级 | 单项得分 | 肺活量/毫升 | 50米跑/秒 | 坐位体前屈/厘米 | 立定跳远/厘米 | 1分钟仰卧起坐/次 | 耐力跑800米/分·秒 |
|---|---|---|---|---|---|---|---|
| 优　秀 | 100 | 3400 | 7.5 | 25.8 | 207 | 56 | 3:18 |
| | 95 | 3350 | 7.6 | 24.0 | 201 | 54 | 3:24 |
| | 90 | 3300 | 7.7 | 22.2 | 195 | 52 | 3:30 |
| 良　好 | 85 | 3150 | 8.0 | 20.6 | 188 | 49 | 3:37 |
| | 80 | 3000 | 8.3 | 19.0 | 181 | 46 | 3:44 |
| 及　格 | 78 | 2900 | 8.5 | 17.7 | 178 | 44 | 3:49 |
| | 76 | 2800 | 8.7 | 16.4 | 175 | 42 | 3:54 |
| | 74 | 2700 | 8.9 | 15.1 | 172 | 40 | 3:59 |
| | 72 | 2600 | 9.1 | 13.8 | 169 | 38 | 4:04 |
| | 70 | 2500 | 9.3 | 12.5 | 166 | 36 | 4:09 |
| | 68 | 2400 | 9.5 | 11.2 | 163 | 34 | 4:14 |
| | 66 | 2300 | 9.7 | 9.9 | 160 | 32 | 4:19 |
| | 64 | 2200 | 9.9 | 8.6 | 157 | 30 | 4:24 |
| | 62 | 2100 | 10.1 | 7.3 | 154 | 28 | 4:29 |
| | 60 | 2000 | 10.3 | 6.0 | 151 | 26 | 4:34 |

续 表

| 等 级 | 单项得分 | 肺活量/毫升 | 50米跑/秒 | 坐位体前屈/厘米 | 立定跳远/厘米 | 1分钟仰卧起坐/次 | 耐力跑800米/分·秒 |
|---|---|---|---|---|---|---|---|
| 不及格 | 50 | 1960 | 10.5 | 5.2 | 146 | 24 | 4:44 |
| | 40 | 1920 | 10.7 | 4.4 | 141 | 22 | 4:54 |
| | 30 | 1880 | 10.9 | 3.6 | 136 | 20 | 5:04 |
| | 20 | 1840 | 11.1 | 2.8 | 131 | 18 | 5:14 |
| | 10 | 1800 | 11.3 | 2.0 | 126 | 16 | 5:24 |

表 4–2–19 大学女生各测试项目评分表 （大三、大四适用）

| 等 级 | 单项得分 | 肺活量/毫升 | 50米跑/秒 | 坐位体前屈/厘米 | 立定跳远/厘米 | 1分钟仰卧起坐/次 | 耐力跑800米/分·秒 |
|---|---|---|---|---|---|---|---|
| 优 秀 | 100 | 3450 | 7.4 | 26.3 | 208 | 57 | 3:16 |
| | 95 | 3400 | 7.5 | 24.4 | 202 | 55 | 3:22 |
| | 90 | 3350 | 7.6 | 22.4 | 196 | 53 | 3:28 |
| 良 好 | 85 | 3200 | 7.9 | 21.0 | 189 | 50 | 3:35 |
| | 80 | 3050 | 8.2 | 19.5 | 182 | 47 | 3:42 |
| 及 格 | 78 | 2950 | 8.4 | 18.2 | 179 | 45 | 3:47 |
| | 76 | 2850 | 8.6 | 16.9 | 176 | 43 | 3:52 |
| | 74 | 2750 | 8.8 | 15.6 | 173 | 41 | 3:57 |
| | 72 | 2650 | 9.0 | 14.3 | 170 | 39 | 4:02 |
| | 70 | 2550 | 9.2 | 13.0 | 167 | 37 | 4:07 |
| | 68 | 2450 | 9.4 | 11.7 | 164 | 35 | 4:12 |
| | 66 | 2350 | 9.6 | 10.4 | 161 | 33 | 4:17 |
| | 64 | 2250 | 9.8 | 9.1 | 158 | 31 | 4:22 |
| | 62 | 2150 | 10.0 | 7.8 | 155 | 29 | 4:27 |
| | 60 | 2050 | 10.2 | 6.5 | 152 | 27 | 4:32 |
| 不及格 | 50 | 2010 | 10.4 | 5.7 | 147 | 25 | 4:42 |
| | 40 | 1970 | 10.6 | 4.9 | 142 | 23 | 4:52 |
| | 30 | 1930 | 10.8 | 4.1 | 137 | 21 | 5:02 |
| | 20 | 1890 | 11.0 | 3.3 | 132 | 19 | 5:12 |
| | 10 | 1850 | 11.2 | 2.5 | 127 | 17 | 5:22 |

表 4-2-20　大学生加分指标测试项目评分表一　（单位：次）

| 加　分 | 引体向上（男） | | 1 分钟仰卧起坐（女） | |
|---|---|---|---|---|
| | 大一、大二 | 大三、大四 | 大一、大二 | 大三、大四 |
| 10 | 10 | 10 | 13 | 13 |
| 9 | 9 | 9 | 12 | 12 |
| 8 | 8 | 8 | 11 | 11 |
| 7 | 7 | 7 | 10 | 10 |
| 6 | 6 | 6 | 9 | 9 |
| 5 | 5 | 5 | 8 | 8 |
| 4 | 4 | 4 | 7 | 7 |
| 3 | 3 | 3 | 6 | 6 |
| 2 | 2 | 2 | 4 | 4 |
| 1 | 1 | 1 | 2 | 2 |

注：引体向上（男）、1 分钟仰卧起坐（女）均为高优指标，学生成绩超过单项评分 100 分后，以超过的次数所对应的分数进行加分。

表 4-2-21　大学生加分指标测试项目评分表二　（单位：秒）

| 加　分 | 1000 米跑（男） | | 800 米跑（女） | |
|---|---|---|---|---|
| | 大一、大二 | 大三、大四 | 大一、大二 | 大三、大四 |
| 10 | −35 | −35 | −50 | −50 |
| 9 | −32 | −32 | −45 | −45 |
| 8 | −29 | −29 | −40 | −40 |
| 7 | −26 | −26 | −35 | −35 |
| 6 | −23 | −23 | −30 | −30 |
| 5 | −20 | −20 | −25 | −25 |
| 4 | −16 | −16 | −20 | −20 |
| 3 | −12 | −12 | −15 | −15 |
| 2 | −8 | −8 | −10 | −10 |
| 1 | −4 | −4 | −5 | −5 |

注：1000 米跑（男）、800 米跑（女）均为低优指标，学生成绩低于单项评分 100 分后，以减少的秒数所对应的分数进行加分。

# 第三节　学生体质健康测试方法

## 一、身高

图 4–3–1

受试者赤足，以立正姿势站在身高计的底板上（上肢自然下垂，两脚脚跟并拢，脚尖分开约 60°）。脚跟、骶骨部及两肩胛区与立柱相接触，躯干自然挺直，头部正直，耳屏上缘与眼眶下缘成水平位。测试人员站在受试者右侧，使水平压板轻轻沿立柱下滑，轻压于受试者头顶。测试人员读数时，两眼应与压板水平面等高；记录员复诵后进行记录。以厘米为单位记录测试成绩，保留 1 位小数。测试误差不得超过 0.5 厘米。（图 4–3–1）

## 二、体重

图 4–3–2

测试时，体重秤应放在平坦地面上。受试者赤足，男性受试者身着短裤；女性受试者身着短裤、短袖衫，站在秤台中央。读数以千克为单位，保留 1 位小数。记录员复诵后进行记录。测试误差不超过 0.1 千克。（图 4–3–2）

## 三、肺活量

测试人员告知受试者不必紧张，以中等速度和力度尽全力吹气效果最好。令受试者手持吹气口嘴，面对肺活量计站立试吹 1 次或 2 次，首先看仪表有无反应，还要试口嘴或鼻处是否漏气，调整口嘴和用鼻夹（或自己捏鼻孔）；学会深吸气（避免耸肩提气，应该像闻花似的慢吸气）。测试时，受试者进行一两次较平日深一些的呼吸动作后，更深地吸一口气，屏住气向口嘴处慢慢呼出至不能再呼为止，防止此时从口嘴处吸气，测试中不得中途二次吸气。吹气完毕后，液晶屏上最终显示的数字即肺活量值。每位受试者测 3 次，每次间隔 15 秒，记录 3 次数值，选取最大值作为测试结果。以毫升为单位记录测试成绩，不计小数。

肺活量

## 四、50 米跑

受试者至少两人一组进行测试，站立式起跑。受试者听到跑的口令后开始起跑。发令员在发出口令的同时要摆动发令旗。计时员视旗动开表计时，在受试者躯干部位到达终点线的垂直面时停表。以秒为单位记录测试成绩，精确到小数点后 1 位，小数点后第二位数按非 0 进 1 原则进位，如 10.11 秒读成 10.2 秒并记录。

50 米跑

## 五、坐位体前屈

受试者两腿伸直，两脚平蹬测试纵板坐在平地上，两脚分开 10 ～ 15 厘米，上体前屈，两臂伸直前，用两手中指指尖逐渐向前推动游标，直到不能前推为止。测试计的脚蹬纵板内沿平面为 0 点，向内为负值，向前为正值。以厘米为单位记录测试成绩，保留 1 位小数。测试两次，取最好成绩。（图 4-3-3）

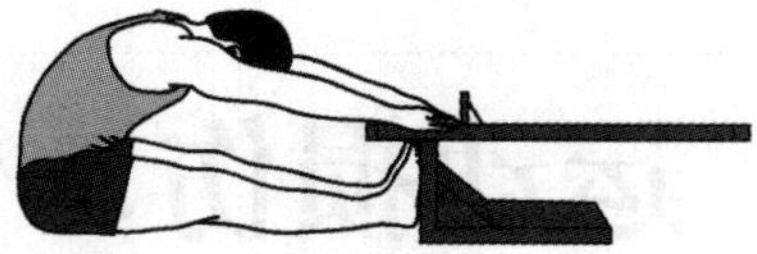

图 4-3-3

坐位体前屈

## 六、立定跳远

受试者两脚自然分开站在起跳线后，脚尖不得踩线（最好用线绳做起跳线）。两脚原地同时起跳，不得有垫步或连跳动作。丈量起跳线后缘至最近着地点后垂直距离。每人试跳 3 次，记录其中成绩最好一次。以米为单位，保留 2 位小数。

立定跳远

## 七、引体向上（男）

受试者跳起两手正握杠，两手与肩同宽，成直臂悬垂。静止后，两臂同时用力向上引体（身体不能有附加动作），上拉到下颌超过横杠上缘为完成 1 次。记录引体次数。

引体向上（男）

## 八、1 分钟仰卧起坐（女）

受试者仰卧于垫上，两腿稍分开，屈膝约成 90°，两手手指交叉抱于脑后。受试者坐起时，两肘触及或超过两膝为完成 1 次。仰卧时，两肩胛必须触垫。测试人员发出“开始”口令的同时开表计时，记录 1 分钟内完成次数。1 分钟到时，受试者虽已坐起，但肘关节未达到两膝者不计该次数，精确到个位。（图 4-3-4）

1 分钟仰卧起坐（女）

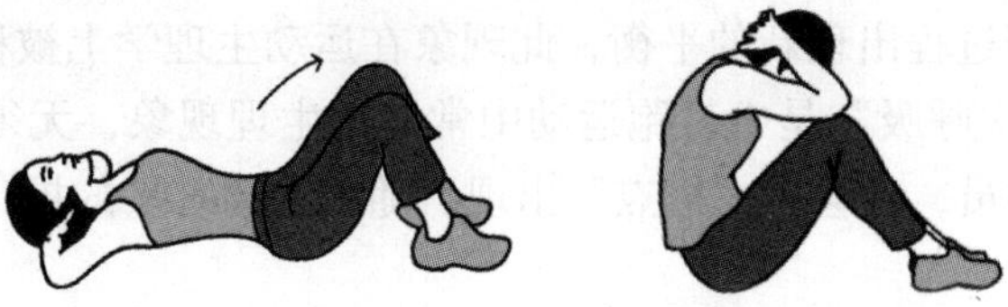

图 4-3-4

## 九、1000 米跑（男）/800 米跑（女）

受试者至少两人一组进行测试，站立式起跑。受试者听到“跑”的口令后开始起跑。发令员在发出口令的同时摆动发令旗，计时员看到旗动开表计时，当受试者的躯干部位到达终点线垂直面时停表。以分、秒为单位记录测试成绩，不计小数。

1000 米跑（男）/800 米跑（女）

# 第五章

# 运动损伤，你会处理吗？

## 第一节 运动中常见的生理反应及处置

人体在体育运动过程中，生理平衡受到暂时性破坏，并出现某些生理反应，这种反应即为“运动生理反应”。锻炼者要能够及时判断运动中出现的各种运动生理反应，以便科学地从事体育锻炼，防止意外事故的发生。下面介绍几种常见的运动生理反应及处理方法。

### 一、“极点”与“第二次呼吸”

在中长跑时，由于运动量较大，机体短时间不能适应突然增大的运动量，特别是当下肢回流血量减少，使脑的供血、供氧产生暂时性不足，出现呼吸困难、胸闷、动作迟缓、肌肉酸痛等症状，甚至不想继续运动，这种现象在运动生理学中被称为“极点”。

克服“极点”的方法有：准备活动要充分，使自主神经提前兴奋。当“极点”出现后，一般不用停止体育锻炼，可适当降低运动强度并加深呼吸，一般几分钟后，上述生理不适即可得到缓解或消失。这一方面是由于氧供给逐步得到加强，另一方面，机体的适应性使身体功能得到改善，从而使能运动能力得到提高，动作重新变得协调、有力，标志着“极点”逐渐被克服，生理过程出现新的平衡，此现象在运动生理学上被称为“第二次呼吸”。

“极点”与“第二次呼吸”是中长跑运动中常见的生理现象，无须疑虑与恐惧，即使是一位优秀的中长跑运动员，也会有“极点”出现。随着运动水平的提高，上述生理反应将得到逐步推迟或减轻。

### 二、肌肉酸痛（延迟性肌肉酸痛症）

运动性肌肉酸痛是指在身体进行不习惯的运动后（大运动量、突然增加强度和动作幅度）一段时间内肌肉产生的酸痛现象。肌肉酸痛往往不是在锻炼后即刻出现，而是在第二天或第三天出现，这种一般在锻炼后 24 小时后出现的肌肉酸痛在运动医学上称为“延迟性肌肉酸痛症”。锻炼后 24 ～ 72 小时酸痛达到顶点，5 ～ 7 天后疼痛基本消失。关于引起肌肉酸痛的原因，目前很多专家认为：肌肉酸痛是由于运动后肌肉局部痉挛，造成局部缺血、缺氧，致使组织释放乳酸，导致肌肉酸痛，乳酸致痛后，通过中枢的反馈活动，又造成肌肉的进一步痉挛，如此形成恶性循环。运动后肌肉酸痛，是一种正常的生理现象，出现这种现象对身体无害，也无须专门治疗。

预防和处理运动性肌肉酸痛的主要方法有四种：① 做好准备活动，运动开始时运动量宜小，以后逐渐增加。在每阶段的运动中遵循循序渐进原则，每次运动后应及时做好放松活动。② 锻炼后用温热水泡洗可减轻肌肉酸痛。局部涂擦油剂或用双手在疼痛处进行自我按摩也可减轻疼痛。③ 运动后做一些伸展性练习，牵伸肌肉减轻酸痛。牵伸肌肉可加速肌肉的放松，有助于紧张肌肉的恢复。④ 坚持经常锻炼，提高适应能力。

## 三、运动性腹痛

运动性腹痛多发生在中长跑运动中，部位在右上腹，其原因有三：① 饭后过早参加运动，胃受食物的充盈引起牵扯疼和胀疼，或是锻炼前大量喝水，特别是饮凉水引起胃痉挛。② 准备活动不充分，内脏器官不能适应急剧的肌肉工作，造成肝脾淤血肿胀，牵扯其腹膜，引起疼痛。③ 呼吸节律受到破坏，造成缺氧，胸膜腔内压上升，静脉血回流受阻，血液在肝、脾淤滞，引起右上腹疼痛。

运动中发生腹痛时，一般要放慢跑速，加深呼吸，按压疼痛部位（勿用手揉）。还可弯腰跑一段，疼痛就会减轻，直到消失。假如疼痛不减，应立即停止运动。如果上述措施均不见效，疼痛没有减轻反而加重，应及时请医生诊治。

## 四、肌肉痉挛（抽筋）

肌肉痉挛时肌肉会不由自主地强制性收缩，多发生于小腿腓肠肌和足部屈肌。其原因有三：① 遇寒冷刺激，加之准备活动不充分易引起痉挛；② 大量排汗，体内盐分含量过低引起痉挛；③ 肌肉过快地连续收缩，放松时间太短，协调关系遭到破坏时易发生肌肉痉挛。

运动中发生肌肉痉挛不必紧张，只要牵引痉挛的肌肉，即可缓解。例如，小腿腓肠肌痉挛时，应先让患者平坐或仰卧，伸直膝关节，牵引者双手握住患者足部，用适度力量将患足缓慢地背伸（勾脚尖伸腿）；若屈拇、屈趾肌痉挛，可用力将足和足趾背伸（向脚背拉拇趾），但切忌使用暴力。此外，可配合局部按摩，如重推、揉捏、叩打、点穴（承山、委中、涌泉）等可促使痉挛缓解。另外，肌肉痉挛是可以预防的，运动前应充分做好准备活动，对易发生痉挛的肌肉事先进行按摩，冬季锻炼注意保暖，避免寒冷刺激。夏季进行长时间运动要注意补充盐、水和维生素B等。游泳下水前应先用冷水淋湿全身，提高机体对冷水刺激的适应能力。在温度较低的水中游泳，时间不宜过长，尤其不能在水中停止活动。饥饿和疲劳时不可进行剧烈运动。

## 五、运动性昏厥

在运动过程中，脑部突然血液供给不足，并达到一定程度时，发生的暂时性知觉丧失现象，称为“运动性昏厥”。其症状表现为面色苍白、手脚发凉、呼吸缓慢、眼睛发黑、失去知觉而昏倒。运动性昏厥多是因局部血管造成的暂时性脑缺血并伴有脑干网状结构血液的减少所致。长时间剧烈运动使四肢回流血液受阻，突然进入激烈运动状态（疾跑、冲刺），极度疲劳状态下勉强坚持锻炼，久蹲后骤然站起，疾跑后骤停，空腹状态下锻炼出现低血糖等，都可引起运动性昏厥。

预防和处理运动性昏厥的主要方法有三种：① 经常参加体育锻炼，增强体质。② 运动时要控制运动负荷，防止过度疲劳。③ 一旦出现运动性昏厥，应立即将患者平卧，使脚高于头部，并进行由小腿向大腿、心脏方向的推摩，也可点按人中、合谷穴，如果发生呼吸障碍，应立即进行人工呼吸。轻微患者可由同伴搀扶慢走，并协助做伸展运动和加深呼吸等。

## 六、中　暑

在高温环境中，特别在温度高、通风不良、头部又缺乏保护，被烈日直接照射的情况下进行体育锻炼，因体温调节功能障碍易发生中暑。轻度中暑，可出现面部潮红、头晕、头痛、胸闷、皮肤灼热、体温升高等症状。严重时，将出现恶心、呕吐、脉搏快而细弱、精神失常、虚脱抽搐、血压下降，甚至昏迷。

发现中暑后，应迅速将患者移至通风、阴凉处，解开衣领，冷敷额部，用温水擦身，并使其饮用含盐清凉饮料或十滴水，数小时后即可恢复正常。中暑严重者，经临时处理后，应迅速转送医院治疗。

在高温炎热季节锻炼时，应适当减少运动量，缩短运动时间，避免在烈日下长时间锻炼；夏天在室外锻炼时，宜穿浅色衣服，戴遮阳帽；在室内锻炼时，应有良好的通风环境，并注意服饮低糖含盐饮料。

## 七、运动性贫血

我国成年健康男性每 100 毫升血液中含血红蛋白量为 12 ～ 16.5 克，女性为 11 ～ 15 克。若低于这一生理数值，就被视为贫血。因运动引起的血红蛋白量减少，称为运动性贫血。造成运动性贫血的原因主要有以下三个。

（1）由于运动时机体对蛋白质与铁的需求增加，一旦需求量得不到满足时，即可引起运动性贫血。

（2）运动时，脾脏释放的溶血卵磷脂能使红细胞的脆性增加，加上剧烈运动时血流加快，易引起红细胞破裂，从而导致运动性贫血。

（3）由于偏食或爱吃零食，影响正常营养摄入或因长期性腹泻而影响营养吸收，运动时易出现贫血现象。

运动性贫血发病缓慢，平时表现为头晕、恶心、气喘、体力下降，运动后出现心悸、心率加快、脸色苍白等症状。如运动中（后）出现头晕、无力、恶心等现象时，应适当减少运动量，必要时要暂停运动。补充富含蛋白质和铁的食物，口服硫酸亚铁片剂和维生素C，对缺铁性贫血的治疗有明显的效果。如果在运动中有昏迷现象，应立即停止运动，并将昏迷者的脚抬高以加速血液的回流；松解衣服，加速血液流动。应让昏迷者保持侧卧姿势以保障呼吸的畅通。

## 八、游泳性中耳炎

游泳时，水进入外耳道后，可将鼓膜泡软，引起鼓膜破损，细菌进入中耳而形成游泳性中耳炎。此外，游泳时呛水，细菌也可能从咽鼓管进入中耳。主要表现为耳内剧烈疼痛，有时还会引起发热和头痛，也可见黄色液体从外耳道流出。出现中耳炎症状后应立即停止游泳，用生理盐水和络活碘清洗消毒，并送医院治疗。

平时可采取措施预防游泳性中耳炎的发生。在游泳中用耳塞堵住外耳道口，防止水进入耳道内。若耳内灌水，可采用头偏向耳朵有水一侧，用同侧腿进行原地跳的方法使水震动排出，然后再用棉花擦干外耳道，切忌挖耳。患感冒、上呼吸道感染时应停止游泳。

# 第二节　运动损伤的预防及处置

## 一、出血和止血

在运动过程中，外伤引起各部位出血，特别是较大的动脉损伤所引起的大出血，如果止血不及时或处理不当，很可能会危及生命安全。

### （一）出血的种类

**1. 根据人体损伤的部位分类**

根据人体损伤的部位进行分类，出血可分为外出血和内出血两类。

（1）外出血：指体表有伤口，血从伤口往体表外流出。外伤出血是运动损伤中常见的一种出血方式，也是威胁伤者生命的重要因素之一，因此，采取妥善的止血方法就显得尤为重要。

（2）内出血：指身体表面无伤口，血液由破裂的血管流入组织（皮下组织、肌肉组织）、体腔（胸腔、腹腔、关节腔）或管腔（胃肠道、呼吸道）。运动中常见的内出血有：皮下淤血、膝关节腔内积血、腹部严重挫伤时导致肝破裂或其他脏器损伤时的腹腔内出血。由于内出血没有血流出体外，较为隐蔽，不易及时发现，一旦发现，就可能已经酿成大出血而危及生命。因此，如果受伤后没有外出血，但伤者有失血的表现，就有内出血的可能，应及时送往医院处理。

**2. 根据血管的种类分类**

依照血管的种类进行分类，可将出血分为动脉出血、静脉出血和毛细血管出血三类。

（1）动脉出血：血色鲜红，出血速度快，呈喷射状。

（2）静脉出血：血色暗红，血流缓慢。

（3）毛细血管出血：血缓慢渗出。

## （二）止血方法

外伤出血的止血方法主要有以下几种。

### 1. 压迫止血法

（1）间接指压法

这一方法简便有效，可用于浅部动脉出血，方法正确可即刻止血。需要注意，动脉出血时指压伤口的近心侧，静脉出血时指压伤口的远心侧。常用的压迫止血点如下。

① 头部出血：头顶、额部及颞部出血，压迫颞动脉。压点在耳前，用手指正对颧骨后端骨面压迫。（图 5–2–1）

② 面部出血：压迫颌外动脉，压点在下颌角前约半寸处。（图 5–2–2）

③ 颈部出血：压迫颈总动脉，压点在甲状软骨外搏动处。注意不要同时压迫两侧的颈总动脉，以免引起大脑缺血。（图 5–2–3）

④ 上肢出血：腋部和上臂出血时压迫锁骨下动脉，压点在锁骨上方，胸锁乳突肌外缘。前臂出血压迫肱动脉，使患肢外展，用拇指压迫上臂内侧上 1 / 3 处。（图 5–2–4）

⑤ 下肢出血：大腿部出血压迫股动脉，压点在腹股沟中点该动脉搏动处。（图 5–2–5）

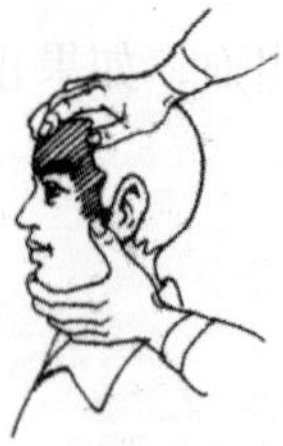

图 5–2–1

图 5–2–2

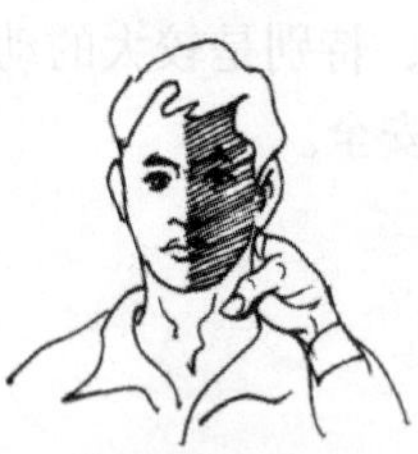

图 5–2–3

图 5–2–4

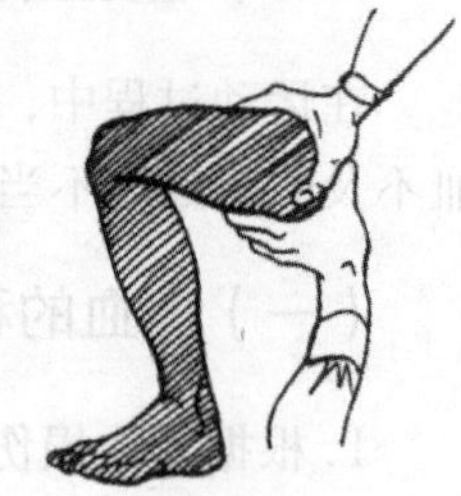

图 5–2–5

（2）加压包扎法

加压包扎法适用于小静脉和毛细血管出血。方法是将伤口消毒后撒上消炎药粉，盖上纱布块，用绷带包扎即可。

（3）加垫屈肢止血法

用于肢体（如前臂、手和小腿、足）出血。将棉垫或绷带卷放在肘窝或膝关节窝上，令肘关节或膝关节尽量弯曲，再用绷带做“8”字形包扎。

### 2. 止血带法

适用于四肢动脉大出血、创面大或不整齐时。常用皮管、橡皮带、气压式止血带等工具来止血，亦可根据现场情况来选材止血，比如用布带、手帕、领带、长袜等折叠成带状或用衣服撕成布条，宽度至少在 5 厘米以上，用作代止血带。

方法：用止血带在出血部位的近端（近心侧）扎紧（上肢应在上中 1 / 3 交界处；下肢在靠近大腿根部），压力不小于 200 毫米汞柱，因为压力太小只能闭锁静脉，而动脉仍可继续出血。

使用止血带时，还应注意下列事项。

（1）应先抬高肢体，结扎后肢体远端应呈蜡白色，如果出血紫红色表示方法不当。

（2）应在止血带与皮肤之间垫衬软物，以防止皮肤损伤或肢体麻痹等。

（3）松紧要适宜，冬季要注意伤肢保温。

（4）上止血带的时间不宜过久。记录下使用止血带的时间，并标志于显眼处。上肢每隔30分钟、下肢每隔1小时左右放松一次（冬季间隔要短些），每次放松2～3分钟（此时用指压法暂时止血），以免时间过久引起肢体坏死，此时需重新标明时间。

（5）松解时要缓慢，以防凝结在血管破裂处的血块脱落。

**3. 充填法**

多用于躯干部位的大伤口，运动中很少使用，多用盐水纱布充填伤口压迫止血。

## 二、软组织损伤

软组织损伤是指运动中发生的除骨骼以外的损伤。软组织损伤按照损伤部位可以分为开放性和闭合性软组织损伤。开放性软组织损伤指皮肤和黏膜的完整性遭到破坏，闭合性软组织损伤则皮肤和黏膜完整无缺。按照损伤发生的时间，运动中的软组织损伤又分急性和慢性软组织损伤。

### （一）擦　伤

擦伤是指运动时机体表面与粗糙的物体相互摩擦而引起的皮肤表层损伤，创面有擦痕、渗出液和点状出血，属于开放性软组织损伤。例如，进行田径、球类运动时摔倒，进行体操和武术运动时身体与器械摩擦受伤，滑雪时被树枝擦伤，拳击时被拳套擦伤等。

**1. 征　象**

伤口浅，面积大，边缘不整；表皮脱落，点状出血，组织液渗出；无感染时，伤口易干燥结痂而愈合；伤口感染后易化脓，有较稠的渗出液。

**2. 处　理**

创口浅、面积小的擦伤，用生理盐水清洗后直接外涂2%的碘酊，无须包扎，让其暴露在空气中即可；创口内有异物的擦伤，用生理盐水或自来水冲洗创口，创口用过氧化氢、创口周围用75%的酒精消毒，然后用消炎粉、无菌敷料处理；创口较深，污染严重的擦伤，除做消毒、包扎等处理外，应注射破伤风抗毒素（TAT）；关节部位的擦伤，经消毒后，上消炎软膏或抗生素软膏，并用无菌敷料覆盖，一般不用暴露疗法。

**3. 注意事项**

（1）面部、关节部位不宜使用甲紫。

（2）大面积伤口不宜使用碘酊。

（3）酒精、红汞与碘酊不宜同时使用。

（4）感染伤口需每日或隔日换药，最好到医院作进一步检查治疗。

## （二）裂　伤

裂伤亦称“撕裂伤”，是开放性软组织损伤的一种。它是指身体受钝性暴力打击引起的皮肤、皮下组织撕裂。运动中头部裂伤最多，约占整个裂伤的61%，其中额部和面部居多。例如篮球运动中，眉弓被对方肘部碰撞即可引起眉际裂伤。

发生裂伤的运动者，轻者可先用碘酒、酒精将伤口周围皮肤消毒，然后在伤口上撒上消炎粉，用消毒纱布覆盖，加压包扎。小的裂口，伤口消毒后可用粘膏黏合。裂口较长和污染较重者，应由医生作清创术，清除伤口内的污物和异物，切除失去活力的组织，彻底止血，缝合伤口。凡伤情和污染较重者，应口服或注射适当的抗菌药物，预防感染。凡被不洁物致伤且伤口小而深者，应注射破伤风抗毒素，预防破伤风。

如伤口有感染，则应使用抗感染药物，加强换药处理，及时清除伤口内的分泌物，畅通引流，促进肉芽组织健康生长，以利伤口早日愈合。

## （三）刺　伤

刺伤，亦是开放性软组织损伤的一种，是指在运动过程中，尖锐细物刺穿皮肤及皮下组织器官的损伤。如田径运动中鞋钉与标枪的刺伤。

1. 征　象

伤口细小，但较深，可能伤及深部组织或器官，或者将异物带入伤口深处，容易引起感染。

2. 处　理

为了预防和减轻感染，对被刺伤的运动者，应注意无菌操作。注意检查伤口，观察污染情况，判断有无神经、血管、肌腱等组织的损伤。较浅、小、干净伤口，可用碘酊或其他消毒，然后用创可贴或消毒纱布覆盖；较大、深、不洁伤口，应现场加压包扎后送医院进行清创、止血、缝合，口服或注射抗生素，常规注射破伤风抗毒素预防破伤风。

## （四）扭　伤

扭伤属于闭合性软组织损伤之一。多是在外力作用下，使关节发生超常范围的活动，造成的关节内外侧副韧带损伤。

1. 征　象

关节出现疼痛、肿胀、皮下淤血、关节功能障碍等症状，其程度随损伤程度而加重。轻者发生韧带部分纤维断裂，重者则韧带纤维完全断裂，并引起关节脱位或半脱位，同时合并关节内滑膜和软骨损伤。在运动中较为常见。

2. 处　理

关节韧带扭伤或部分韧带纤维断裂者，伤后应立即冷敷，加压包扎，抬高伤肢并休息，以减轻出血和肿胀。24 ～ 48 小时后，拆除包扎固定，根据伤情可采用中药外敷、痛点药物注射、理疗和按摩等，但热疗和按摩在开始时只能施于伤部周围，3 天后才可用于局部。韧带完全断裂者，经急救处理后把伤员送至医院，以争取早期手术缝合或固定。关节韧带扭伤时，当关节肿胀和疼痛减轻后，在不引起疼痛或疼痛加重的原则下，尽早进行伤肢功能性活动，防止发生肌肉萎缩和组织粘连，以促进功能恢复。

3. 注意事项

（1）平时要注意加强关节周围肌肉力量和韧带柔韧性练习，提高关节稳定性和活动度。

（2）运动前要做好充分的准备活动。

（3）要正确掌握跑跳和投掷等的动作技术。

（4）运动中要注意加强保护和自我保护。

（5）做好运动场地设备的维修与保管，消除引起扭伤的各种因素。

## （五）拉　伤

拉伤是指肌肉或关节韧带在运动中急剧收缩或过度牵拉引起的损伤。拉伤可分为肌肉拉伤和关节韧带拉伤两种。

1. 肌肉拉伤

肌肉损伤除由直接外力作用引起的肌肉挫伤外，主要是在间接外力作用下使肌肉发生拉伤。肌肉拉伤是指由于肌肉的猛烈收缩或被动牵伸超过了肌肉本身所能承担的限度，而引起的肌肉组织损伤。据有关资料统计，肌肉损伤约占各种运动损伤的 25%。常见的拉伤部位为大腿后群肌、腰背肌、小腿三头肌、大腿内收肌群等。

（1）损伤原因和机制

① 损伤原因

运动训练中肌肉拉伤的发生率较高，其主要原因有：准备活动不充分，肌肉的生理机能未达到适应活动所需要的状态；训练水平不够，肌肉的弹性、伸展性和力量都比较差；疲劳或负荷过度，使肌肉机能降低，力量减弱，协调性下降；技术动作不正确，动作粗暴，用力过猛；气温较低，湿度大，场地状况不良等。

② 损伤机制

肌肉拉伤可分为急性和慢性两种类型。引起肌肉急性拉伤的机制，分为主动用力拉伤和被动拉伤。

主动用力拉伤：其损伤机制为肌肉做主动的猛烈收缩时，其收缩力超过了肌肉本身的承担能力。主动用力拉伤在肌纤维缩短时发生，多为原动肌和协同肌受伤。比如弯腰抓举杠铃时，骶棘肌猛烈收缩而被拉伤；疾跑时用力后蹬，使大腿后群肌拉伤；跳远时用力蹬地，引起小腿后部肌肉拉伤等。

被动拉伤：其是由于肌肉受力牵伸时超过了肌肉本身的伸展限度所致。例如，跨栏运动中摆动腿过栏时，跳高运动中摆动腿向上摆动时，都可因原动肌猛烈收缩，而对抗肌不能及时放松或伸展，致使对抗肌由于被动拉长而引起拉伤。在做压腿、劈叉练习时，如果用力过猛，也可使被拉长的肌肉发生拉伤。

（2）部位和征象

肌肉拉伤的部位可发生在肌腹或肌腹与肌腱交界处，或肌腱的起止部。轻者发生微细损伤，重者则肌纤维大部分断裂或完全断裂，甚至发生撕脱骨折。肌肉拉伤时除损伤肌肉外，常可伤及肌肉周围的辅助结构，如筋膜、腱鞘等。筋膜撕裂、穿孔时，肌肉可由裂孔中膨出而形成“肌疝”。肌肉损伤后，出血和渗出液若没有完全被吸收，会导致肌肉与筋膜粘连，形成“肌肉筋膜炎”。

肌肉拉伤后，伤处疼痛、肿胀、压痛、肌肉紧张或痉挛，触之发硬。受伤肌肉做主动收缩或被动拉长的动作时，疼痛加重。肌肉严重拉伤时，患者在受伤当时可感到或听到断裂声，疼痛和肿胀明显，皮下淤血显著，运动功能严重障碍，肌肉出现收缩畸形。肌纤维部分断裂时，伤处可摸到凹陷；肌腹中间完全断裂时，出现“双驼峰”畸形；一端完全断裂时，肌肉收缩成“球状”畸形。

（3）肌肉拉伤的检查方法

肌肉抗阻力收缩试验是检查肌肉拉伤的重要方法。在患者做受伤肌肉的主动收缩时，检查者对该活动施加一定的阻力，在对抗过程中出现疼痛，其疼痛的部位即为拉伤肌肉的损伤处。例如，股后肌群拉伤时，患者仰卧或俯卧，膝关节微屈，检查者一手握住患者小腿，在患者用力屈膝时给以一定的对抗力。

肌肉轻度拉伤应与锻炼后产生的肌肉酸痛相区别，因两者的处理方法是不同的。一般而言，肌肉拉伤者多有外伤史，疼痛在受伤后即刻或不久后出现，疼痛的范围较小，最痛点只局限于拉伤处，呈锐痛，继续活动时疼痛加重，休息 1 ～ 2 天后症状不消失。锻炼后产生的肌肉酸痛者无外伤史，酸痛多在运动结束后出现，疼痛的范围较广，呈酸胀性钝痛，无局限性的最痛点，继续活动时症状不加重，经 1 ～ 2 天休息后酸痛明显减轻或消失。

（4）肌肉拉伤的处理和治疗

肌肉微细损伤或少量肌纤维断裂时，立即冷敷、加压包扎并抬高伤肢，注意局部休息。疼痛较重者可口服镇静、止痛剂。24 小时后可外敷中药、痛点药物注射、理疗或按摩等。

肌纤维大部分断裂或肌肉完全断裂时，经加压包扎等急救处理后，立即将伤员送至医院，及早做手术缝合。

（5）预防措施

① 在剧烈运动前，要充分做好准备活动。

② 平时要结合运动项目的特点，加强易伤肌肉的力量和柔韧性训练。

③ 锻炼中要注意观察肌肉反应，如肌肉硬度、韧性和疲劳程度等，若出现肌肉僵硬或疲劳时，可进行按摩并减小运动强度。

④ 改正技术动作的缺点，正确掌握跑、跳和投掷等的技术要领。

⑤ 注意锻炼环境的温度、湿度和运动场地情况。

⑥ 治愈后再参加锻炼时，要注意循序渐进，以防再伤。

**2. 关节韧带拉伤**

关节韧带拉伤是指在间接外力作用下，使关节发生超范围的活动而引起的关节韧带损伤，主要是闭合性损伤。在体育活动中最常见的是踝关节、膝关节、掌指（间）关节和肘关节韧带拉伤。

（1）损伤机制

在外力作用下，使关节发生超常范围的运动，关节内外韧带受到过度的或猛烈的牵拉而造成损伤。轻者仅是少量韧带纤维断裂，重者则是部分韧带纤维断裂或韧带完全断裂，甚至引起关节半脱位或完全脱位，同时还可合并关节内滑膜、软骨损伤或撕脱骨折等。例如，跑跳运动时因场地不平，使踝关节发生过度内翻而造成踝关节外侧韧带损伤；膝关节屈曲约130°～150°，小腿突然外展、外旋，或足与小腿固定，大腿突然内收、内旋（简称膝外翻），都可造成膝关节内侧韧带损伤等。

（2）征　象

伤后局部疼痛、肿胀，若伤及关节滑膜或韧带断裂及合并关节内其他组织损伤时，出现整个关节肿胀或血肿，局部有明显压痛，关节运动功能障碍，轻者关节活动受限，不能着力，韧带完全断裂或撕脱时，关节有不稳或松动感，关节功能明显障碍。

（3）检测关节韧带拉伤的方法

侧搬试验是检查韧带拉伤的重要方法，若出现疼痛，则属韧带扭伤或少量纤维断裂；如果出现“关节松动”或超常范围的活动，则属韧带完全断裂。例如，检查踝关节外侧韧带时，一手握住患者前足，另一手握住小腿下部，被动使足内翻；检查膝关节内侧韧带时，患膝微屈（20°～30°），检查者一手向内推大腿，另一手握住小腿使其外展。

关节韧带损伤时，常可合并其他损伤，如膝关节内侧韧带损伤，可合并内侧半月板、十字韧带损伤；踝关节外侧韧带损伤时，可合并跗骨窦韧带、副舟骨损伤或第5跖骨基底部骨折等。因此，应仔细检查以免漏诊，必要时需拍X光片作鉴别诊断。

（4）处理和预防

关节韧带拉伤是运动中常见的损伤。早期误诊或处理不当，转成慢性或遗留功能障碍，则影响比赛和训练。处理基本原则：早期止血，预防肿胀；晚期消炎活血。最初要用冰袋冷敷或冷水淋浴、喷冷冻剂后，覆盖绷带加压包扎。24小时后打开观察伤部变化，考虑是否做进一步处理。拉伤后早期妥善处理，对减少淤血肿胀、防止韧带无力是非常重要的。24～48小时后出血停止，局部用封闭治疗、中药外敷、理疗、按摩等，促使组织损伤后的炎症尽快消散。1～3周后，大多都能恢复。伤后的运动练习，要尽量用支持带保护，避免再伤。

## （六）挫　伤

挫伤又称撞伤，是指钝性外力直接作用于人体某部，而引起该处及其深部组织的一种急性闭合性损伤。

**1. 损伤机制**

在体育运动或比赛中，尤其是各种对抗性较强的项目，比如足球、橄榄球运动中相互冲撞，散打、格斗运动中被踢打，体操、武术运动中人体与器械撞击或被器械击伤，都会发生局部和深层组织的挫伤。最常见的挫伤部位是大腿与小腿的前部，头、胸、腹部的挫伤也并非少见。单纯性挫伤，轻者仅在伤部出现疼痛、肿胀、局部皮肤青紫、压痛和功能障碍等症状；严重挫伤或有并发症时，可因皮下出血而形成血肿或瘀斑，疼痛和功能障碍较为明显，头部或躯干部的挫伤较为严重者可并发脑组织或内脏器官的损伤，甚者出现全身症状或某些特殊体征。

2. 征　象

（1）单纯性挫伤

单纯性挫伤是指皮肤和皮下组织（包括皮下脂肪、肌肉、关节囊和韧带）的挫伤，伤后局部有疼痛、肿胀、组织内出血、压痛和运动功能障碍。疼痛多为先轻后重，一般持续约 24 小时。疼痛程度因人而异，与挫伤的部位及伤情轻重有关。挫伤后的出血程度及深浅部位与伤情轻重有关；挫伤后的出血程度及深浅部位不同，如皮肤出血（瘀点），皮内和皮下出血（淤斑）或皮下组织的局限性血肿等。

少数患者挫伤部位续发感染化脓，肌肉挫伤（如股四头肌）有时会出现骨化性肌炎。较重的挫伤，若妨碍肢体的血液循环，会引起局部肌肉的缺血性挛缩，其早期症状是肢体末端出现青紫、肿胀、麻木、发凉、运动障碍，3 周后症状消失，但手或足逐渐挛缩于屈曲位。

（2）混合性挫伤

常见于在皮肤和皮下组织受到挫伤的同时，还合并其他组织器官的损伤，如头部挫伤合并脑震荡或脑出血，胸部挫伤合并肋骨骨折，腹部挫伤合并肝、脾破裂等。患者除了出现局部征象外，常可发生休克。

3. 处理措施

单纯性挫伤的处理，一般分为 3 期，若病情较轻，可把 2 期与 3 期合并兼治。

（1）限制活动期

伤后 24 ～ 48 小时内，局部冷敷、加压包扎、抬高伤肢并休息。较轻的挫伤可外敷安福消肿膏或一号新伤药。疼痛较重者，可内服镇静、止痛剂。股四头肌和腓肠肌挫伤时，应注意严密观察，若出血较多，肿胀不断发展或肿胀严重而影响血液循环时，应将伤员送医院进行手术治疗，取出血块，结扎出血的血管。

（2）恢复活动期

受伤 24 ～ 48 小时后，肿胀已基本消退，可拆除包扎进行温热疗法，包括各种理疗和按摩。在伤情允许的情况下，应尽早进行伤肢的功能锻炼，逐渐增加关节的活动幅度。股四头肌挫伤时，当病情已稳定，患者可以控制股四头肌收缩时，才可开始做膝关节的屈伸活动，先做伸膝练习，屈膝练习宜晚些，不可操之过急。当膝关节能屈至 90°，走路不用拐杖时，可视为此期治疗结束。

（3）功能恢复期

逐渐增加抗阻力练习和参加一些非碰撞性练习，如打乒乓球、羽毛球等，并配合进行按摩和理疗等，直至关节活动功能恢复正常。

混合性挫伤并出现休克的伤员，经急救处理后，应尽快把伤员送到医院。

## 三、脑震荡

脑震荡是脑损伤中最轻而又较常见的一种急性闭合性损伤。一般指头部遭受暴力作用后，脑的神经组织被震荡而引起大脑暂时的意识和机能障碍，其病理解剖和神经系统检查无明显器质性病变。但脑震荡亦可与其他颅脑损伤（如颅内出血、脑挫伤、颅骨骨折等）合并存在，故应引起足够重视。

### （一）损伤机制

脑震荡指头部遭受钝性暴力打击后，神经细胞和神经纤维受到普遍震荡所引起的一时性意识和功能障碍，不久即可恢复，多无明显解剖病理改变。在体育运动中，头部如果受到足球、棒球的打击，体操练习中从高处跌下时头部撞地或臀部着地的反作用力传递到头部等，都可引起脑震荡。

### （二）征　象

伤后立即出现意识障碍，一般不超过 30 分钟。一般意识障碍都较轻，有暂时性意识丧失（昏迷）或神志恍惚。意识障碍的时间长短不一，短则几秒钟，长则几分钟乃至 20 ～ 30 分钟不等。在意识丧失时，伤员的呼吸表浅，脉率缓慢，肌肉松弛，面色苍白，瞳孔稍放大但左右对称，神经反射减弱或消失。

意识清醒后，患者不能回忆受伤经过和临近受伤前一段时间的情况，但对往事能清楚记忆，这种现象被称为“逆行性健忘”。头痛、头晕、心悸、耳鸣、失眠在伤后数日内较明显，若情绪紧张、活动头部或变换体位时症状加重，以后逐渐减轻和消失。少数患者可有轻微的恶心、呕吐，但几天后可消失。此外，还有情绪不稳定、易激动、不耐烦、注意力不易集中和耳鸣、心悸、多汗、失眠等植物性神经功能紊乱的症状。

诊断脑震荡的依据是头部有外伤史；伤后即刻确有短时间的意识障碍；意识清醒后出现“逆行性健忘”，血压、脉率、呼吸、脑脊液压及其细胞数等临床系统检查均属正常。

### （三）处理及治疗

急救时，立即使伤员平卧，安静休息，不可随意搬动和让伤员坐起或站起。注意身体保暖，头部可用蘸过冷水的毛巾作冷敷。若伤员昏迷，可用手指掐点“人中”“内关”等穴或给嗅闻氨水，以促使患者苏醒。对于呼吸停止者，应立即施行人工呼吸。同时，要尽快请医生来进行急救处理或把伤员送至医院。

若伤员昏迷时间超过 5 分钟，或两侧瞳孔大小不对称，或耳、鼻有出血、流清水或咽后壁、眼球出现青紫，或神志清醒后剧烈头痛、呕吐，或出现再度昏迷，都说明伤情严重，必须立即送医院急救。在转运时，伤员要平卧、保暖；头颈两侧要用枕头或卷起的衣服垫稳固定，防止颠簸振动或晃动；意识不清者，要注意保持呼吸道通畅，伤员可侧卧或把头转向一侧，避免呕吐物吸入气管或舌后坠而发生窒息，并严密观察病情变化。

无严重征象、短时间意识障碍后很快恢复的伤员，经医生诊治后也应平卧送至宿舍休息，直至头痛、头晕等症状消失为止。在休养期间，要注意脑力休息，保持安静的环境和充足的睡眠，不宜过早地参加紧张的体育活动或脑力劳动，避免产生后遗症。一般认为，症状完全消失后，可用“闭目举臂单腿站立平衡试验”来初步判定可否恢复体育锻炼，并在恢复运动的最初阶段，注意观察其动作的协调能力，以了解患者是否已完全康复。

# 第三节　突发情况下自救和急救

生命是一切的前提。没有生命，人生就不存在了。生命的价值高于一切，应珍惜生命、敬畏生命。掌握拯救生命的知识与技能，才能有效地提高在生命安全受到威胁时的应对能力。

## 一、心肺复苏

### （一）心肺复苏的概述

当人突然发生心跳、呼吸停止时，必须在 4 ～ 8 分钟内建立基础生命支持，保证人体重要脏器的基本血氧供应，直到建立高级生命支持或自身心跳、呼吸恢复为止，其具体操作即为心肺复苏。

心跳、呼吸骤停是临床上最紧急的情况，70% 以上的猝死发生在进入医院之前。心跳停止 4 分钟内进行心肺复苏，并于 8 分钟内进行进一步生命支持，则病人的生存率约为 43%。心肺复苏强调黄金 4 分钟，通常 4 分钟内进行心肺复苏，有 32% 的概率能救活病人，4 分钟以后再进行心肺复苏，只有 17% 的概率能救活病人。

心肺复苏是针对呼吸心跳停止的急症危重病人所采取的抢救关键措施，即胸外按压形成暂时的人工循环并恢复病人的自主搏动，采用人工呼吸代替自主呼吸，快速电除颤转复心室颤动，以及尽早使用血管活性药物来重新恢复自主循环的急救技术。心肺复苏的目的是开放气道、重建呼吸和循环。人们只有充分了解心肺复苏的知识，并接受过此方面的训练后才可以为他人实施心肺复苏。

### （二）心肺复苏的操作步骤与方法

如果是专业医护人员，要求其在 10 秒之内作出是否有脉搏的判断；对一般非专业医务人员不要求检查脉搏。在新的《心肺复苏指南》中，心肺复苏的顺序是：胸外按压（C）、开放气道（A）、人工呼吸（B）。具体操作步骤与方法如下。

**1. 第一步：判断意识与呼吸**

一般来说，事故发生后首先要进行的是意识的诊断，也就是检查病人是否有反应。判断病人是否有反应，可以用双手轻拍病人的肩膀，然后对其侧耳根部大声呼喊：“喂，你怎么了，需要帮助吗?”如果伤病员有意识，则保持康复体位；如果通过这种方法病人仍没反应，说明病人意识已经丧失。接着，检查呼吸，观察病人胸部起伏 5 ～ 10 秒，以判断病人的呼吸状况，确定患者是否有呼吸以及呼吸是否正常（无呼吸或仅仅是喘息），以尝试区分濒死喘息的患者（需要心肺复苏的患者）以及可正常呼吸且不需要心肺复苏的患者。

**2. 第二步：呼喊求救**

在经过判断后，应尽快呼救。呼喊附近可以帮忙的人，同时拨打“120”急救电话。

**3. 第三步：调整体位**

调整体位是针对需要进行心肺复苏的患者，如果病人突然没有意识了，同时大动脉波动消失，具备这两点就要做心肺复苏。在抢救的时候需要注意病人的体位，病人发生意外时可能什么姿势都有，而我们需要把病人摆放成仰卧位，因为只有在仰卧位时才能进行有效抢救。在我们搬动病人使之成为仰卧位时，不可避免地要移动病人，在移动时一定要注意保护病人的颈部，应该托住病人的颈部进行轴向搬动，同时要解开病人的衣服和裤带。（图 5–3–1）

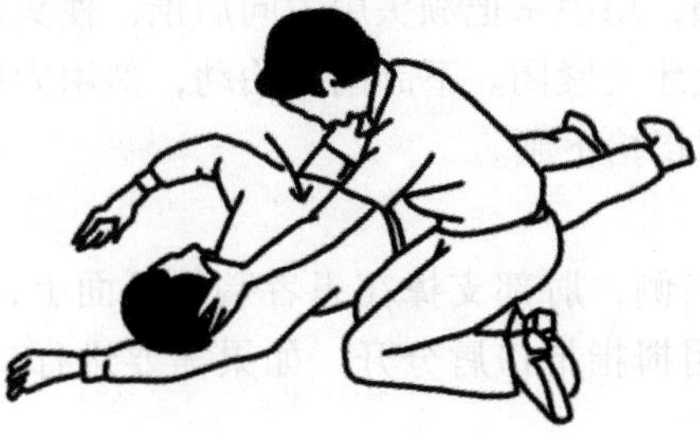

图 5–3–1

**4. 胸外按压**

胸外按压是利用人工的力量，间接压迫心脏，使心脏被动地收缩和舒张，维持血液循环。

按压位置：剑突上两横指，两乳头连线的中间。先沿着肋弓找到剑突，再确定按压部位。抢救者将一手的中指沿病人一侧的肋弓向上滑移至双侧肋弓的汇合点，中指定位于此处，食指紧贴中指并拢，以另一手的掌根部紧贴食指平放，使掌根的横轴与胸骨的长轴重合。此掌根部即为按压区，固定不要移动。此时可将定位之手重叠放在另一只手的手背上，双手掌根重叠，十指相扣，使下面手的手指抬起，以避免按压时损伤肋骨。双臂绷直，用上身力量用力按压。（图 5–3–2）

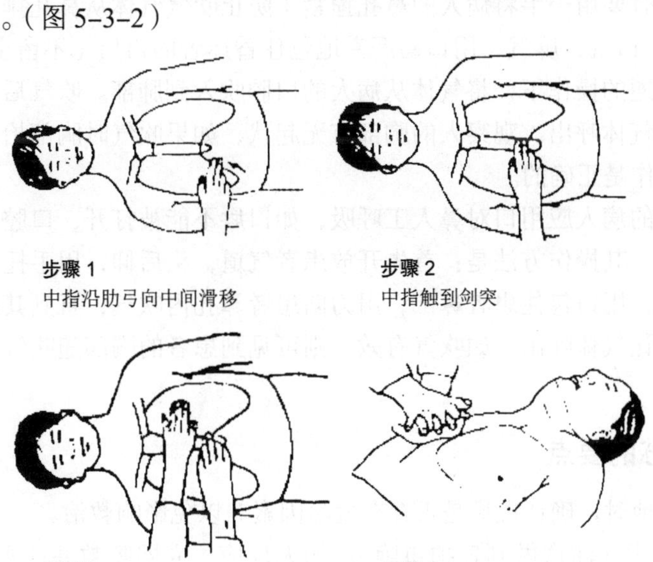

步骤 1
中指沿肋弓向中间滑移

步骤 2
中指触到剑突

步骤 3
另一手掌根部紧贴食指放在胸骨上

步骤 4
四指交叉抬起以不接触胸壁进行按压

图 5–3–2

5. 打开气道

开放气道时，要注意观察口腔里有没有分泌物和异物，有异物要及时清理，如有假牙一并清除，以畅通气道。开放气道手法有仰面抬颏法、托下颌法。《心肺复苏指南》推荐在未确定是否颈椎损伤时，使用仰面抬颏法开放气道，当高度怀疑颈椎损伤时，使用托颌法。因为后者难度较大，不利于进行人工通气，使用不当易导致气道阻塞，故一般情况下不建议使用该方法。

（1）仰面抬颏法

把一只手放在患者前额，用手掌把额头用力向后推，使头部向后仰；另一只手的手指放在下颌骨处，向上抬颌，使牙关紧闭。下颌向上抬动，勿用力压迫下颌部软组织，否则有可能造成气道梗阻。避免用拇指抬下颌。

（2）托下颌法

把手放置在患者头部两侧，肘部支撑在患者躺的平面上，握紧下颌角，用力向上托下颌。如患者紧闭双唇，可用拇指把口唇分开。如果需要进行口对口呼吸，则将下颌持续上托，用面颊贴紧患者的鼻孔。

6. 人工呼吸

开放气道后进行人工通气。如果在医院外，可以进行口对口人工呼吸，吹气的量不能太大或太急促，在平静状态下给病人吹气，每次吹气 1 秒，间隔 1 秒再进行第二次吹气。连吹两口气之后立即按压胸部，按压通气比为 30∶2，即每按压 30 次吹气两次，这是一个人在现场的操作方法；如果是两个人，则一人负责按压一人负责通气，切勿按压和通气同时进行。一直等到急救车的到来，也就是在医务人员来之前我们需要按照“判断意识—呼救—胸外按压—开放气道—人工呼吸”的程序，在这期间不能耽误时间，否则会直接影响心肺复苏的效果。

口对口人工呼吸时要用一手将病人的鼻孔捏紧（防止吹气气体从鼻孔排出而不能由口腔进入到肺内），深吸一口气，屏气，用口唇严密地包住昏迷者的口唇（不留空隙），注意不要漏气，在保持气道畅通的操作下，将气体从病人的口腔吹入到肺部。吹气后，口唇离开，并松开捏鼻的手指，使气体呼出。观察人的胸部有无起伏，如果吹气时胸部抬起，说明气道畅通，口对口吹气的操作是正确的。

对不能经口通气的病人应用口对鼻人工呼吸，如口唇不能被打开，口腔严重损伤，口不能完全被封住等情况。其操作方法是：首先开放患者气道，头后仰，用手托住患者下颌使其口闭住。深吸一口气，用口包住患者鼻部，用力向患者鼻孔内吹气，直到其胸部抬起，吹气后将患者口部打开，让气体呼出。如吹气有效，则可见到患者的胸部随吹气而鼓起，并能感觉到气流呼出。

## （三）心肺复苏的要点

（1）发现病人倒地时，确认现场是否存在危险因素，以免影响救治。

（2）判断病人意识（注意做到轻拍重唤），如无反应，立即呼救并请求他人拨打电话，与急救医疗救护系统联系。如现场只有一名抢救者，则先进行 1 分钟的现场心肺复苏后，再联系求救。

（3）立即将病人置于复苏体位（仰卧位），只有在仰卧位时才能进行有效的抢救。在搬动病人使之成为仰卧位时不可避免地要移动病人，在移动时一定要注意保护病人的颈部，应该托住病人的颈部进行轴向搬动。同时要解开病人的衣服和裤带，以免引起内脏损伤。触摸颈动脉，未触及者，对其立即施行胸外心脏按压。胸外心脏按压术只能在患（伤）者心脏停止跳动的情况下才能施行。

（4）胸外心脏按压的位置必须准确，不准确容易损伤其他脏器。按压的力度要适宜，过大或过猛容易使胸骨骨折，引起气胸、血胸；如按压的力度过轻，胸腔压力小，不足以推动血液循环。实施胸外心脏按压时，双膝跪地，以髋关节为支点，身体前倾，在两乳头连线中点（胸骨中下 1/3）处，用一手掌根紧贴病人的胸部，另一手与之十指相扣（紧贴病人胸部的手五指翘起），双臂绷直，用上身力量用力按压 30 次，按压频率为 100 ～ 120 次 / 分，按压深度至少 5 厘米而不超过 6 厘米。

（5）按压 30 次后立即开放气道（口腔无分泌物、异物和假牙等），进行口对口人工呼吸。口对口吹气量不宜过大，一般不超过 1200 毫升，胸廓稍起伏即可。吹气时间不宜过长，过长会引起急性胃扩张、胃胀气和呕吐。吹气过程中要注意观察伤患者气道是否通畅，胸廓是否被吹起。

（6）胸外心脏按压与人工呼吸比例为 30 : 2，即每做 30 次胸心脏按压，交替进行两次人工呼吸。口对口吹气和胸外心脏按压应交替进行，严格按吹气和按压的比例操作，吹气和按压的次数过多或过少均会影响复苏的成败。

（7）单纯进行胸外心脏按压时，每分钟为 100 ～ 120 次，保证每次按压后胸部回弹，尽可能地减少胸外按压的中断。

（8）若有条件要及早实施体外除颤。

### （四）心肺复苏有效的体征和终止抢救的指征

（1）观察颈动脉搏动，有效时每次按压后就可触到一次搏动。若停止按压后搏动停止，表明应继续进行按压。如停止按压后搏动继续存在，说明病人自主心搏已恢复，可以停止按压。

（2）若无自主呼吸，人工呼吸应继续进行，或自主呼吸很微弱时仍应坚持人工呼吸。

（3）复苏有效时，可见病人有眼球活动，口唇转红，甚至脚可动；观察瞳孔时，可由大变小，并有对光的反射。

（4）当有下列情况出现时，可考虑终止复苏。

① 心肺复苏持续 30 分钟以上，仍无心搏及自主呼吸，现场又无进一步救治和送治条件，可考虑终止复苏。

② 脑死亡，如深度昏迷，瞳孔固定、角膜反射消失，将病人的头向两侧转动，而原来眼球位置不变等，如无进一步救治和送治条件，现场可考虑停止复苏。

③ 当现场危险威胁到抢救人员安全（如雪崩和山洪暴发等）以及医学专业人员认为病人死亡，无救治指征时。

## 二、伤口包扎

世界上没有人人都得的疾病，只有创伤是例外。包扎伤口是各种外伤中最常用、最重要、最基本的急救技术之一。包扎得法有压迫止血、保护伤口、防止感染、固定骨折和减少疼痛等效果。在紧急情况下，往往手中无消毒药、无菌纱布和绷带等，可以用比较干净的衣服、毛巾、包袱皮和白布等替用。包扎时不能过紧，以防引起疼痛和肿胀；也不宜过松，以防脱落。

### （一）包扎方法

**1. 头部包扎**

（1）三角巾帽式包扎

此法适用于头顶部外伤。先在伤口上覆盖无菌纱布（所有的伤口包扎前均需先覆盖无菌纱布，以下不再重复），把三角巾底边的正中放在伤员眉间上部，顶角经头顶拉到枕部，将底边经耳上向后拉紧压住顶角，然后抓住两个底角在枕部交叉返回到额部中央打结。

（2）三角巾面具式包扎

此法适用于面部外伤。把三角巾一折为二，顶角打结放在头正中，两手拉住底角罩住面部，然后双手持两底角拉向枕后交叉，最后在额前打结固定。可以在眼、鼻处提起三角巾，用剪刀剪洞开窗。

（3）双眼三角巾包扎

此法适用于双眼外伤。将三角巾折叠成三指宽带状，中段放在头后枕骨上，两旁分别从耳上拉向眼前，在双眼之间交叉，再持两端分别从耳下拉向头后枕骨下部打结固定。

**2. 颈部包扎**

（1）三角巾包扎

将伤员手臂上举抱住头部，将三角巾折叠成带状，中段压紧覆盖的纱布，两端在健侧手臂根部打结固定。

（2）绷带包扎

方法基本与三角巾包扎相同，只是改用绷带，环绕数周再打结。

**3. 胸、背、肩和腋下部包扎**

（1）胸部三角巾包扎

此法适用于一侧胸部外伤。将三角巾的顶角放于伤侧的肩上，使三角巾的底边正中位于伤部下侧，将底边两端绕下胸部至背后打结，然后将巾顶角的系带穿过三角底边与其固定打结。

（2）背部三角巾包扎

此法适用于一侧背部外伤。方法与胸部包扎相似，只是前后相反。

（3）侧胸部三角巾包扎

此法适用于单侧侧胸外伤。将燕尾式三角巾的夹角正对伤侧腋窝，双手持燕尾式底边的两端，紧压在伤口的敷料上，利用顶角系带环绕下胸部与另一端打结，再将两个燕尾角斜向上拉到对侧肩部打结。

（4）肩部三角巾包扎

此法适用于一侧肩部外伤。将燕尾三角巾的夹角对着伤侧颈部，巾体紧压在伤口的敷料上，燕尾底部包绕上臂根部打结，然后两个燕尾角分别经胸、背拉到对侧腋下打结固定。

（5）腋下三角巾包扎

此法适用于一侧腋下外伤。将带状三角巾中段紧压在腋下伤口敷料上，再将巾的两端向上提起，于同侧肩部交叉，最后分别经胸、背斜向对侧腋下打结固定。

**4. 腹部包扎**

腹部三角巾包扎适用于腹部外伤。双手持三角巾两底角，将三角巾底边拉直放于胸腹部交界处，顶角置于会阴部，然后两底角绕至伤员腰部打结，最后顶角系带穿过会阴与底边打结固定。

腹部外伤且内脏脱出时，脱出的内脏不要还纳，包扎时弯曲双腿，放松腹肌，将脱出的内脏用大块无菌纱布盖好，再用干净饭碗、木勺和钢盔等凹形物扣上，或用纱布、布卷和毛巾等做成圆状，以保护内脏，再包扎固定。

**5. 四肢包扎**

（1）臀部三角巾包扎

此法适用于臀部外伤。方法与侧胸外伤包扎相似，只是燕尾式三角巾的夹角对着伤侧腰部，紧压在伤口敷料上，利用顶角系带环绕伤侧大腿根部与另一端打结，再将两个燕尾角斜向上拉到对侧腰部打结。

（2）上肢、下肢绷带螺旋形包扎

此法适用于上肢、下肢除关节部位以外的外伤。先在伤口敷料上用绷带环绕两圈，然后从胶体远端绕向近端，每缠一圈盖住前圈的 1/3 ～ 1/2 部分成螺旋状，最后剪掉多余的绷带，然后用胶布固定。

（3）“8”字肘关节、膝关节绷带包扎

此法适用于肘关节、膝关节及附近部位的外伤。先用绷带的一端在伤口的敷料上环绕两圈，然后斜向经过关节，绕肢体半圈再斜向经过关节，绕向原开始点相对应处，绕半圈回到原处。这些反复缠绕，每缠绕一圈覆盖前圈的 1/3 ～ 1/2 部分，直到完全覆盖伤口。

（4）手部三角巾包扎

此法适用于手部外伤。将带状三角巾的中段紧贴手掌，将三角巾在手背交叉，三角巾的两端绕至手腕交叉，最后在手腕绕一周打结固定。

（5）脚部三角巾包扎

方法与手包扎相似。

（6）手部绷带包扎

方法与肘关节包扎相似，只是环绕腕关节“8”字包扎。

（7）脚部绷带包扎

方法与膝关节包扎相似，只是环绕踝关节“8”字包扎。

### （二）包扎注意事项

伤口包扎时一般要注意以下几点。

（1）迅速暴露伤口并检查，采用急救措施。

（2）有条件者应对伤口进行妥善处理，如清除伤口周围油污，用碘酒、酒精对皮肤进行消毒等。

（3）包扎材料，尤其是直接覆盖伤口的纱布应严格保证无菌，没有时亦应尽量用相对干净的材料覆盖，如清洁毛巾、衣服和布类等。

（4）包扎不能过紧或过松。

（5）包扎打结或用别针固定的位置，应在肢体外侧面或前面。

（6）包扎伤口时，除消毒以外不上药。

（7）如有利器等，不要取出；骨折突出部位及内脏外露，不送回。

## 三、骨折的固定

固定对骨折、关节严重损伤、肢体挤压伤和大面积软组织损伤等能起到很好的作用，可以临时减轻伤患痛苦，减少并发症，且有利于伤员的护送。对开放性软组织损伤，应先止血再包扎。固定时要松紧适度，牢固可靠。固定技术分外固定和内固定两种。医院外急救多受条件限制，只能做外固定。目前最常用的外固定有小夹板、石膏绷带和外展架等。

### （一）骨折的判断

骨折后常有下列专科体征。

1. 畸　形

由于骨折移位，使得受伤肢体的形状发生改变。

2. 反常活动

在肢体没有关节的部位出现不正常的活动。

3. 骨擦音或骨擦感

由骨折两断端的相互摩擦引起。

只要伤员有上述三种体征之一，即可诊断为骨折。除此以外，骨折还有一般表现，即骨折部位出现疼痛和压痛，局部有肿胀、瘀斑，骨折部位出现功能障碍。有上述表现者，应诊断骨折或怀疑有骨折存在，均应固定。

## （二）骨折急救固定法

### 1. 锁骨骨折固定法

将 3 条三角巾折叠成宽带，在双肩腋下填上软布团或棉花团，然后用 2 条宽带分别绕过伤员两肩在背后打结，形成两个肩环，再用第三条宽带在背后穿过两个肩球，拉紧打结，最后将两前臂缚扎固定或将伤侧肢体挂在胸前。

### 2. 肱骨干骨折固定法

用两块长短、宽窄适宜的有垫夹板，分别放在伤臂的内外侧，屈肘 90°，用三四条宽带将骨折上下部缚好，再用小悬带把前臂挂在胸前，最后用宽带或三角巾将伤臂固定于体侧。

### 3. 前臂骨折固定法

用两块有垫夹板分别放在前臂的掌侧和背侧，前臂处于中立位，屈肘 90°，用三四条宽带缚扎夹板，再用大悬臂带把前臂挂在胸前。

### 4. 手腕部骨折固定法

用一块有垫夹板放在前臂和手的掌侧，手握绷带卷，再用绷带缠绕固定，然后用大悬臂带把患臂挂于胸前。

### 5. 股骨骨折固定法

用两块长夹板放在伤肢的内外侧，内侧夹板上包大腿根部，下至足跟；外侧夹板上至腋下，下达足跟。然后用 5 ～ 8 条宽带固定夹板，在外侧打结。

### 6. 小腿骨折固定法

用两块有垫夹板放在小腿的内外侧，两块夹板上至大腿中部，下至足部。用四五条宽带分别在膝上、膝下及踝部缚扎固定。

### 7. 踝足部骨折固定法

取一块直角夹板置于小腿后侧，用棉花或软布在踝部和小腿下部垫妥后，用宽带分别压在膝下、踝上和足跖部缚扎固定。

### 8. 胸腰椎骨折固定法

疑有胸腰椎骨折，尽量避免骨折处移动，以免损伤脊髓。用硬板担架或门板轻轻移伤员至木板上，取仰卧位，用数条宽带缚扎伤员于木板上。若为软质担架，则令伤员采取俯卧位，使脊柱伸直，禁止屈曲，送至医院。

### 9. 颈椎骨折固定法

务必使伤员头部固定于伤后位置，不屈、不伸、不旋转等，数人合作将伤员抬至木板上，头部两侧用沙袋或卷起的衣服垫好固定，用数条宽带把伤员缚扎在木板上。否则，有引起脊髓压迫的危险，并可造成伤员高位截瘫。

## （三）固定注意事项

（1）遇有呼吸、心跳停止者先行复苏措施；出血休克者先止血，病情有根本好转后进行固定。

（2）院外固定时，对骨折后造成的畸形禁止整复，不能把骨折断端送回伤口内，只要适当固定即可。

（3）代用品的夹板要长于两头的关节并一起固定。夹板应光滑，夹板靠皮肤一面最好用软垫垫起并包裹两头。

（4）固定时应不松、不紧而牢固。

（5）固定四肢时应尽可能暴露手指（足趾）以观察是否有指（趾）尖发紫、肿胀、疼痛和血循环障碍等。

# 四、担架的制作

担架是最舒适的一种搬运工具，是搬运伤员最常用的方法。只要条件许可，应尽量采用制式担架搬运法，尤其是对于脊椎损伤的伤员必须采取这一办法，而且还要放置颈托。担架行进时，伤员应头部在后，脚在前，这样，位于后面的担架人员则可随时观察伤情变化，发现异常变化时能及时妥善处理；行走时，要尽可能使担架平稳，防止颠簸；上坡时，伤员头部朝前，下坡时则相反。

在没有现成的担架而又需要用担架搬运伤病员时，我们常常自制担架。下面介绍几种自制担架的方法。

## （一）用木棍制作担架

用两根长约 2 米的木棍或竹竿绑成梯子形，中间用绳索来回绑在两长棍之中即可。

## （二）用上衣制作担架

用上述长短的木棍或竹竿两根穿过两件上衣的袖筒中即可，常在没有绳索的情况下用此法。

## （三）用椅子代替担架

用扶手椅两把对接，用绳索固定对接处即可。

# 第六章

# 健康的生活方式，你养成了吗？

## 第一节　健康生活方式的养成

大学生处在高校这个小型社会中，全方位接受教育的同时，也在逐渐养成属于自己的一些健康的和不良的生活方式，而健康生活方式的养成必将受到很多阻碍因素的影响，正确地认识这些因素对于健康生活方式的养成具有重要的意义。

### 一、健康生活方式养成的影响因素

#### （一）大学生的健康信念

信念是人的知识、感觉、道德、信仰、价值观、自感性、思维和行为等的总和，是人在自己生活中所遵循的原则。通过教育培养使人具有健康方面的知识和行为的过程，就是使人树立健康信念的过程。例如，有的学生不相信吸烟是肺癌的主要病因，反而认为吸烟能预防某些疾病，这是错误的而不是健康的信念。而认为低脂饮食有利于预防高脂血症的信念则是一种正确的健康信念。信念的形成过程较为复杂，信念越趋于健康指向，就越能产生正面的、好的行为效果，反之则会产生负面效果阻碍健康行为的形成。现代健康教育知识传播的目的是使接受者建立健康的信念。例如，就吸烟问题来说，只有学生相信吸烟对身体有危害这个结论，才能建立健康的信念，接下来的戒烟的行为才可能实施下去。

#### （二）大学生的文化背景

不同地区都有各自的传统习俗及文化背景，人们长期以来都生活在特定的环境中，形成了某些特定的生活方式、风俗习惯、饮食起居习惯、喜好等。其中与健康有关的如饮食、作息、生活起居等方面也相对固定，想要改变这种习惯中的不良的习惯是非常困难的，正如它的形成一样，它的改变也绝非是一朝一夕的事。

#### （三）大学生的家庭、社会、同学关系

人在生活方式养成过程中不断地受到家庭、同伴和社会的影响，其中以父母、兄长的影

响最为明显，这种言传身教对于孩子的成长、行为、举止、说话都将产生较为深刻的影响，其中的不良影响逐渐形成潜意识，会有害于将来的生活方式。同时，大学生处于大学这个“小社会”中，面临着较复杂的人际关系，其中老师的影响不可忽视，许多学生以老师为榜样，以老师的言行为判别是非的标准，一些学生在家不听父母之言，而对老师言听计从。再次，同学、同伴之间的关系对生活方式的养成也是非常关键的。良好、正确的同学关系，将会使人轻松愉快，身心健康。反之，将会影响与人交往的能力，有碍于身心健康，形成不健康的生活方式。

### （四）大学生自身成长和个性因素

大学生的个人成长经历和个性是影响其行为及生活方式的基本条件。不同的人生经历，在知识经验和情感的积累上各不相同，使大学生形成了各自的个性特点。有的大学生对于外界的知识信息教育易于接受，能较快且自觉地纠正不良习惯；而有的大学生则性格倔强，过于自我，较难接受教育，对自己的一些不良生活方式拒绝改变。

## 二、健康生活方式自我养成的原则

大学生要改变自己的一些不良生活习惯。自我养成健康的生活方式需要一个长期的过程，在这个过程中必须遵循以下原则。

### （一）计划性原则

培养自己的生活习惯必须要制订全面的计划。大到要改变或培养哪些方面的生活习惯，分为哪些步骤进行，如何在生活中训练自己，训练目标是什么，什么时候完成这些训练目标；小到具体每天做哪些事情，什么时候做这些事情，方法是什么，这些都是自我养成计划里要包含的。

### （二）循序渐进原则

不管做什么事都要循序渐进，健康生活习惯的养成过程也是这样。“一口吃不出个胖子。”只有循序渐进，从小到大，由易到难，从不习惯到习惯，不能急于求成。

### （三）持之以恒原则

养成一个好的生活习惯不是两三天的事，万事开头难。在自我养成良好生活习惯的过程中不可避免地会遇到很多困难。一个新的生活习惯的培养必然会冲击旧习惯，而旧习惯不会轻易被改变，所以必须有很强的自制力，不断地坚持下去，不断重复建立新的习惯，持之以恒，克服浮躁情绪。健康生活方式的养成重在坚持不懈地练习和培养。

### （四）严格要求原则

健康生活的养成训练过程必须严格要求，训练一定要下得狠心，才能见实效。也许训练是个漫长而痛苦的过程，但必须要坚持下去，做到高标准、严要求。只有经过磨炼，才能养成好的生活习惯。

## 三、健康生活方式养成的五个阶段

健康生活方式的养成是一个长期循环反复的过程，人们将这个过程总结为五个不同的阶段。这里以一个基本不参加体育锻炼的大学生为例来说明这五个阶段。

### （一）考虑前阶段

当这名大学生没有考虑过要参与体育锻炼的问题时，他处于“考虑前阶段”，主要的想法是“我不想变化”。

### （二）考虑阶段

当他觉得自己还是应该要参加一些体育锻炼的时候，他进入了“考虑阶段”，主要的想法是“我想有些变化”。

### （三）准备阶段

当他通过各种途径为自己制订了一些锻炼计划，准备实施计划时，他进入了“准备阶段”，主要想法是“我已经准备好要改变自己的生活方式”。

### （四）行动阶段

当他开始实施计划，参加体育锻炼时，他就进入了“行动阶段”，主要的想法是“我的生活方式已经发生了一些变化”。

### （五）保持阶段

当他坚持每周进行 3 次以上体育锻炼，并持续了 3 个月，基本上来说他的体育锻炼习惯已经养成，体育锻炼已经融入他的生活方式中，进入了“保持阶段”，主要的想法是“我的健康生活方式很有规律”。

## 四、健康生活方式自我养成的步骤

健康生活方式的养成其实就是一个个健康生活习惯的养成过程，养成健康的生活习惯不是一朝一夕的事情，必须经过长期反复的训练。只有自己建立起来的行为，才能够成为自觉、自然的行为，因为它已经成为生活中的一部分。

### （一）设定明确的目标

首先，一定要明确自己要改变哪种或者哪几种不良生活习惯，如缺乏锻炼、晚睡晚起等。然后，设定的目标是要可行的、具体的、明确的、符合现实的。例如，“我要减肥”就是一个不可行的目标，减肥不是一个能够长期进行的事情，也是不太符合现实的习惯。减肥需要什么？坚持锻炼身体。所以，你的目标应该是：“每天健步走 60 分钟或者每天慢跑45分钟。”“我要早睡早起”并不是准确的目标，你的目标要具体，所以要将它改为“我每天晚上10点30睡觉，早上7点起床”。

### （二）制订详细的目标计划和要求

计划必须包括实施的具体时间，例如，制订每天健步走1个小时的目标，你的日程应该写明每天什么时间去做，然后利用手里的提醒工具帮助提醒锻炼时间，例如，设定闹钟每天提醒自己健步走的时间。同时，针对一些不可预测的阻碍情况要提出预案和要求，例如，健步走时下雨怎么办，如果有其他必须参加的活动怎么办等，这些情况都是必须要考虑周全的。制订严格的规定和要求是把习惯坚持下去的关键。

### （三）告诉身边的人，寻求支持

很多时候，个人生活习惯的转变离不开同学、家人和朋友的支持。把你自己的目标和计划告诉他们，你会因此有一种责任感和压力感，逼迫自己去实施计划。同时，他们可以成为支持、鼓励和激励你的人选，或成为友善的激励者，他们完全有可能决定你究竟是可以成功地改变生活的某个方面，还是继续糟糕的现状。他们不仅能帮助你坚持下去，还可以督促你的其他行为。

### （四）用笔记录

你必须把培养一个好习惯的想法从脑海中拿出来实际地记录下来，贴在一个你看得见的地方，这样你才会不断地被提醒，去培养新习惯。

### （五）实施计划

若前面的步骤都做好了，你就要马上开始行动。如果拖延，你可能会没了热情。而且，第一个月是非常重要的，良好的开头是成功的一半。

### （六）调整心态

一般计划实施到第一个月末的时候，你会进入第二个月的一段艰难期。你会厌倦重复不断地去做一件事，会产生懈怠情绪。这时候你需要调整你的心态，如果你的计划实施刚刚进行到一半，尝试为自己的计划添加一些乐趣。例如，每天在田径场的健步走改为校外的音乐远足。只要过了这一段艰难期，就离成功不远了。

### （七）巩固习惯

计划坚持实施到第三个月就基本上开始形成自觉习惯了，也不会有第二个月时的艰难期。你这时候就是要进一步巩固自己的习惯，让它持续下去。这期间要防止自己产生骄傲心理，不要突然想“今天就休息一天吧”而停止你的计划，也不要开始奖励自己，因为这个月还没结束。

### （八）总结和评定

反思自己在实施计划这三个月内的进步和不足，总结经验和感受，让自己下一次做得更好。然后，再回到第一步重新开始，为下一个新的目标继续坚持和努力，最终改掉所有不良生活习惯，形成健康的生活方式。

# 第二节 现代生活方式中的亚健康因素

## 一、亚健康的概念

亚健康也称第三状态，是近年来由医学界提出的新概念。现代医学根据人的健康状况，把健康人称为“第一种人”，把患病者称为“第二种人”，把处于健康与疾病之间的人称为“第三种人”，又称第三状态。第三状态是指机体虽无明确的疾病，却呈现出活力降低、功能减退的一种生理状态，是一种暂时性的生理功能失调，会造成精神紧张综合征、疲劳综合征和疼痛综合征等。

亚健康的发生与工作、生活、年龄等有关，且呈现性别差异（表 6-2-1）。男、女亚健康第 1 ～ 30 项的调查结果表明，前 15 项完全一致，仅排序略有不同，后 15 项表现出性别差异。

调查表明，记忆力减退、对自己的健康担心、注意力难集中、精神不振、多梦、疲劳、情绪不稳定、用脑后疲劳、耐力下降、困倦、烦躁、活动后疲劳、健忘、虚弱、易激动、失眠、压抑感、嗜睡、四肢乏力、不愉快感、头晕、目眩、抑郁、头痛、腰膝酸痛、脱发等是出现率较高的表现；颈背酸痛、胃肠胀气、筋疲力尽、消化不良、便秘、性功能减退、面部褐斑等也是亚健康较为常见的表现。

表 6-2-1 影响亚健康的因素（%）

| 职业因素 | 发生率 | 不良生活因素 | 发生率 | 生活事件 | 发生率 |
|---|---|---|---|---|---|
| 精神压力大 | 61.76 | 吸烟 | 72.80 | 突发损伤、灾害 | 62.25 |
| 脑力劳动过重 | 47.31 | 作息无规律 | 70.09 | 家庭负担过重 | 50.66 |
| 人际关系紧张 | 36.79 | 饮食不节制 | 60.81 | 丧偶 | 50.33 |
| 体力劳动过重 | 32.79 | 嗜酒 | 58.59 | 失恋 | 45.29 |
| 工作不顺利 | 30.08 | 缺乏运动 | 55.00 | 夫妻不和 | 42.58 |
| 待业（下岗） | 26.30 | | | 夫妻感情破裂 | 40.49 |
| 工作单调 | 22.27 | | | 离婚 | 38.69 |
| 求胜心切 | 17.86 | | | 考试落榜 | 26.24 |

引自：王育学. 亚健康：21世纪健康新概念［M］. 北京：中国科学技术出版社，2002.

从以上调查我们可以看到，亚健康状态是客观存在的事实，是一种不容忽视的身体现象。亚健康理论的提出不仅让人们能够正确地对待自己的健康状况，也给医学专业人员提供了一个新思路。今后在临床上遇见这种“病人”时，可以跳出治病的框框，从亚健康的角度着手，对其进行调理。

## 二、亚健康的临床表现

### （一）神经系统的临床表现

（1）头痛：这是最常见、最令人烦恼的症状。头痛的种类较多，以紧张性头痛和偏头痛最为多见。

（2）眩晕：突然感到周围物体旋转，同时感觉坐立不稳，伴有恶心、呕吐、出汗等，但始终无意识丧失现象。

（3）昏厥：一种极短暂的失去知觉和行动能力的状态，可出现头晕、眼花、胸闷及饥饿等症状，多由暂时性脑缺血或缺氧引起，一般在长时间站立、过度劳累或炎热环境下发生。

（4）耳鸣：耳朵感受到蝉鸣、哨声、铃声，或感受到风声、雨声。若自己感受到则为主观性耳鸣；若检查者与病人均可听到耳鸣，则为他觉性和客观性耳鸣。轻者表现为单耳、间歇发生，多在安静时出现；重者持续感到耳内吵闹不宁。

（5）麻木：有的麻木是疾病的早期信号。麻木的部位多不固定，呈游走性，时轻时重，变化多样，随情绪的变化而变化。同时，病人常会伴有焦虑、烦躁、失眠、多梦、记忆力减退、心慌气短和周身乏力等自主神经紊乱症状。

### （二）消化系统的临床表现

（1）肠易激现象：腹胀并伴有腹泻或便秘，晨起便意紧迫。临床起病隐匿，症状反复发作，但查不到器质性病变。该病较为顽固，易复发。肠易激主要与心理因素、胃肠动力异常、内脏痛觉过敏、胃肠道激素变化和免疫功能变化等有关。

（2）吸收不良：经常有腹泻和脂肪泻，多因吸收功能下降或排泄过快引起，也可因长期服药而致。

（3）十二指肠淤滞症间歇期：表现为体质衰弱、消瘦、贫血，似为健康，实为发作间歇的休止期。发作时表现为呕吐、腹痛。

（4）菌群失调：正常人的肠道内保持着一定数量比例的正常菌群，如大肠杆菌、乳酸杆菌等，起着合成维生素、促进机体生长发育的作用，并能产生一定的防御功能。亚健康状态会出现轻微的菌群失调，使机体的防御功能减弱，虽然不会引起重大病理变化，但会影响营养代谢，破坏自身的保护机制。

### （三）循环系统的临床表现

（1）无症状性心肌缺血：多为胸闷、憋气、气短，且没有明显疼痛症状。它与基因、体质、疼痛的耐受性、糖原供给能量、心理、社会环境因素有关。例如，运动、寒冷、兴奋、忧虑等影响交感神经、迷走神经及肾上腺素神经，常有情绪变化表现，有闷痛，并伴有窒息感甚至濒死的危险。

（2）二尖瓣脱垂：二尖瓣是分隔左心房和左心室的一对瓣膜。如果在每次心搏后瓣膜不能很好地关闭，少量的血液就会回流入左心房并产生杂音。大多数病人感到疲劳，而有时疲劳是二尖瓣脱垂的唯一症状。

## 三、亚健康形成的原因

### （一）精力、体力透支

因生活、工作节奏加快，竞争日趋激烈，人们用脑过度，身心长时间地处于超负荷紧张状态，造成机体身心疲劳。具体表现为疲劳、精力不足、注意力不集中、记忆力减退、睡眠质量不佳、颈背腰膝酸楚疼痛、性机能减退等。长期下去，必然造成内脏功能过度损耗、机能下降而出现亚健康状态。

### （二）人的自然衰老

人成熟以后，从 30 岁左右就开始衰老，到了一定程度，人的机体器官开始老化，出现体力不足、精力不支、社会适应能力降低等现象。比如，女性出现更年期综合征时，会出现生理功能紊乱、精神和情绪焦躁等现象；男子虽然更年期综合征的症状不明显，但也会产生性机能减退、精神烦躁、精力下降等综合症状。这时人体是没有病变的，但已不是处于完全健康状态，而是处于亚健康状态。

### （三）现代身心疾病前期

世界各国公布的死亡病因前三位的几乎都是心脑血管疾病和肿瘤。在这些疾病发病前相当长的时期内，机体也可能处于亚健康状态，人体内脏系统虽然没有显著病变，但已经有功能性障碍，如胸闷气短、头晕目眩、失眠健忘、心悸、无名疼痛等。各种仪器和化验手段都不能发现阳性结果，没有对症的药，也没有合理的解释。

### （四）人体生物周期中的低潮时期

即使是一个健康的人，在某一特定的时期也可能处于亚健康状态。人的体力、精力、情绪都有一定的生物节律，有高潮也有低潮，此时脑力和体力都会有较大的反差。在低潮时期，就会表现出亚健康状态。

## 四、亚健康状态自我测试与改善措施

为了便于大家方便地掌握自己的健康状况，可对照表 6-2-2 进行亚健康状态的自我测试，以便及时地进行调理与改善。如果你的累积总分超过 30 分，表明健康已敲响警钟；如果累积总分超过 50 分，就需要好好地反思你的生活状态；如果累积总分超过 80 分，赶紧去找医生，调整自己的心理，或者好好地休息一段时间。

**表 6-2-2　亚健康状态自测表**

| 序　号 | 亚健康症状 | 分　值 |
| --- | --- | --- |
| 1 | 早上起床，时有头发掉落 | 5 |
| 2 | 感到情绪有些抑郁，会对着窗外发呆 | 3 |
| 3 | 昨天想好的某件事，今天怎么也记不起来了，近些天来经常出现这种情况 | 10 |
| 4 | 害怕走进办公室，觉得工作令人厌倦 | 5 |
| 5 | 不想面对同事和上司，有自闭症式的渴望 | 5 |
| 6 | 工作效率下降，上司已表达了对你的不满 | 5 |
| 7 | 工作一小时后，就感到身体倦怠，胸闷气短 | 10 |
| 8 | 工作情绪始终无法高涨。最令自己不解的是无名火很大，但又没有机会发作 | 5 |
| 9 | 一日三餐，进餐甚少，排除天气因素，即使非常适合自己口味的菜，近来也经常如同嚼蜡 | 5 |
| 10 | 盼望早早地逃离办公室，为的是能够回家躺在床上休息片刻 | 5 |
| 11 | 对城市的污染、噪声非常敏感，比常人更渴望清幽、宁静的山水，更渴望休息身心 | 5 |
| 12 | 不再像以前那样热衷于朋友的聚会，有种强打精神、勉强应酬的感觉 | 5 |
| 13 | 晚上经常睡不着觉，即使睡着了，又老是在做梦的状态中，睡眠质量很糟糕 | 10 |
| 14 | 体重有明显的下降趋势，早上起来，发现眼眶深陷，下巴突出 | 10 |
| 15 | 感觉免疫力在下降，春秋流感一来，自己首当其冲，难逃“流”运 | 5 |
| 16 | 性能力下降，经常感到疲惫不堪，没有什么欲望 | 10 |

在日常学习、工作、生活与运动过程中，可对照表 6-2-3，进行亚健康状态的自我测试与评价，进而有针对性地采取一些改进的措施，使自己的健康状况得以改善。

**表 6-2-3　亚健康状态自我测试与改善措施表**

<table>
<tr><th>序　号</th><th>自感症状</th><th>改善措施</th></tr>
<tr><td>1</td><td>经常疲乏无力，反应迟钝</td><td rowspan="8">工作适度，勿超负荷<br>合理饮食<br>戒除不良嗜好<br>自我心理调适或做心理咨询<br>适度运动<br>避免或减少接触有害物质</td></tr>
<tr><td>2</td><td>头痛、头晕、目眩、耳鸣</td></tr>
<tr><td>3</td><td>烦躁、焦虑、健忘、注意力不集中</td></tr>
<tr><td>4</td><td>失眠、多梦</td></tr>
<tr><td>5</td><td>胸闷、气短、出汗</td></tr>
<tr><td>6</td><td>性功能减退</td></tr>
<tr><td>7</td><td>食欲不振</td></tr>
<tr><td>8</td><td>腰酸腿痛</td></tr>
</table>

说明：具有 2 ～ 3 项症状者，表明你已经进入亚健康状态；具有 4 ～ 6 项症状者，表明你处于较严重的亚健康状态；具有 7 项以上症状者，表明你已经到了疾病的边缘。

# 第三节　体育与现代生活方式的构建

现代社会是一个多元化的社会，生活方式也由单一转向了多元化。体育运动不仅能健身，也能健心，而且还可以调节和改善人们的饮食，作息制度等。它对人体的健康是非常重要的。科学合理的体育运动是提高生活质量，保证健康的生活方式的重要因素。因此，体育运动正全面地进入人们的生活，成为了现代生活方式不可缺少的内容，成为人们健康生活的必要组成部分。

## 一、体育消费已成为一种时尚

消费生活方式是生活方式的一个具体内容。体育消费这个词在现代社会出现的频率越来越高，人们已经把体育消费看成了是一种时尚的消费生活方式。在现代体育的发展尤其是奥运会的不断发展壮大的影响下，人们对体育运动的喜爱程度逐渐提高，也更愿意投入更多的时间、精力和金钱到体育运动。人们在这些体育消费中深深地体验到了运动的快乐；通过欣赏各种体育比赛更好地培养人们顽强拼搏，激发人们的爱国热情；在探险性旅游中战胜自我，超越自我等。同时人们对运动服饰的消费也逐渐增多，认为它是健康、青春、活力的象征。因此，在现代社会中人们已经把体育消费作为了生活水平档次的重要标志。

## 二、体育锻炼成为现代人追求健康的首选

现代化的生活方式使人们的体力劳动逐渐减少，导致人体的自然属性降低。健康的体魄和心理是现代人所渴望的，因此现代社会产生了“健康第一”的思想。而体育运动对健康的身心有着直接的关系，成为人们的共识。人们认识到了体育锻炼不仅能增强体质，提高免疫能力，还能延缓衰老。而且在人类与各种疾病的斗争中，体育运动是保持人体机能、体能处于最佳状态的有效手段。所以体育锻炼能够保护人类共同的结构、功能、天性和本能。在现代社会中，不论是小孩，成年人还是老人都积极参加到体育锻炼中。形成了良好的全民健身的大好局面，并且使终身体育思想得到了很好的发展。

## 三、体育运动成为现代人休闲方式的核心

现代社会，由于科技的迅猛发展提高了生产率，人们获得了更多的闲暇时间。在现代社会中人们已经有了丰富的物质基础和充裕的闲暇时间。追求丰富人类本身的精神、文化、娱乐等休闲生活方式便是现代人生活的一个重要内容。同时高雅、文明、健康的休闲方式受到人们的欢迎，因为人们需要通过这些方式从紧张的工作节奏和巨大的压力下解脱，寻找人性的回归。体育运动尤其是轻体育的产生让人们把它作为休闲方式的核心。例如，网球、高尔夫球、羽毛球、台球、体育舞蹈等是国内外群众体育运动的热门项目，成为人们休闲方式的重要内容。人们在体育运动中自由地宣泄压抑，感受和体验发自内心的愉悦和畅快的运动方

式，这对人体的健康起着促进作用。它与其他任何一类社会文化娱乐和休闲方式相比，体育运动具有最广泛的社会适应性，适宜的身体运动不仅有利于机体健康也有益于心理健康。因此体育运动成为了现代人休闲方式的核心。

## 四、体育精神为现代人所追求

体育精神是通过体育运动而形成并集中体现人类的力量、智慧与进取心理等最积极的意识的总和。它不仅包括了人类挑战自然、征服自然的精神，也包括了人类向自身挑战的精神。体育运动尤其是竞技体育以最直接，最不加掩饰的竞争方式呼唤人的本质力量。在体育运动中，追求的是“公开、公平、公正”的竞争，同时也追求“更高、更快、更强——更团结”。所以运动员努力地把速度提高 0.1 秒，把距离增加 0.1 米等。运动员们的那些自强不息的拼搏精神，战胜自我、超越自我的精神无不影响和感染着人们。在体育运动中人们也感受到了个性的张扬和集体的配合，相互支持、相互协作等。体育精神的魅力对现代人产生了强大的感染力和征服力，不断地影响和指导人类的生活方式和生存态度。在现代这个处处充满竞争和协作的社会，体育精神更为人们所欣赏和追求。这对于人们形成良好的生活方式有积极的作用。

现代生活方式的变化使人们更加认识到了健康的重要。良好的生活方式是人体健康的重要因素。把体育运动作为现代生活方式的一个重要内容，不仅有助于人体的健康，更有助于社会的健康。并且体育运动成为现代生活方式的重要内容是人类社会发展的必然结果，也是人和人类社会对体育的多种需求。而且不断发展的体育运动将对人类的生活方式产生更大的影响，对人类社会的发展也将起着重要作用

# 第七章

## 运动增进心理健康，你知道吗？

## 第一节　健康心理

### 一、心理健康的含义

心理健康是一个极其复杂的动态过程，涉及人本身、社会环境错综复杂的变化。我们认为心理健康是指人类的一种心理状态，即人对内心世界具有一定的自信心，对外界环境的适应以社会上公认的形式进行，对于不正确的行为能立场鲜明地表明反对的态度。也就是说，无论遇到任何障碍和困难，都能沉着稳定和充满自信地以社会公允的行为准则去克服，这种心理状态，就是心理健康的标志。

### 二、心理健康的标准

目前较为权威的是《简明不列颠百科全书》对心理健康的界定，即个体心理在本身及环境条件许可范围内所能达到的最佳状态，但不是指绝对的完美状态。

#### （一）判定心理健康的原则

人的心理实际上并无异常与正常的明显界限，仅仅存在着某种程度上的差异，判定心理健康时应注意掌握以下的原则。

（1）心理健康标准是一个动态发展的、医学的、文化的概念。不同国家、同一国家的不同地区、同一地区的不同人群（如不同年龄、文化、职业、性别的人群）需要用不同的心理测量指标。

（2）一个人的心理是否健康与其是否有不健康的心理和行为不能完全等同。偶然有些不健康的心理和行为，并不一定就是心理不健康。心理健康是指在一段时期内持续存在的心理状态，而不是短暂的、偶然的现象。

（3）心理健康状态并非静止的、不变的，而是随着人的发展而变化的，人的心理既可以从不健康转变为健康，也可以从健康变为不健康。

（4）心理健康的各要素是存在个体差异的。心理健康各要素有机组合，才能达到较为完整的心理健康。

（5）心理健康标准反映的是个体所应有的良好的心态和社会适应能力，而不是最高的心理境界。

### （二）健康心理的基本标准

**1. 正常的智力**

智力是指人的认识能力和活动能力所达到的水平。它是人的观察力、注意力、记忆力、想象力、思维力、创造力及实践活动能力的综合。智力正常是一个人正常生活最基本的条件，是健康心理的第一标准。

**2. 健全的人格**

人格就是人的个性。通常认为健全的人格表现为：构成人格的各要素不存在明显的缺陷与偏差，有积极进取的人生观，严于律己、宽以待人，乐于助人、大公无私，不损人利己，乐观豁达，不骄不躁。

**3. 良好的人际关系及适应能力**

在人与人的交往过程中，和谐的人际关系是健康心理的表现，又是获得健康心理的重要途径之一。良好的适应能力是当代大学生应具备的心理素质之一。社会是复杂多变、充满矛盾的，没有良好的适应能力，就无法保证心理健康。通常认为良好的适应能力主要表现为能够适应各种自然环境，能处理和应付家庭、学校、社会、生活问题。

**4. 情绪稳定，乐观进取**

良好的心境、稳定的情绪也是健康心理的重要标志。它是人们正常学习、工作、生活的基础。任何人在学习、生活、工作中都免不了要遭受挫折和失败，由此而产生的情绪不稳定是正常的情感反应。面对挫折和失败如何调整情绪，反映了一个人的心理健康水平。心理健康的人敢于面对挫折和失败，积极向上，胜不骄，败不馁。

## 三、影响心理健康的因素

### （一）生理遗传因素

遗传是一种生物现象，父母通过细胞内的染色体把祖先的许多生物特征遗传给子女，如人体的构造、形态、感觉器官和神经系统的结构和机能特征等。这些遗传的生物特征统称遗传素质。在遗传素质中，对人的心理发展具有重要意义的是人脑的结构和机能特征。人类语言和抽象思维高度发展，同时伴随着心理活动的高度发展。从人的个体发展来看，遗传素质是人类心理发展的必要物质前提。遗传素质在心理发展上的物质前提作用，主要表现在通过人的中枢神经系统的特征、感觉器官的灵敏度、运动器官的结构等素质影响智力的发展。遗传素质不仅是生理发展的物质基础，而且也是心理发展所必备的物质基础，为心理发展的个别因素提供了条件。生理成熟在一定程度上促进心理发展，是心理发展的物质基础。

### （二）生活环境因素

人的生活环境使遗传提供的心理发展的可能性变为现实。遗传物质仅仅提供了心理发展的可能性，但不是心理发展的现实，遗传素质及其个体差异，只是使人的心理可能发展到一定水平和具有某种差异，但并不保证它一定能实现。心理是人脑在实践活动中对客观现实的反映，决定了心理发展主要受社会生活条件的影响。学生的生活环境主要有两个，一个是家庭生活环境，另一个是学校。家庭生活环境对人的心理有着重要影响，人最初心理活动的产生和形成来自家庭。一个人从出生到成年有漫长的时间在家庭中度过，人生活在家庭中这一时期将奠定人一生心理的基础。家庭结构是否完整，家庭成员关系是否和谐，家庭教育方式是否得当，家庭的社会、经济地位，家庭气氛，以及有关家庭生活等多方面因素，都在不同程度上对学生的心理产生影响。

学校教育是一种有目的、有计划、有系统的教育活动，是由专职的教师按照一定的教育目的来对社会生活条件的影响加以选择，并采取一定的教育方法对学生的心理施以积极影响。由于学校教育的性质和特点，学校教育在学生心理的发展中起主导作用。教学水平越高，对学生心理发展的主导作用越大，就越能促进学生心理向积极方面发展。而违背科学规律的教育，不仅不能促进心理的发展，反而会抑制学生心理的发展。心理的发展是在人的积极活动中实现的。教育要促进和影响学生心理的发展，必须在教育工作中，以教师为主导，以学生为主体，充分发挥学生的主动性、积极性和独立性。根据心理各方面的发展相互联系和相互制约的特点，必须注重德、智、体的全面教育，使学生在各种心理过程和个性心理特征上得到全面的发展。

### （三）社会因素

现实社会是纷繁复杂的，对于一般的大学生来说，他们面临着理想与现实之间的矛盾，竞争意识与平均分配之间的矛盾，自强意识与攀附欲望之间的矛盾，合理需求与现实条件之间的矛盾，职业选择的矛盾等等。由于这些矛盾的存在和学习生活的压力，他们必须具有良好的心理承受力。否则，他们将不知所措，无所适从，极易产生严重的心理失衡现象，甚至导致心理疾患。

# 第二节　大学生心理健康

## 一、大学生心理特点

### （一）自我意识方面

大学生在自我评价能力和自我控制能力方面比中学时代有所提高，有明显的自尊心，社会责任感增强，思想活跃，观察力、注意力以及概括、理解、分析、记忆、思维等心理机能进一步发展。拥有远大的志向，但在自我意识的发展中往往有片面性和局限性。在评估自己的反应能力或解释现实时，比较客观，不高估自己的能力，不轻易承担超过自己能力的任务，也不低估自己而逃避任务。

### （二）情感方面

大学生的心理品质得到进一步发展，独立思考的能力不断提高，理性感、责任感、道德感以及爱国主义、集体主义思想等都有极大的提高，愉快、乐观、开朗、满意等积极情感状态占主导，同时，心理素质较中学时代有了很大的发展，情绪及情感逐渐趋向成熟。

### （三）意志方面

大学生的独立性和自觉性比中学时期有了很大的发展，对自己行动的目的性和社会意义有较清晰的认识。但在果断性、自制力和坚毅性方面存在较大的个体差异，不少学生在采取意志行动过程中，既容易冲动，也容易优柔寡断，动摇不定，知难而退、半途而废的现象也时有发生。

### （四）个性与性格

大学生的个性倾向日趋形成，自我评价、自我教育、自我控制能力得到不断发展。大学生的性格、意志、理智和情绪的特征方面，也逐渐稳定，并能自觉地培养良好的性格。但大学生的性格发展尚未完全成熟，性格结构并没有得到平衡和协调。

## 二、大学生常见的心理健康问题

### （一）新生适应问题

大学新生是高校的一个特殊群体，对他们来说，学习任务、生活环境、人际交往以及个人和社会对自己的期望、要求都发生了很大的变化。对于有些缺乏心理准备的大学新生来说，可能会产生不同程度的适应困难。如何尽快适应并顺利实现人生发展阶段的关键性转换，实现中学与大学的衔接，尽快融入大学生活，对于每一个新生都至关重要，它将直接影响整个大学期间乃至终生的学习、生活质量。

1. 对新的生活环境不能很好地适应

生活环境的变化对大学新生有直接的重要影响。多数学生首次远离家乡，离开长期依赖的父母、老师、同学、朋友以及熟悉的环境，面临的是陌生的城市和校园、生疏而关联密切的老师和同学。当今的大学新生多为独生子女，有很强的优越感和依赖心理，独立生活能力弱，生活琐事多依靠父母的帮助，做事有师长催促。进入大学后，新生在生活上要逐步独立自理，衣食住行等个人生活都由自己处理和安排。所有这些都会给大学新生带来不同程度的生活环境适应问题。

2. 对大学的学习方式不适应

与中学相比，由于大学学习具有专业性、自主性、实践性和探索性的特点，在学习要求、学习内容、学习方法等诸多方面都有所不同，这使新生一时无所适从。大学以前的学习是一种有督导的学习，进入大学后，学生突然感觉外界督导减少了，自由度增加了。但自由度大了，说明责任也大了，原来由别人负责的事情，现在要由自己负责。遗憾的是，许多大学新生往往意识不到这一点。中学时的主要精力是放在学习知识上，目标很简单，就是考大学。到大学以后，大学学习的终极目标并不明确，不知道学到什么程度才算学好了。对这些变化，如果大学新生不能尽快作出调整，不重视学习方式，将会在学习问题上疲于被动应付，心理上承受较大压力，出现心理问题。

## （二）学习压力问题

随着高等教育改革的逐步深入，社会发展等外在的压力已经成为高校对大学生严格要求的杠杆。奖学金制度、淘汰制度、弹性学分制等制度的推行，在产生吸引力的同时，也给众多的年轻学子带来了巨大的心理压力。学生们逐步发现理想中的大学与现实中的大学差距太大，大学生活并不是原来想象中的那样自由和放松。由于大学生们在中学都属于佼佼者，进入大学后还希望保持优等生的地位，不甘心落后于他人，但有的学生失去了学习上原有的优势，在竞争中沦落成班级中无足轻重的随从者、旁观者。这种心理上的巨大落差使其产生失落感和自卑感，也带来对自己学习能力的怀疑，每次考试更加紧张和焦虑，考试成绩往往不尽如人意，于是便更加烦躁不安，苦闷压抑。有的大学生为了在就业中争取主动，参加各种资格考试，奔忙于各种学习班之间，耗费了大量的精力和财力，而且给自己带来了许多苦恼。还有的大学生对所学专业不满意，缺乏学习动机，当个人的理想、兴趣与现实发生矛盾冲突时，自己又无力改变，于是烦闷，郁郁不得志。大学生在学习上的长期持久的紧张感、压抑感得不到消除，造成学习心理上的焦虑现象，这是很普遍的。

## （三）人际关系问题

在大学校园里，学生们迫切希望得到理解，沟通信息，寄托情感，表现自我。大学生思想活跃，精力充沛，兴趣广泛，人际交往的需要极为强烈，交往成为大学生活的一个重要方面。但是，由于大家来自于不同的地域和阶层，各自成长的环境不同，每个人的个性特点不同，交友的方式和标准不同，大学生之间的磨合成为一个新的问题。加之社会阅历有限和客观环境的限制，使大学生不能够全面了解社会，了解人的整体面貌，因而人际交往中常常带有理想的色彩。在现实生活中寻找知己，一旦理想与现实不符，则易产生心理问题。人际交往中，有的大学生以自我为中心，不懂得尊重他人，固执已见，自以为是，长期与同学不合而导致关系紧张，由此带来苦闷、焦虑，以致长期被消极的心境所困扰。有的学生个性抑郁，缺乏自信，自我否定，由于自我评价过低而产生自卑甚至自闭心理，长期处在忧虑之中。

## （四）恋爱和性问题

大学生生理已经成熟，性意识增强，渴望与异性交友恋爱。但是，由于大学生心理未完全成熟，社会经验欠缺，性意识和理智未完全形成，理想中的交友恋爱与现实中的具体问题经常发生矛盾，处理不好就会引发心理问题。加之大学生未来职业去向未定，考虑问题简单，缺乏理智，脱离实际，恋爱的成功率很低。失恋导致大学生内心苦闷，由此易产生心理困惑和心理障碍，更有甚者出现变态心理或轻生心理。大学生还由于生活经验的不足，性教育的缺失，性知识的匮乏，有关性生理与性心理方面的问题并未得到很好的解决，从而对其身心造成很大的影响。青春期性生理的成熟，必然带来相应的心理变化，渴望获得异性的好感与承认，产生性幻想、性压抑、性冲动等。由于性教育的严重缺失，很多学生不能正确认识自我的性反应，产生了堕落感、耻辱感与罪恶感甚至产生的极大的心理压力，都是值得引起重视的问题。

### （五）人格缺陷

大学生中有部分人存在不同程度的人格发展缺陷，表现出不良的人格倾向，常见的有：自卑、怯懦、依赖、猜疑、偏激、孤僻等。这些学生往往心绪压抑，行为消极，自我评价较低，对前途失去希望，对处境无能为力，对突发事件和挫折经受不起，觉得生活缺乏意义，严重时出现伤人或自杀行为，对他人和社会造成严重危害。

### （六）就业问题

当前激烈的就业竞争环境，给大学生带来了较大的心理压力，而且这种压力在各年级学生中都存在。据调查显示，个人前途与就业已成为大学生心理压力中最大的因素，而且压力有随着年级增高而上升的趋势。提起就业，学生普遍感到束手无策，既急于毕业，又害怕毕业，处于紧张、焦虑状态，形成心理压力。有的大学生为将来的就业精神负担过重，心理不安，生活上食不甘味，长吁短叹，产生择业恐惧感。有的大学生缺乏选择的主动性，不了解与自己个性能力相匹配的职业领域，对面试缺乏自信，求职目标过于追求功利，缺乏走上社会的心理准备。不少大学生面对人才市场五花八门的招聘广告和越来越高的招聘条件而不知所措。有的学生不知道怎样进行适当的自我推荐。有的学生对社会种种现实不能正确分析，产生逃避社会的心理或过于担忧的心理。这些导致大学生越临近毕业，就业的压力越大，心理越紧张，心理障碍也就越有可能发生。

## 三、特困群体的心理健康问题

近年来，特困生的思想、学习、生活已受到社会各界的广泛关注。国家和高校采取了“奖、贷、勤、免、补”等办法，广开渠道，解决困难学生的生活问题。不容忽视的是，困难学生不仅仅是经济困难，他们的心理问题也值得引起高度重视。特困生与普通生相比，有许多优秀的品质，但同时，贫困也造成了部分贫困大学生心理失衡，使他们在心理上成了一个不容忽视的弱势群体。贫困使大学生心灵深处不自觉地产生了一种挫折感，从而导致自卑、敏感、人际交往困难、身心疾病突出和问题行为较多的状况，部分学生因此成为经济、身心的“双困生”，对他们的学习、生活、性格等诸多方面都造成了很大影响。

# 第三节　体育锻炼对大学生心理发展的影响

## 一、体育锻炼与心理健康

体育锻炼对心理健康会产生积极的影响已得到普遍共识。现代社会激烈的社会竞争和严重的生存危机，使人类进入了情绪负重时代。长期处于压力情景下，情绪高度紧张，会导致生理水平和免疫能力的下降。体育锻炼作为一种有效的增进身体健康的方式，对应激、紧张、抑郁、社会化、自我概念、自信心、进取精神等方面能够产生积极的影响，也必然会促进人的心理健康。对这一假设进行的检验首先来自于临床心理学，一些心因性疾病（如消化性溃疡、原发性高血压等），在通过体育锻炼辅以治疗后，不仅生理疾病减轻，心理方面也得到显著改善。

国内外对体育锻炼与积极心理效益的关系及机制的研究比较多，主要研究结果认为：身体锻炼对心理健康的效益主要体现在情绪效益上，产生效益的机制有认知行为假说、社会交往假说、转移注意假说、心血管健康假说、内啡肽假说等。

对大学生来说，体育教学可以兼顾学生的身心发展，保持学生身体和心理的和谐统一、协调发展，从而使其具备缓解压力、适应环境的能力。

## 二、体育锻炼对心理健康的促进作用

体育锻炼对心理健康的影响表现在以下几个方面。

### （一）有助于获得良好的情绪体验

情绪状态是研究者经常用来检查体育活动对心理健康影响的主要指标之一。人类对健康内涵的认识不断丰富和深化的同时，个体的心理健康日益得到现代社会的广泛重视。个体在复杂多变的社会环境中，常常会产生紧张、压抑、忧虑等不良情绪反应，体育锻炼可以为郁积的各种消极情绪提供一个发泄口，尤其可以消除轻微情绪障碍,可使遭受挫折后产生的冲动得到升华或转移，使个体从烦恼和痛苦中摆脱出来，降低应激水平，使人处理应激情境的能力增强。体育锻炼能直接给人带来愉快和喜悦，并能降低紧张和不安，从而调控人的情绪，改善心理健康状况。

体育活动的情绪效应有长期效应和短期效应两种，短期身体活动和身体锻炼对于正常人的应激症状（焦虑、抑郁和愤怒）只起短时间的降低作用；而长期计划锻炼则对心理疾病患者的焦虑、抑郁具有长期稳定的缓解作用。

### （二）有助于发展智力

智力，以思维能力为核心，包括观察力、记忆力、想象力等，它是遗传素质与后天教育和个人努力相结合的产物。人的智力水平可以从记忆、思维想象、判断等心理过程表现出来，形成这些心理过程的物质基础是人的大脑。大脑处于适宜的兴奋状态是智力活动的前提条件，身体锻炼可以调节和延长这种状态，扩大智力容量，提高智力活动能力效果，还可以使其获得良好的情绪体验，使人乐观自信、精神振奋、精力更加充沛。

研究表明，体育锻炼能有效地促进血液循环，增强心肺功能，使大脑获取更多的氧气，给大脑的记忆和思维能力提供必要的物质保障，能够提高脑力劳动的效率。另一方面，体育活动不仅能使神经系统的兴奋和抑制过程更加有效，使其对各种刺激的反应更加迅速、准确，为智力的发展奠定物质基础，而且还可以提高人的视觉、听觉、本体感觉、神经传导速度、神经过程的均衡性和灵活性，促进神经系统功能的增强。

### （三）有助于确立良好的自我概念

自我概念是个体主观上对自己的身体、思想和情感等的整体评价，它是由许许多多的自我认识所组成的，例如我是什么人、我主张什么、我喜欢什么、我不喜欢什么等等，包括社会方面的自我概念和身体方面的自我概念等。其中，身体方面的自我概念包括身体表象和身体自尊。身体表象是指头脑中形成的身体图像。身体自尊则主要包括一个人对自己运动能力的评价、对自己身体外貌（吸引力）的评价以及对自己身体的抵抗能力和健康状况的评价。

坚持体育锻炼可使体格强壮、精力充沛，因而，体育锻炼对于改善人的身体表象和身体自尊至关重要。体育锻炼达到足够强度和足够时间，对参加者有关身体方面的自尊会产生巨大的影响。研究表明：锻炼者比非锻炼者具有更积极的总体自我概念；体能强的人比体能弱的人倾向于具有更高水平的自我概念和更高的身体概念。肌肉力量与身体自尊、情绪稳定性、外向性格和自信心呈正相关，并且加强力量训练会使个体的自我概念显著增强。体育锻炼对大学生积极自我概念的形成具有显著影响，能促进个体生理自我、心理自我、家庭自我及自我概念整体水平的提高。

### （四）有助于培养坚强的意志品质

意志品质既是在克服困难的过程中表现出来的，又是在克服困难的过程中培养出来的。而体育运动的特点在于需要不断克服客观和主观困难，各种体育项目都是培养坚强意志品质的有效手段。例如，运动场上瞬息万变且需要默契配合的球类项目（足球、篮球等）可以锻炼果断的意志品质；需要克服生理极限的持久性的项目（长跑、游泳等）可以锻炼坚忍的意志品质；需要腾空、跨越障碍的或有一定危险性的项目（跨栏、体操等）可以锻炼勇敢的意志品质。学生在运动的过程中获得成功和挫折、欢乐和痛苦、公正和偏袒等各种体验，使意志品质在克服困难的过程中得到表现、培养，使学生能克服主观方面的困难，意志品质得到进一步的提高。因此，体育运动有助于磨炼大学生的意志，培养大学生吃苦耐劳、坚忍不拔、果断、勇敢、自控、自信等良好的心理品质。

### （五）有助于消除心理疲劳

疲劳是一个综合性症状，与人的生理和心理因素有关。当一个人从事活动情绪消极，或当任务的要求超出个人的能力时，生理和心理都会很快地产生疲劳。体育运动时，由于身体活动和脑力活动合理交替，导致运动中枢神经兴奋，与学习有关的中枢得到休息，这样有助于消除脑力劳动所产生的疲劳，从而提高学习的效率。有研究表明，体育锻炼能提高诸如最大摄氧量和最大肌肉力量等生理功能，这就能够减少疲劳。因此，体育锻炼对治疗神经衰弱具有特别显著的作用。

### （六）有助于治疗心理疾病

社会竞争的日益激烈和生活压力的加大可能会使许多人产生悲观、失望的情绪，进而导致忧郁、孤独、焦虑等各种心理障碍的产生。人们参加某个运动项目并坚持锻炼，他的心理技能、身体素质将会得到改善，也会相应掌握并发展一些运动的技能和技巧。由此，个体会以自我锻炼反馈的方式传递其成就信息与大脑，从而获得自我成就的认知和情感体验，产生愉快、振奋和幸福感。因此，适宜的体育锻炼能使有心理障碍的个体获得心理满足，产生积极的成就感，从而增强自信心，摆脱压抑、悲观等消极情绪，并消除心理障碍。

# 第八章

# 组织体育竞赛，你会吗？

## 第一节　运动竞赛的种类

### 一、综合性竞赛

综合性竞赛是一类由众多体育项目组成、持续多天举行的运动会，赛事的参与者多以国家为单位。世界上首个综合性运动会为1896年举办的第一届现代奥运会，此后，不少地区性的综合运动会纷纷出现。综合性竞赛有以下共同的特征。

（1）分为多天在同一城市举行。

（2）由多个个人或团体项目组成。

（3）国家派出代表队参与赛事。

### 二、单项性竞赛

#### （一）单项锦标赛

单项锦标赛的任务在于检查、总结某一运动项目的开展情况和教学训练经验，促使该项运动不断发展和提高。在单项锦标赛中产生个人和团体冠军，有时也叫冠军赛。杯赛与单项锦标赛任务相同，但它是以某种奖杯命名的比赛，如戴维斯杯网球赛。

#### （二）邀请赛和友谊赛

邀请赛是由一个或几个国家、地区或单位，邀请其他国家、地区、单位进行的竞赛，如亚非拉乒乓球友好邀请赛。邀请赛的任务是增进友谊和团结，互相学习，共同提高某项运动水平。友谊赛的任务与邀请赛相同。各种访问比赛一般属友谊赛，是非正式的比赛。

#### （三）对抗赛

对抗赛是由两个以上的国家、地区或单位之间联合举行的比赛。可以是双边、多边的，定期、不定期的。其特点是参加单位少、规模小，参赛者实力相当。

### （四）等级赛

等级赛是按运动员不同运动水平分别举办的比赛，如在田径、体操等项目中按运动等级所组织的比赛。等级联赛也是一种等级赛，它按运动水平限定一定数目的甲级队、乙级队参加。通过比赛，甲级队后几名降到乙级队，乙级队前几名升到甲级队。等级赛的任务是鼓励和促进运动员提高运动水平并取得较多的比赛经验。

### （五）测验赛

测验赛是为了达到一定的标准或了解运动员提高成绩的情况而组织的比赛。如体育锻炼标准、身体素质、运动基本技术的测验比赛等。这种比赛一般不计名次，但必须按比赛规则和测验的要求进行，并记录测验成绩。

### （六）选拔赛

选拔赛的主要任务是发现和挑选运动员，组织或补充代表队，准备参加高一级的比赛。

### （七）及格赛

及格赛是大型比赛的一种措施。一般在参加人数过多时，先举行及格赛，如田径、举重、游泳等的及格赛，达到预定成绩标准者，才能参加正式比赛。

### （八）表演赛

表演赛是为了宣传体育运动，扩大影响而举行的比赛。对准备开展的项目作示范性介绍，参加重大比赛后的汇报表演等，都属此类。表演赛着重技术、战术的充分发挥，一般不计名次。也有的表演赛主要是为了活跃群众生活。

### （九）通讯赛

通讯赛是在不同的地区之间用通讯的方式进行的比赛，适用于以时间、距离、重量、环数等客观标准计算成绩的项目。参加单位按竞赛规程在本地测定运动员的成绩，填报主办机构，以评定名次。通讯赛的优点是组织工作简便，参加面广，节约经费和时间。缺点是不同地区的运动员没有临场互相学习的机会，比赛条件也不完全相同。

此外，还有按以下几种办法进行分类的比赛：按运动竞赛的组织系统可分为地区性的竞赛和系统性的竞赛；按参加对象可分为男子、女子和儿童、少年、青年、中老年的竞赛；按计分性质可分为个人赛、团体赛、个人和团体赛。还有按不同训练水平、不同体重分级的竞赛等。

# 第二节 运动竞赛的组织

体育竞赛组织工作的好坏直接影响到体育竞赛能否顺利地进行。为了顺利完成竞赛任务，不论是综合性运动会或单项比赛，都应被看成是一项系统工程。这项工程大致可分为三个阶段：赛前的策划组织、赛中的有力监控和赛后认真总结收尾。组织规模较大的竞赛活动，应成立相应的大会组织委员会或筹备委员会。体育竞赛的基本组织程序如下。

## 一、赛前准备工作

（1）确定竞赛的项目、规模、性质，参加比赛的队数和人数；确定竞赛名称，如某某杯赛、邀请赛、选拔赛等。

（2）成立组织机构。各类学校无论是组织校运会还是单项比赛，都应在赛前建立领导小组，在主管院（校）长的领导下，由有关部室，如院（校）办公室、体育部（室）、教务处、学生处、团委、学生会、工会、总务处、医务处、保卫处等各方面领导或代表组成，根据工作需要分成若干小组。一般设立如下几个机构。

仲裁委员会：由主任、副主任、委员 3 人或 5 人组成。其职责主要是接受运动队的申诉，并及时做出裁决，但不改变裁判结果。

组织委员会：由负责竞赛业务的若干行政人员组成，在大会组委会统一领导下，负责整个大会的竞赛组织工作。组织委员会下设竞赛处和秘书处。竞赛处设竞赛组、编排组、裁判组、场地组等。秘书处下设政宣组、会务组、后勤组、医务组等。

办事机构的设置应根据比赛的规模大小等具体情况和实际需要来确定，做到统一领导，分工明确，密切配合。机构不需要重叠，人员不要过多，要求事事有人管，人人有事干。

（3）制订工作计划。竞赛中的各项工作比较复杂，如果事先没有周密的计划，不仅各项工作没有准则，而且很容易出现被动和忙乱现象。工作计划主要包括竞赛活动的工作日程、各组机构的工作分工及任务要点。工作计划既要简明又要具体，以便执行和检查，最好用表格式逐项排列出来。

（4）制订竞赛规程。竞赛的一切工作以规程为主要依据。这是赛前准备工作一个重要的环节。竞赛的工作人员、裁判员、教练员和运动员都必须按照竞赛规程的有关规定参加比赛。一般由上级机关或主办单位下达竞赛规程或由参赛单位（群体）协商研究制订竞赛规程。竞赛规程应在比赛开始前一两个月发送到各参赛单位，以便各单位有充足的时间来准备，保证竞赛的效果和质量。竞赛规程的内容包括以下几方面。

① 竞赛名称。根据竞赛项目的特点、规模、参赛的人数、经费来源等来确定竞赛名称，同时要注明主办单位和承办单位。

② 竞赛的目的与任务。根据本次竞赛所针对和要解决的主要问题，明确目的和任务。

③ 比赛日期和地点。比赛日期的确定要考虑利用节假日，平时最好利用业余时间。确定比赛地点应考虑交通、气候、场地、器材、设备和食宿的实际情况。

④ 竞赛项目。竞赛项目的设置依据是基层开展此项活动的广泛性和运动水平的高低，应保证较多的队数和人数参赛，使比赛对抗性强、激烈和精彩，以达到设此项竞赛的目的。

⑤ 参赛资格、人数和报名日期地点。根据竞赛性质和项目制订参赛资格标准，球类竞赛可依据性别和年龄划分组别，运动员、领队、教练员和工作人员人数要有明确规定和限制。报名日期的截止时间和报名地点要明确，并注明第一次领队会议和抽签的时间与地点。

⑥ 比赛办法和录取名次。比赛办法和录取名次是所有参赛队或个人共同关心的问题，采用的比赛办法直接影响到比赛时间的长短、运动员的比赛负荷、场地设备的合理运用和比赛成绩的合理性。应根据参赛的队数和人数的多少，采用适宜的比赛办法。如不能预测参赛队数和人数，待报名截止后，由领队会议研究决定比赛办法。录取名次一般采用录取前 3 名或前 6 名或前 8 名，也可采用录取并列前 3 名（第 3 名、第 4 名并列），或录取并列前 5 名（第 5 至 8 名并列）。

⑦ 裁判长、裁判员和竞赛规则。裁判长和副裁判长一般由主办单位选派，或由承办单位推荐，报主办单位批准。裁判员一般由参赛单位推荐一或两名，不足部分由主办单位或承办单位选派补齐。根据竞赛项目特点，有裁判等级的项目，应明确参加裁判工作人员的裁判等级；没有裁判等级的项目，可由有关单位或群体协商解决裁判员人数和标准。竞赛规则应采用该项目比赛的最新规则。没有竞赛规则的项目，也应制订出竞赛的内容、方法、程序和评定标准，为竞赛提供确实可行的胜负标准和依据。

⑧ 其他事项。不同运动竞赛有不同的注意事项，如服装和鞋的要求、伙食住宿标准、交通工具、生活管理、禁止冒名顶替等规定。

## 二、赛中组织实施工作

准备工作就绪后，即投入到赛会的全面组织工作。准备工作是否有成效，须在竞赛过程中得到检验。竞赛中主要工作包括以下几方面。

### （一）组织开幕式

开幕式的程序应根据赛会的规模大小、赛会的性质和目的及要求来进行。程序可繁可简，也可进行一般的开赛仪式。开幕词是主办单位的负责人在开幕前的重要讲话，应简明扼要地讲清楚此次比赛的宗旨、任务、目的和要求等，体现大会的指导思想，为竞赛定下总的基调，使参赛单位和运动员为达到总目标而努力。

### （二）管理裁判队伍

裁判队伍的管理，主要由竞赛组通过裁判长进行，要将“严肃、认真、公正、准确”的八字方针贯彻到组织工作的始终。抓住比赛不同阶段的主要环节，如裁判员准备会，临场裁判和重要比赛场次的安排，随时检查场地器材，报送比赛成绩，小结与讲评等。

为便于管理，可将全体裁判员根据比赛任务分成若干个裁判小组。分组时，同一单位的裁判员要尽可能分布在各个组内，并合理搭配，使各组裁判水平相当。小组长应由业务水平高、思想作风正派、能团结他人及有一定组织能力的裁判员担任。

裁判员执行临场任务前，应与有关人员确定配合方法，并认真检查场地器材。尽量安排中立裁判员担任裁判工作。比赛中，要根据规则和实际情况，掌握好判定的准确性和稳定性，对比赛双方的判罚尺度要一致。

### （三）公布竞赛成绩

及时、准确地公布比赛成绩，可使各参赛队和有关部门及时了解比赛结果，并在分析研究后宣传报道。竞赛成绩公布专栏要设在赛场的附近，通常在赛前将竞赛成绩大表画好，张贴在公告牌或墙上醒目的地方；也可以用黑板公布，每天每场比赛结束，及时、准确地将比赛成绩登记在表格中。将成绩公告及时发给各参赛队、有关领导和有关部门，这样既能反映竞赛结果，又能积累资料。

### （四）解决竞赛中出现的问题

运动竞赛具有对抗性和竞争性的特点，因此，在竞赛过程中经常会或多或少地产生一些矛盾：裁判员和运动员之间的矛盾，这里既有运动员对规则理解不够的情况，也有裁判员错判、误判的情况；运动员与运动员之间的矛盾，如在比赛中动作过大，或不够尊重对方等行为；运动员与组织者的矛盾，如认为编排不够合理，组织不够严密，还有运动员资格方面的意见等；还可能出现一些其他矛盾。组织竞赛时出现矛盾是正常的。处理竞赛矛盾，要依据赛会的指导思想、竞赛规程和比赛规则，通过正确的程序和途径，妥善、冷静处理，以维护赛场的秩序和纪律。

## 三、竞赛结束工作

竞赛组及时汇总比赛成绩并排出名次，交由裁判长宣布；召开组委会会议，听取工作汇报及意见，决定体育道德风尚奖或精神文明奖的评选结果；组织闭幕式和发奖仪式；汇编、寄发成绩册；安排和办理各队及裁判员离会的相关事宜；完成赛会总结并向领导部门汇报。

# 第三节　常见竞赛编排方法

## 一、一般体育竞赛的编排

根据体育竞赛的具体要求、项目特点、参赛队数（人数）、比赛的期限、场地设备条件等因素，可选用不同的比赛方法。

### （一）循环制

循环赛包括单循环、双循环、分组循环三种方法。

单循环：所有参赛者（队或个人）在比赛中均能相遇一次，最后按参赛者在全部比赛中胜负场数、得分多少排列名次。这种比赛方法一般在参赛者不多，而竞赛期限又较长时采用。

双循环：所有参赛者（队或个人）在比赛中相遇两次，最后按全部比赛中胜负场数、得分多少排列名次。这种比赛方法，一般在参赛者较少，而竞赛期限又较长时采用。

分组循环：把参赛者（队或个人）分为若干组，分别进行单循环比赛。一般在参赛者较多，而竞赛期限又较短时采用。

循环赛的优点是无论参赛者实力强弱，胜负如何，都需与其他参赛队比赛，锻炼机会多，有利于互相学习，能比较准确地反映出参赛者的水平，产生的名次较客观。

在循环赛中，各队或运动员普遍出场比赛一次，称为“一轮”；每两个队员之间比赛一次称“一场”，每两个队之间比赛一次称为“一次”。

**1. 单循环比赛场数和比赛轮次的计算方法**

（1）单循环赛场数的计算

场数=［参加人数×（参加人数−1）］÷2。

例如，有 6 个球队参加篮球联赛，采用单循环赛的方法进行，其比赛场数为：

场数=［参加人数×（参加人数−1）］÷2=［6×（6−1）］÷2=15。

（2）单循环赛轮数的计算

当队（人）数为偶数时，轮数=队（人）数−1。

例如，10 个队参加比赛，轮数=10−1= 9。

当队（人）数为奇数时，轮数=队（人）数。

例如，5 个队参加比赛，需进行 5 轮。

（3）单循环比赛顺序的确定

确定单循环比赛顺序的方法很多，经常采用的是“逆时针轮转法”。

例如，有 6 个队参加比赛，首先用 1 ～ 6 号码，分别代表各队的名称，按以下方法排出各轮次的比赛，然后抽签将队名填入轮次表，再排定比赛日程。（表 8−3−1）

**表 8−3−1　6 个队参赛的单循环比赛顺序表**

| 第一轮 | 第二轮 | 第三轮 | 第四轮 | 第五轮 |
|---|---|---|---|---|
| 1—6 | 1—5 | 1—4 | 1—3 | 1—2 |
| 2—5 | 6—4 | 5—3 | 4—2 | 3—6 |
| 3—4 | 2—3 | 6—2 | 5—6 | 4—5 |

这种方法是，1 号位固定不动，其他号位每轮按逆时针方向轮转一个位置，即可排出全部轮次的比赛顺序。

当队数或人数为单数时用“0”补成双数，然后按逆时针轮转排出各轮比赛的顺序。其中遇到“0”者即为该场轮空。

例如，有 5 个队参加比赛，比赛顺序如下表所示。（表 8−3−2）

表 8-3-2　5 个队参赛的单循环比赛顺序表

| 第一轮 | 第二轮 | 第三轮 | 第四轮 | 第五轮 |
|---|---|---|---|---|
| 1—0 | 1—5 | 1—4 | 1—3 | 1—2 |
| 2—5 | 0—4 | 5—3 | 4—2 | 3—0 |
| 3—4 | 2—3 | 0—2 | 5—0 | 4—5 |

根据需要，还可以把第一轮的三场比赛和其他轮的三场比赛互相调换，或者把第一轮中的三场比赛互相调换。这是在大轮转基础上进行小调动的办法。

（4）单循环赛名次的确定

单循环比赛中，以获胜次数多者名次在前。如有两个队获胜次数相等，则谁胜谁就名次在前。如有两个以上的队获胜次数相等，则根据他们相互之间比赛的胜负比率，即胜 ÷ 负或胜 ÷（胜＋负）来决定名次。首先计算次率，其次计算场率，再次计算局率，最后计算分率，直至算出全部名次为止。

**2. 双循环比赛轮次表的编排**

双循环制比赛轮次表的编排方法与单循环的编排法相同，只是要排出第一循环和第二循环的比赛轮次表。例如，5 个队参加比赛，比赛轮次如下表所示。（表 8-3-3）

表 8-3-3　5 个队参赛的双循环比赛轮次表

| | 第一轮 | 第二轮 | 第三轮 | 第四轮 | 第五轮 |
|---|---|---|---|---|---|
| 第一循环 | 0—1 | 0—2 | 0—3 | 0—4 | 0—5 |
| | 5—2 | 1—3 | 2—4 | 3—5 | 4—1 |
| | 4—3 | 5—4 | 1—5 | 2—1 | 3—2 |
| 第二循环 | 0—1 | 0—2 | 0—3 | 0—4 | 0—5 |
| | 5—2 | 1—3 | 2—4 | 3—5 | 4—1 |
| | 4—3 | 5—4 | 1—5 | 2—1 | 3—2 |

**3. 分组循环的编排**

分组循环就是把参加的队分成若干小组，采用两阶段或三阶段的分组循环比赛。例如，15 个队参加比赛，分成 3 个小组，每组进行 5×（5-1）/ 2=10 场比赛，3 个小组共进行 30 场比赛，需要的轮数为 5 轮。经过小组循环比赛，排出各小组的名次后，再进行第二阶段的比赛。第二阶段的比赛可采用下列方法。

（1）将各小组第 1 名编在一组，进行单循环比赛，决出 1 ～ 3 名；各小组第 2 名编在一组，决出 4 ～ 6 名；各小组第 3 名编在一组，决出 7 ～ 9 名；各小组第 4 名编在一组，决出 10 ～ 12 名；各小组第 5 名编在一组，决出 13 ～ 15 名。

（2）如果比赛期限短，可只将第一阶段各小组的第 1 名、第 2 名编在一组进行比赛，决出第 1 至第 6 名的名次，其他各队不再参加第二阶段的比赛。

（3）如果第一阶段的预赛是分两个小组进行单循环比赛，那么第二阶段可把小组的前两名编在一组争夺 1 ～ 4 名，小组的第 3 名和第 4 名编在一组争夺 5 ～ 8 名，其余类推。

（4）循环制的抽签方法。

根据规程规定，在比赛前，由主办单位召集各领队举行公开抽签，排好比赛轮次表，使各队明确比赛的次序、日期、时间和地点，以便做好准备。

① 单循环比赛的抽签

按参加比赛的队数排好比赛轮次表，备好签号，进行抽签。然后将队名填入比赛轮次表中。

② 分组循环比赛的抽签

首先在领队会上协商确定种子队。种子队的队数一般等于分组的组数。如果分四个组进行比赛，应设四个种子队。为了做到更合理，也可以多选出几个种子队，但必须是组数的倍数。如分四个组进行比赛，可确定八个种子队，并按下列方法编成小组。（图 8–3–1）

| 1 | 2 | 3 | 4 |
|---|---|---|---|
| \| | \| | \| | \| |
| 8 | 7 | 6 | 5 |

图 8–3–1

第 1 号种子与第 8 号种子编为一组，第 2 号种子与第 7 号种子编为一组，依次类推。

抽签方法：首先由种子队先抽签，确定各种子队的组别，然后其他各队再抽签确定组别。例如，20 个队分为 4 个小组，除 8 个种子队外，其余 12 队再抽签。签号分 4 组，每组有相同的三个签，由 12 个队抽签确定组别，然后再把各队按组别填入各组的比赛轮次表中。

## （二）淘汰制

### 1. 单淘汰赛

所谓单淘汰赛，就是将所有参加比赛的选手（或队）编排成一定的比赛秩序，由相邻的两名选手（或队）进行比赛，败者淘汰，胜者进入下轮比赛，直到淘汰成最后一名选手（或队），这个选手（或队）就是这次淘汰赛的冠军。

淘汰赛比赛方法具有强烈的对抗性，比赛双方没有任何妥协的可能性，也没有受第三方影响或去影响第三方的可能，非胜即败。这种比赛办法，可以在很短的时间内，安排大量的选手（队）进行比赛，而且比赛逐渐走向高潮，并在最高潮的一场比赛——冠亚军决赛后结束整个比赛。就体育竞赛的特点来说，淘汰赛是一种很好的比赛办法。

（1）单淘汰赛选择号码位置数

采用单淘汰赛的比赛方法时，应先根据参赛人数灵活选择最接近的较大的 2 的乘方数作为号码位置数。比赛常用的号码位置数是：$2^4=16$，$2^5=32$，$2^6=64$，$2^7=128$。

如参赛选手的人数不等于号码位置数时，需要在比赛的第一轮设置一定数量的“轮空”位置，使参加第二轮比赛的运动员人数正好是 2 的乘方数。

轮空数 = 号码位置数 − 参赛运动员数。

如参赛人数稍大于 2 的乘方数时，还用排轮空的方法编排则轮空人数太多，这时可用“轮号”的方法来解决。以最接近的较小的 2 的乘方数作为号码位置数，安排一部分运动员进行轮号。轮号就是两名运动员使用一个号码先进行一场比赛。轮号和轮空在性质上是完全相同的。轮号的位置可查轮空位置图。

（2）单淘汰赛轮数和场数的计算

① 计算轮数

单淘汰赛所采用的号码位置数（2 的乘方数）其指数（自乘的次数）即为轮数。2 的几次方即为几轮。

4 个号码位置数 $=2^2$，即 2 轮。

8 个号码位置数 $=2^3$，即 3 轮。

16 个号码位置数 $=2^4$，即 4 轮。

32 个号码位置数 $=2^5$，即 5 轮。

64 个号码位置数 $=2^6$，即 6 轮。

② 计算场数

场数=参赛人（队）数−1。

例如，16 人参加单淘汰赛，比赛场数为 16−1=15（场）。

2. 双淘汰赛

运动员或队按编排的秩序进行比赛，失败两场即被淘汰，最后失败一场者为亚军，不败者为冠军，这种比赛方法称为双淘汰赛。

（1）双淘汰赛轮数和场数的计算

① 计算轮数

胜方与负方轮数分别计算。胜方轮数与单淘汰赛计算方法相同，即所选用的号码位置数（2 的乘方）其指数（自乘的次数）即为轮数。负方轮数等于胜方轮数加 1。

② 计算场数

场数=2X−3（X 为参加人数或队数）。

这个计算公式实际上是胜方比赛场数与负方比赛场数之和。胜方场数为参加人数减 1，负方场数为参加人数减 2。设 X=参加人数（或队数），则淘汰比赛场数=胜方比赛场数+负方比赛场数，即（X−1）+（X−2）=2X−3。

例如，8 人参加双淘汰赛。胜方比赛轮数为 2 自乘 3 次即 $2^3$，需比赛三轮。胜方比赛场数为参加人数减 1，8−1=7 场。负方比赛轮数=胜方轮数加 1，3+1=4 轮，负方比赛场数=参加人数减 2，8−2=6 场。故 8 人参加双淘汰赛共需打 7 轮，13 场比赛。

（2）双淘汰赛比赛秩序表（以 8 人为例）（图 8−3−2）

（2）双淘汰赛比赛秩序表（以 8 人为例）（图 8-3-2）

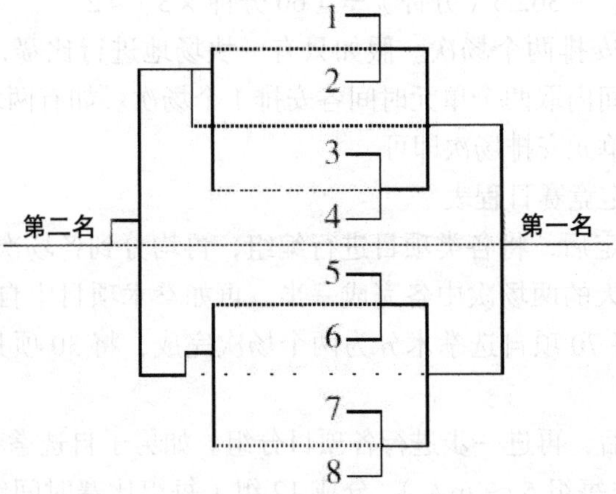


图 8-3-2

## 二、艺武类运动竞赛的编排

### （一）武术运动

1. 武术套路比赛的组织编排

（1）审查统计

首先是审查各单位的报名单，审查报名单有无差错和运动员的报名资格；其次是统计各队参加比赛的人数（男、女分别统计）以及各项目参加比赛的人数（男、女分别统计）。如发现与竞赛规程不符或有不清楚的情况，应及时与有关单位联系，及时解决，参加编排的人员不得自行解决。然后是编排运动员号码，通常每队打一个缩写字头。

（2）计算竞赛时间和场次

① 确定竞赛总时间

将参赛运动员所报的各类项目的总数与该项目单项竞赛所需的时间相乘之积的总和即为所有比赛项目所需的竞赛时间。一个运动员每个项目的竞赛时间，应包括运动员进场、退场、演练、裁判评分和示分的时间。

长拳类和南拳类的拳械项目约需 3 分钟，太极拳约需 5 分钟。如运动员报的拳术总数为 100 项，器械 70 项，对练 30 项，太极拳 25 项，那么，所有运动项目所需的竞赛时间应是：

$$100 \times 3+70 \times 3+30 \times 3+25 \times 5 =725（分钟）。$$

② 确定竞赛场次

将所有项目所需的竞赛时间，相对平均地分到规程所规定的竞赛天数中，得出每天应完成项目的竞赛时间。如规程确定 2 天比赛结束，则每天的项目竞赛时间约为：

$$725（分钟）\div 2= 362.5（分钟）。$$

每天的项目竞赛时间确定后，根据每场实际工作时间计算出每天的竞赛场次，并按场地设置情况安排每天的竞赛场次，把各竞赛项目合理地分布到每一个场次和场地中。武术套路比赛一般每场实际工作时间 3 ～ 3.5 小时。若以 3 小时计算，那么每天竞赛的场次如下。

$$362.5（分钟）\div（60 分钟 \times 3）\approx 2。$$

因此，每天比赛应安排两个场次。假如只有一块场地进行比赛，那么就应在上午、下午、晚上 3 个单元的时间内取两个单元时间各安排 1 个场次。如有两块场地，可在上述 3 个单元的时间内取某一个单元安排场次即可。

（3）竞赛分组和制定竞赛日程表

竞赛时间和场次确定后，将各类项目进行编组，再均分到各场次中去。如拳术 100 项，共 300 分钟，可分在两天的两场次中各完成一半。再如拳术项目中自选拳术 70 项，其他拳术 30 项，那么，也可将 70 项自选拳术分为两个场次完成，将 30 项其他拳术安排在另一场次中完成。

各大项目编排确定后，再进一步进行各项目分组。如男子自选拳有 120 人参加比赛，一般 10 人一组（太极拳类每组 5 ～ 6 人），分成 12 组（每组比赛时间约 30 分钟）。分组时在代表 12 组的 12 张白纸条顶端，写明项目、组次和人数。全部比赛项目分成多少组，就填写多少纸条，如有的项目报名者较少，可以将同类性质的比赛合并为一组。

分组后，在每张纸条的右上方，用不同颜色的纸和笔，作出与裁判组标志相同的颜色。如长兵器裁判组的标志是红色，则在男子、女子所有枪和棍比赛项目的纸条上用红色标出，以备检查时用。比赛项目由哪个裁判组评判，纸条上就用哪个裁判组的标志颜色标出。全部项目编排好以后，编排人员据此制定竞赛日程表。

（4）编排时的注意事项

① 在一场比赛中，一个运动员最好只安排一个项目，如果在赛期短、项目多的情况下，有的运动员一场必须参加两个项目比赛时，应当间隔编排，以防止运动员过度疲劳和造成忙乱现象。

② 同一单位的运动员应尽量分散到各组中去。

③ 每个项目应采用抽签的办法决定各小组内运动员的比赛顺序。抽签可在竞赛委员会主任（副主任）或总裁判长的监督下，由编排人员进行抽签。也可以在赛前规定的时间，由各队教练、运动员临时抽签排定顺序。

④ 同一项目的比赛应尽量集中在一起比完，若参赛人数多，也应注意安排在第二天同一时间、同一场地进行，中间不宜间隔，力求在同等条件下进行。

⑤ 每一项比赛的第一出场者，力求分散到不同的队中。抽签之前应确定好第一出场。每队的最多次数力求均等，若是多次，应有相应的调整办法。

⑥ 竞赛中竞赛时间须大体相同，每场竞赛中所进行的两个场地的竞赛时间也应大体相同。

⑦ 男女运动员尽可能安排在固定的场地进行所有项目的比赛；也可以将不同的项目固定在不同的场地上进行。

**2. 武术套路比赛排定名次的方法**

（1）个人单项名次：得分最多者为该单项第一名，次多者为第二名，以此类推。如在一次比赛中有预赛、决赛，则以预赛、决赛得分总和最多者为该项的第一名，次者为第二名，以此类推。

（2）个人全能名次：按各单项得分总和的多少进行评定，得分最多者为全能第一名，次多者为第二名，以此类推。

（3）集体项目名次：得分最多者为该项的第一名，次多者为第二名，以此类推。

（4）团体名次：根据竞赛规程关于团体名次的确定办法进行评定。

（5）个人单项（含对练）得分相同时，按下列顺序决定名次：

① 套路中有创新难度动作者，名次列前。

② 动作完成分与演练水平分的低无效分之和高者名次列前。

③ 动作完成分与演练水平分的高无效分之和低者名次列前。

④ 演练水平分中有效分的平均值高者名次列前；如仍相同，名次并列。

⑤ 竞赛中如设器械小全能比赛，若刀、棍或剑、枪两项得分之和相同时，则按以下办法处理：以比赛中该两项的名次获第一名多者名次列前；如仍相同，则以获第二名多者名次列前，以此类推；如仍相同，以全能两个分数中的高分者名次列前；如还相同，将高分用单项得分相等的处理办法决定名次。如仍相同，名次并列。

⑥ 个人全能得分相同时，以比赛中获单项第一名多者名次列前；如仍相同，则以获第二名多者名次列前，以此类推；如获得所有名次均相同，则名次并列。

⑦ 集体项目得分相同时，名次并列。

⑧ 团体总分相同时，以全队获得单项第一名多者名次列前；如仍相同，则以获得第二名多者名次列前，以此类推；如获得单项名次均相同，则名次并列。

**3. 武术散打比赛的分类与分级**

武术散打比赛是运动员双方按照比赛的规则，采用踢、打、摔等方法，直接进行身体对抗、相互击打，最后依据运动员获得点数的多少确定名次的一种竞赛方法。武术散打比赛分为个人赛和团体赛。散打比赛一般采用分级循环赛制、单淘汰赛制和双淘汰赛制，以采用单淘汰赛制为多。

武术散打比赛的分级：48 公斤级、52 公斤级、56 公斤级、60 公斤级、65 公斤级、70 公斤级、75 公斤级、80 公斤级、85 公斤级、90 公斤级、90 公斤以上级。

**4. 武术散打比赛的组织编排**

（1）审查报名表，统计运动员级别、人数，计算比赛时间。如有与规程不符的情况应与有关部门联系，及时解决。

（2）种子的设定：

① 上一次全国锦标赛或冠军赛取得名次的运动员确定为种子，根据成绩排出种子顺序。

② 变动级别的运动员不能确定为种子选手。

③ 种子选手不再抽签，编排时根据种子的顺序号在轮次表中找到相应号码的位置，即种子的位置。

④ 组织运动员抽签到位；制定比赛轮次表（单淘汰赛加附加赛秩序表）。轮次表要标明运动员序号、比赛时间、比赛场地以及轮空的序号。

⑤ 制定竞赛日程表。

（3）编排时的注意事项：

① 以竞赛规程、报名表和大会的总时间为依据，将参赛的总队数以及各个级别较均匀地列入竞赛的总场次里。

② 同一级别、同一轮次的比赛应在同一单元进行，条件要均等；每场比赛的对数一般安排 15 对至 20 对。

③ 每天竞赛场次一般安排两场，分别在上午和晚上，一名运动员一天最多安排两次赛（不在同一单元）。

④ 在同一场次的比赛中应安排不同级别的“对”比赛；同一单元的比赛由体重轻的级别开始。

⑤ 抽签应先由体重轻的级别开始。如规程允许，同一单位、同一级别的运动员在第一轮的比赛中相遇时，可以安排该级别重新抽签。

## （二）健美操

### 1. 抽签确定比赛顺序

（1）抽签时间

预赛抽签：在赛前技术会上进行抽签，决定预赛顺序。

决赛抽签：决赛前 4 小时进行抽签，决定决赛顺序。

（2）抽签方法

抽签由各队领队或教练员在有关部门的监督下进行。有特殊情况也可由竞赛部门代抽，按签号大小排列顺序，即为出场顺序。

### 2. 比赛场次的安排

要根据竞赛规模的大小、参赛队的多少以及竞赛的时间，合理地安排比赛场次。

预赛与决赛必须分开安排，两赛期间要使运动员有充足的休息时间，以便提高比赛的质量。比赛时间一般有上午、下午和晚上三个比赛单元供选择安排。

在健美操比赛中，比赛项目的顺序没有统一规定，可以根据比赛的实际情况进行安排。

### 3. 编排时的注意事项

（1）遵循“符合规则的要求，有利于运动员水平的发挥，方便观众参观”的原则。在预赛和决赛之间运动员要有稍加调节、休息和准备的时间；尽可能将比赛安排在节假日举行。

（2）根据比赛的规模和参赛的人数安排比赛的天数。若安排一天，则上午安排预赛，下午安排旨安排两天，则第一天安排预赛，第二天安排决赛和闭幕式。

（3）各队参加比赛的具体日期、时间、场次及出场顺序用抽签的方法确定。抽签时一般要有总裁判长、总记录长参加，由各单位领队、教练员参加抽签或由竞赛部门代抽。

## （三）体育舞蹈

### 1. 体育舞蹈比赛的组织编排

（1）比赛按预赛（淘汰赛）、复赛（选拔赛）、半决赛（资格赛）、决赛（名次赛）的程序进行。每一轮比赛一般应从参赛选手中筛选出不少于 1/2 的选手参加下一轮的比赛，最后从第三轮半决赛中评出 6 对或 8 对选手进行决赛。

（2）如有 24 对以上的选手参赛，在初赛时可以采用双淘汰制，这样可以让每对选手有两次的机会。双淘汰参赛队数由裁判长决定。

（3）在比赛中，各组别所参赛的舞种是各不相同的。这些比赛舞种的确定都是由主办单位和承办单位根据比赛的性质及地区体育舞蹈开展的情况研究确定后写入比赛规程。

（4）在各轮的各舞种比赛中，每种舞音乐的伴奏时间最少不少于 1 分 30 秒。维也纳华尔兹和牛仔舞最少不少于 1 分钟。

（5）在所有比赛中，音乐必须与舞蹈相符，例如拉丁舞不得用迪斯科音乐伴奏。

（6）在比赛时，由 5 ～ 7 人完成裁判工作，队式比赛至少有 3 名裁判。裁判必须具有与比赛相适应的裁判证书。

（7）团体舞比赛的要求：

① 在标准舞或拉丁舞中，以各种舞的舞步为基础编排，其中自由选择的其他舞蹈，最多不得超过 16 小节。

② 标准舞中的独舞应限制在每种舞 8 小节之内，而该类舞的总长度最多 24 小节，在拉丁舞中没有这种要求，因为该舞中独舞是其中一部分。任何舞中均不允许托举。

③ 在所有的比赛中每队应包括 6 ～ 8 对选手，每名选手只能参加一个队的比赛。可以保留 4 名替换队员。

④ 队式比赛的场上滞留时间不得超过 6 分钟。在这 6 分钟内，需有 4 分钟的表演，在开始和结束时要有明确的体现。

⑤ 如超过 5 个队参赛，必须有第二轮比赛。

**2. 体育舞蹈比赛排定名次的方法**

体育舞蹈比赛由裁判员按国际评判标准规定的基本技术、音乐表现力、舞蹈风格、舞蹈编排、临场表现、赛场效果等 6 个方面进行评分，得分高者名次列前。决赛时裁判应公开评分。

评分比例：基本技术为 40%，其中脚步动作、姿态、手臂稳定和移动各占 10%；音乐的表现为 20%；体育舞蹈风格体现为 15%；体育舞蹈的编排为 10%；临场表现为 10%；现场效果为 5%。半决赛、决赛评分比例：基本技术为 15%；音乐表现为 20%；体育舞蹈风格的体现为 15%；舞蹈编排为 20%；临场表现为 20%；现场效果为 10%。

在评分 6 要素中，前 3 项主要指选手的技艺品质，后 3 项是选手的艺术能力。在第一、二次预赛中裁判着重于前 3 项要素的评判，在半决赛中裁判着重于后 3 项要素的评判，在决赛中应全面地评价选手的各项要素的表现情况。

## 三、田径竞赛的编排

田径比赛的特点是竞赛项目多，运动员人数多，比赛赛次多，信息量大。田径比赛的编排工作内容主要是编排竞赛日程、竞赛分组、总秩序册以及临场后继赛次的编排等。

### （一）编排的基本原则

田径比赛秩序册编排的合理与否，直接关系到整个竞赛能否顺利进行和运动员技术水平能否正常发挥。因此，编排各项比赛秩序时应遵循下列基本原则。

（1）尽可能考虑给参加下一赛次的运动员留有适当的休息时间。

（2）径赛的长短距离跑，田赛的跳、投项目，以及男女项目和不同组别要交叉编排。

（3）要照顾兼项，对某些竞赛项目应分开编排，以减少兼项运动员在参加比赛时间上的冲突。一般规律参考：100 米和 200 米；200 米和 400 米；400 米和 800 米；800 米和 1500 米；1500 米和 3000 米；5000 米和 10000 米；100 米和跳远；400 米和 400 米栏；100 米和 4×100 米接力；400 米和 4×400 米接力；跳高、跳远和三级跳远；标枪、铁饼和铅球。

（4）跨栏项目一般可安排在单元赛的第一项或最后一项，也可以安排在长距离的后面，以减少摆放栏的时间。

（5）次赛项目和精彩项目相容排列，使赛场保持活跃的气氛。

（6）不同组别同一项目的径赛尽量衔接起来，以便于起点和终点裁判的工作。

（7）短距离跑的项目，采用预赛、决赛两个赛次时，最好安排上午预赛，下午决赛。

（8）径赛项目编排时，要根据参赛人数和跑道数，确定组数，每组比赛人数力求平均。

### （二）竞赛期间的编排记录工作

（1）记录组的工作：在比赛期间，负责收集和保管各项竞赛记录表；收到径赛项目的预赛、复赛成绩结果后，尽快排出下一赛次的分组、分道表，并分别交给公告、检录、终点和起点裁判员。

（2）记录公告组的工作。及时公布参加复赛、决赛运动员的号码、姓名、单位；及时公布各项决赛成绩（一式 3 份，1 份交成绩宣告、1 份张贴、1 份存档），及时收集各项决赛成绩，并填入总记录表和团体总分表；登记成绩，计算团体总分，核对全能运动员的成绩；整理核实破纪录的人数、项数和次数，填写破纪录单。

# 第四节　体育竞赛欣赏

## 一、体育竞赛的欣赏内容

### （一）对形体美的欣赏

美学家认为，人的美感最先产生于对“轮廓”的良好印象。这里说的“轮廓”，是指人体的外观形象，亦可简称为形体，包括人的体形、姿态和风度等。体育比赛作为人体生理性对抗的一种运动方式，通常以空间活动表现人的体形、姿态和风度，故具有复杂多变、造型奇特、动作鲜明等特点。因此，由人体运动姿态、艺术造型和表演风格构成的形体美，离不开曲线和姿势、肌肉形态、面部表情和气质风度等内容。特别是那些艺术造型强的竞技项目，往往通过超凡的力量、动作技巧和造型艺术，把运动员发达的肌肉、矫健的身姿、优美的体型表现得淋漓尽致。

形体美包括人体的强壮美、体态美、体型美这些外形的美，也包括一些潜在美的因素，如素质美、风度美等。此外，运动员的皮肤色泽、发型和服装等都是构成形体美的因素。

### （二）对动作美的欣赏

在运动过程中，人的形体或部位的造型所展现出的美，称为动作美。在比赛中，运动员的动作都是在"动"中进行的，所以人们在欣赏时，应把"动"放在首要地位。体育通过各种人体动作展示多姿多彩的动作美，各种运动项目以优美、细腻、柔韧、精巧、刚健、雄劲、明快、敏捷等不同的动作组合来塑造美、创造美、表现美。动作美的特点在于准确、干净、协调、连贯、敏捷、舒展而富有节奏，给人以完美无瑕的感觉。

刚柔对比是形成动作美的重要手段。在体育活动中，一般把男性化的刚毅、强壮、雄健、豪放、壮丽的动作表现视为阳刚之美，而把女性化的柔和、优雅、纤巧、缠绵、秀丽、平缓的动作表现视为阴柔之美。

### （三）对技术美的欣赏

当人们看到优美的高、难、险、新的运动技术时，将获得赏心悦目的美的感受和精神的享受。对技术美的欣赏往往是与对动作美的欣赏联系在一起的。

技术美是形体美和动作美的综合体现，具有准确、协调、连贯、节奏感强以及平衡性、实效性高等特点。技术美充分显示了人的本质力量，它以特有的魅力使人们欣喜、愉快、惊奇和赞叹。

为了提高运动技术水平，必须寻求能合理、有效地完成动作的方法，于是技术又成为体育比赛的关键因素；而运动员为追求理想的动作模式，在高、难、险、新技术方面所做的努力，又使动作"技术美"平添无限魅力。

### （四）对战术美的欣赏

战术美是在复杂多变的运动中充分发挥运动员的素质和技术特点，在争取胜利中体现出来的一种美。在比赛的激烈对抗中，战术被称为发挥技术的先导、驾驭比赛的灵魂，是夺取比赛胜利的法宝，也是反映运动员的知识、技术和心理、智力因素的综合指标。在一些集体项目的比赛中，战术美表现得尤为突出。

由战术表现的美感，可在比赛双方对战术的选择、应用和变化中得到反映。要特别注意运动员根据各自情况，合理分配力量，扬己之长，充分发挥良好的素质、娴熟的技术和环环相扣的战术配合；欣赏他们巧施计谋，在比赛中以柔克刚、出奇制胜，从而领略巧妙战术带给我们的美的享受，从更高层次体验美的意蕴。

### （五）对健康美的欣赏

欣赏体育比赛可以体验健康美。当观众见到运动员体型匀称、肌肉发达、动作敏捷、技艺超群、肌肤圆润等外观形象时，就能产生“由表及里”的视觉效果，并把这些体育健康美的感觉印刻于心。如果按“启迪自我”的高标准要求，还可以从与自我健康的对比中，接受活泼、欢快、纯洁、开朗和创造热情等健康因素的感染，进一步认识体育锻炼对健康的作用，由此树立追求健康的信念，从中获得改善自我健康的勇气和力量。

### （六）对风格美的欣赏

在比赛中欣赏到运动员（队）良好的思想风格，不仅是一种美的享受，而且也能受到道德修养的教育。体育比赛实质上是一种复杂的社会活动，因此，在比赛中所表现出的各种思想、道德、行为都不是虚构的，而是一种真实的社会行为表现。

技术风格美是指运动员（队）在技术、战术上所表现出来的特长与特点，即技术、战术风格和风貌上的个性之美。每个运动员（队）都会根据各自的特点和具体条件，创造出与众不同的风格，构成了自己独特的技术风格美。

### （七）对内在美的欣赏

现代体育比赛的内涵更加明确，外延更加丰富、深刻，充满了时代精神和人生哲理。因此，对于文化层次较高的大学生而言，把欣赏体育比赛仅当作娱乐活动是不够的，还应在欣赏中深入地思考，使我们的观念、思维和情趣等都能得到启迪和升华。

从技术、战术等多角度来欣赏体育比赛可以得到美的享受，这主要是体育比赛洋溢着的外在美。我们从多方位、多层面来欣赏，就会感受到体育比赛的一种无形的内在美。经过长期科学、艰苦的训练和多次临场比赛的经验积累，有的运动员在比赛中的表现已达到或接近完美；当他们获得成功时，其发自内心的巨大快感、自豪感和自我价值与愿望完全实现的幸福感，旁观者也会有所感受。当我们的欣赏水平和审美能力进一步提高时，体育比赛中某些似乎不美甚至残酷的东西，如汗水、泪水、血迹、损伤，以及那些历尽千辛万苦、奋发进取、顽强拼搏而最后却榜上无名的失败者，也会被我们所认可和理解，并进入我们的审美范围。

## 二、体育竞赛的欣赏礼仪

但是，由于体育比赛往往激动人心，大学生的情绪会在不知不觉中与比赛的激流融合，更容易冲动，有时会做出违背礼仪要求的行为。具体表现主要有以下几种，应加以克制。

（1）在一些体育比赛中，为运动员助威呐喊时，将唾沫喷到前面的观众身上，结果引起不必要的争吵或打闹。正确的做法是在大声呼喊或鼓动时，应注意控制感情，不要忘乎所以。

（2）体育比赛是一种竞争，运动员之间总有胜者也有负者，大学生不能以一时成败论英雄，更不能用违背礼仪标准的行为对待失败的运动员。在不满的时候，不能用脏话、粗话发泄自己心中的不满情绪；不应将瓶子、杂物或瓜果皮等丢进运动场或扔向运动员。应该通过观摩比赛，作出有思想、有分析和比较客观的评论，帮助失败运动员找出失败的原因。

（3）在观众席，不要与观点不同的观众争吵。在比赛过程中，观众由于见解、喜好等的不同，会对比赛过程中出现的一些情况产生不同的看法，这是一种正常的现象。而大学生这时容易出现听不得不同意见的失礼行为，轻则当场与人争得面红耳赤，重则在观众席上互相投掷杂物，造成赛场混乱。

# 第九章

# 冬季体育锻炼

## 第一节　速度滑冰

### 一、速度滑冰基础练习

#### （一）陆地模仿练习

**1. 基本姿势**

两腿并拢，上体前倾，双腿深蹲，双臂自然置于身后，双手身后互握，头微抬起，目视前方，听口令，反复练习。（图 9–1–1）

图 9–1–1

**2. 直道模仿**

由深蹲姿势开始，单腿向侧后方，以最短距离侧位向后引，成单腿后引姿势，然后将腿收回并拢，两腿交替练习。（图 9–1–2）

动作要领：由向后伸出右腿的深蹲姿势开始，将右腿收回至两膝靠近时，头、肩、臀同时向右倾，这时用左脚支撑，右脚内侧蹬地，随着身体向右倾倒，支撑腿蹬直，浮脚落在支撑脚的前侧方，每做一次蹬冰动作就向前移动一脚的距离。

图 9–1–2

## （二）冰上基础练习

1. 熟悉冰性练习

（1）穿冰鞋做冰上站立或踏步

站立时用两冰刀支撑，两脚平行与肩同宽，两腿微屈，上体稍前倾，两臂自然下垂；身体重心左右移动，同时抬脚，反复练习。在这个动作的基础上，可做向前提膝的踏步练习。

（2）冰上移动重心和蹲起

冰上站立姿势，使两冰刀平行，身体重心交替落在左右腿上，或用两腿控制冰刀以免前后滑动，做蹲起练习。

（3）两脚成“八”字站立，做向前的外“八”字走

在站立姿势的基础上，两冰刀成外“八”字，重心放在左腿上，随之右脚向前迈一小步，重心落在右腿上，然后左脚向前迈一小步，体重随之落在左腿上，反复练习上述动作。

2. 滑行练习

（1）单蹬双滑

右脚用内刃蹬冰，将重心移到向前滑进的左腿上，右脚蹬冰后迅速与左脚并拢成两脚正刃滑进。左右脚交替进行练习。

（2）单蹬单滑过渡到直道滑行

由外“八”字站立开始，右脚内刃蹬冰，左脚正刃向前滑出，将重心压在滑行脚上惯性滑进，反复交替练习，逐渐过渡到直道滑行。

（3）单蹬弯道

在任意半径的圆弧上做用左脚外刃支撑，右脚内刃蹬冰，身体内倾的单蹬单滑弯道练习。

（4）在圆弧上做不连续的弯道交叉步

在圆弧上直线滑行时，当左脚有稳定的平衡后，右脚冰刀向左脚左侧前迈一小步，只要右脚冰刀有一短暂滑进之后，左脚冰刀迅速从右腿后方收回，同时右脚蹬冰，左冰刀落冰向前滑进。重复练习上述动作。最初时，可插入一两次交叉压步练习，逐渐增加，最后过渡到连续不断地交叉压步滑进。

## （三）弯道模仿

从基本姿势开始，然后身体向左倾，同时右大腿抬起，右脚离地，此时左腿开始伸展蹬地，伸展的同时将右腿压过左腿，左腿伸直时右脚着地，然后收回左腿成开始姿势。这个动作

可反复多次练习。（图 9–1–3）

图 9–1–3

### （四）停止法

**1. 内“八”字停止法**

停止时，上体稍前倾，两腿微屈，两膝内扣，上体后坐，重心向下降，用两冰刀内刃压冰刀，脚跟逐渐分开，成内“八”字。

**2. 内外刃停止法**

两脚并拢，两冰刀平行向左（右）转体 90°，同时后坐，上体前倾，身体向左（右）倾倒，用右冰刀内刃和左冰刀外刃（或相反）逐渐用力压切冰面。

**3. 右脚外刃停止法**

在滑进中，身体逐渐成直立姿势，用右脚支撑，左腿抬离冰面，重心置于右腿上，此时身体与右脚冰刀同时快速向右转动，重心稍下降，身体向右侧倾，用右脚冰刀外刃压切冰面。

## 二、速度滑冰滑行技巧

### （一）直道滑跑

直道滑跑基本技术包括七个技术细节，即滑跑姿势、蹬冰动作、收腿动作、下刀动作、惯性滑进动作、全身配合动作和摆臂动作。

**1. 滑跑姿势**

正确的滑跑姿势是上体前倾，肩稍高于臀部，上体与冰面成 15°～30° 角；膝关节成 90°～110° 角；踝关节成 50°～70° 角；上体放松，两臂伸直，两手自然背后，头微抬起。在整个滑跑过程中，身体重心既不要前探，也不要后坐。（图 9–1–4）

图 9–1–4

**2. 蹬冰动作**

蹬冰是推动速滑运动员向前滑跑的动力，是速滑技术的关键，蹬冰动作完成的好坏，直接影响滑跑的速度。

一次有效的蹬冰动作采用逐渐加大用力的蹬冰方法，由开始蹬冰、最大用力蹬冰和结束蹬冰三个阶段构成。

**3. 收腿动作**

蹬冰腿完成蹬冰动作后，抬离冰面处于支撑并使其成放松状态称为浮腿。将浮腿从蹬冰结束后的侧位拉到后位，由后位到冰刀着冰时的前位动作叫作收腿动作。

**4. 下刀动作**

下刀动作正确与否，直接影响滑进动作和蹬冰动作的质量。一个完整的下刀动作，是从浮腿收回靠近支撑腿的内侧开始，先用冰刀尖外刃着冰，滚动过渡到全外刃着冰，最后过渡到全正刃支撑滑进的过程。

5. 惯性滑进动作

惯性滑进动作是在另一条腿蹬冰结束后，到这条腿蹬冰开始之前，用单腿支撑身体借助惯性向前滑进的动作。

6. 全身配合动作

全身配合动作是实现正确滑跑技术和创造高速度滑跑不可缺少的重要因素，是指臂、上体和两臂等的合理协调配合。

7. 摆臂动作

在滑跑中两臂的摆动是为了增加蹬冰的力量，迅速有效地移动重心，提高滑跑的频率。

摆臂的种类有两种，一种是单摆臂，另一种是双摆臂。单摆臂多用于长距离滑，在短距离和中长距离滑的冲刺阶段多用双摆臂。

## （二）弯道滑跑

弯道滑跑技术分为八个部分，即滑跑姿势、蹬冰动作、收腿动作、下刀动作、惯性滑进动作、全身配合动作、摆臂动作以及进出弯道技术。动作的基本原理、动作的构成和直道滑跑的要求基本相同，其不同点如下。

1. 滑跑姿势

弯道滑跑中采用身体向左倾斜的姿势，这是由圆周运动的特点所决定的。身体倾斜度与弯道半径和速度有密切关系，例如，半径小、速度快，身体倾斜度就大。掌握好身体倾斜度与弯道弧度的关系，是提高弯道滑跑速度的重要因素。

2. 蹬冰动作

弯道蹬冰采用交叉步滑跑，右脚用内刃、左脚用外刃向右侧蹬冰，蹬冰方向要与蹬冰腿滑进的切线相垂直。

3. 收腿动作

弯道滑跑的收腿动作是在右腿结束蹬冰之后，右腿以大腿带动小腿，膝关节领先，与左支撑腿靠近，继续向左侧移动着冰；在浮脚准备着冰时，要使刀尖向右偏离雪线，收右腿时，要以“压收”的方法完成。“压收”就是积极、有力地摆收右腿，并与左腿形成“剪刀”内压的动作。收左腿时要用“拉收”方法，收右腿应比收左腿要快而积极。

4. 下刀动作

弯道的下刀动作很重要，出刀角的大小和惯性滑进动作的好坏，以及能否获得侧蹬冰的条件，是由下刀动作的正确与否决定的，是实现弯道侧蹬冰技术的最基本的技术。

右冰刀收回时，冰刀跟左内压，冰刀尖偏离雪线，以冰刀尖的刃开始着冰，然后滚动到全刃着冰。右腿着冰时，右小腿不要向前摆跨，保持右冰刀跟左冰刀尖的最近距离，并注意膝关节前弓，使下刀的右腿与身体成一个倾斜面；左腿下刀时贴近右腿内侧着冰，开始时左脚外刃着冰，很快滚动至全外刃着冰，冰刀尖偏离雪线，保持小腿向里倾斜并与整个身体的倾斜相一致。

5. 惯性滑进动作

弯道惯性滑进动作比直道短得多，因为弯道滑跑是在圆弧上做切线运动，所以每一个滑步都不能太长，一般占一个单步总长的1/3。弯道滑跑中，左腿支撑惯性滑进动作是以右腿结束蹬冰起，到右腿收到与左腿靠近时为止；右腿惯性滑进动作是从左腿开始收腿起，到左腿冰刀收到右腿的冰刀后方为止。

6. 全身配合动作

目前，弯道技术发展趋势之一就是尽量挖掘身体各部分的动作潜力，创造更大的向前加速度。这主要表现在摆肩动作、摆动收腿动作、摆臂动作和蹬冰动作等的配合上，即随着蹬冰动作的结束，整个身体和肩部沿着新的滑行方向做积极的移动动作，使左腿惯性滑进动作获得更大的冲滑力和稳定的动力平衡。

7. 摆臂动作

弯道摆臂与直道摆臂不同点是，臂摆到后高点时，臂位于体侧；摆向前高点时，臂可以超过身体中线。左臂主要起协调作用。（图 9-1-5）

图 9-1-5

8. 进出弯道技术

入小弯道时，从直道入弯道的最后一步是右腿，从小弯道里侧线 2 ～ 3 米的地方，向弯道里深入；入大弯道时，从直弯道交接处开始，以右腿滑进，从大弯道侧线 1 ～ 2 米的地方向弯道里深入；出弯道时，最后一步以右腿冰刀支撑身体向前滑进，前半步在弯道区，后半步在直道区，头肩向右探，使身体紧压右腿上。出弯道技术应有顺势脱出的特点。

# 第二节 冰 球

## 一、冰球的基本技术

### （一）滑行技术

冰球的滑行方法较多，根据比赛中实际运用情况，基本可以分为向前直线滑行、倒滑、起跑、制动、转弯和滑行转身。

**1. 滑行姿势**

（1）动作要点：上体前倾，两膝弯曲，小腿向前倾向地面，略抬头、挺胸，颈部保持正直。大小腿间夹角为110°，踝关节夹角为75°。

（2）运用：滑行姿势是做好滑行准备，完成各项滑行技术的基础。

**2. 向前直线滑行**

（1）动作要点：向前直线滑行是由两腿交替蹬冰、滑行完成的，当以右腿支撑滑行时，身体要沿着与冰刀刀刃相垂直的方向向左倾倒，并用冰刀内刃用力蹬冰，身体重心逐渐移向左腿。右腿蹬冰结束，冰刀微离冰面移至左脚旁，左腿蹬冰，右腿支撑滑行。

（2）运用：多用于冰球运动的进攻和防守过程。

**3. 制　动**

制动技术包括梨状停和侧身停两种。

（1）梨状停

① 动作要点：梨状停方法简便，易于控制身体平衡。根据行进方向，梨状停分为前滑梨状停和倒滑梨状停。前滑梨状停的动作方法是：结束滑行动作，膝部弯曲，重心后移，刀尖内扣，刀跟向测分开，两刀呈“八”字形，两脚同时用力，用冰刀内刃向前推压切冰停止。

倒滑梨状停的动作方法与前滑梨状停相同，只是重心前移，刀尖向外展开，两刀呈倒“八”字形，以两脚冰刀内刃用力向后推压切冰。

② 运用：主要用于减速、变换方向和防守阻截。

（2）侧身停

① 动作要点：侧身停可用双脚，也可以用单脚。

双脚侧身停的动作方法是：迅速结束滑行动作，身体向滑行相反方向倾斜，身体重心略向上提起，以肩、臀转动带动身体侧转，两刀平行横对滑行方向，身体重心下降的同时两腿用力支撑，前脚以冰刀内刃、后脚以冰刀外刃同时切压冰面停止。注意两脚前后错开4～6厘米。

单脚侧身停可用左脚，也可用右脚；可用冰刀内刃，也可用冰刀外刃。单脚侧身停的动作方法及要求与双脚侧身停相同，只是用单腿支撑完成。

② 运用：侧身停是一种快速停止法，主要用于改变移动方向和摆脱防守。

**4.倒　滑**

（1）动作要点：保持滑行基本姿势，背部挺直，两脚相距同肩宽，单手握杆，杆刃贴放冰面，身体重心移放到蹬冰腿，用冰刀内刃向身体侧前方蹬冰，伴随髋、膝、踝关节伸展，冰刀用力向内扭转，身体重心由蹬冰腿移向滑行腿。

（2）运用：倒滑主要用于防守

**5.起　跑**

（1）动作要点：起跑时身体致力于前倾，刀尖力求向外展开，以冰刀内刃用力向后蹬冰并迅速蹬直，另一脚冰刀微离冰面移放蹬冰脚前，身体重心迅速由蹬冰腿移向摆动腿。起跑步数不宜多（一般 5 ～ 6 步）。

（2）运用：起跑主要用于加速和摆脱防守。

**6.转　弯**

转弯可以分为惯性转弯、压步转弯和一脚支撑一脚连续蹬冰转弯。

（1）惯性转弯

① 动作要点：惯性转弯分为前滑惯性转弯和倒滑惯性转弯。前滑惯性转弯的动作要点是：转弯方向同侧脚迅速移放前面，两脚平行，两刀相距约 20 厘米，身体向转弯方向倾斜，肩向内转，以转弯方向同侧脚冰刀外刃和异侧脚冰刀内刃支撑向转弯方向转动。转弯半径越小身体倾斜越大。

倒滑惯性转弯动作方法、要点和要求与前滑惯性转弯相同，只是在转弯过程中以转弯方向同侧脚领先。

② 运用：惯性转弯动作灵活，转动半径小，主要用于快速改变行进方向。

（2）压步转弯

① 动作要点：压步转弯是运动员在比赛中常用的一种转弯方法，包括前压步转弯和倒滑压步转弯。

前压步转弯时，身体向转弯方向倾斜，转弯方向异测脚用冰刀内刃，同侧脚用冰刀外刃，两脚交替蹬冰、滑行。倒滑压步转弯时，动作方法、要点与前滑压步转弯相同，只是在倒滑中完成，而且收腿时刀跟只是微微提离冰面。

② 运用：在进攻和防守中，运动员既想要改变滑行方向又想较好的保持滑行速度时使用。

**7.滑行转身**

（1）动作要点：滑行转身技术包括前滑转倒滑和倒滑转前滑两种。

前滑转倒滑时，转身时以一脚冰刀前部为轴，重心略向上提起，借助另一脚冰刀离冰前的蹬冰，迅速转体 180°。注意蹬冰要短促、有力，转体动作要快，转体一瞬间重心下降，转体后立即蹬冰。

倒滑转前滑的方法是：向右转体时，右脚以冰刀外刃蹬冰，左脚经由右脚前交叉过去，身体重心移至左脚，右脚冰刀抬离冰面，向右转体转刀。

（2）运用：前滑转倒滑多在防守中采用，倒滑转前滑多在阻截或防守转进攻中使用。

## （二）控球技术

控球是冰球运动一项重要的技术，包括握杆方法、运球、传球、接球和射门。

1. 握杆方法

动作要点：一手掌心向内，握于杆柄末端，距离杆尾 1 ～ 2 厘米；另一手掌心向外，握于杆中上部，两手距离约 40 厘米。左手握于杆中部称左手杆，右手握于杆中部称右手杆。

2. 运　球

冰球的运球技术包括拨球运球、扣球运球、拉球运球、推球运球和冰刀运球。

（1）拨球运球

① 动作要点：拨球运球是将球置于身体一侧脚前方，在用球杆将球拨向另一侧的同时，杆刃迅速抬离冰面，移放在球运行的前面，将球停住后再拨回，连续进行。拨球动作幅度有长有短之分，长拨的距离约 80 厘米，短拨的距离约 40 ～ 50 厘米。

② 运用：冰球运动滑行中控制球时使用。

（2）扣球运球

① 动作要点：单手或双手握杆，将球置于身体切入方向的外侧，用杆刃中后部将球扣住，杆尖向内，杆刃与转弯半径圆弧切线平行并向球倾斜。

② 运用：扣球运球多用于运球切入时使用。

（3）拉球运球

① 动作要点：单手或双手握杆，球置于体侧，杆刃贴放冰面，与行进方向保持 90°，用杆刃的中部拉球行进。

② 运用：拉球运球主要用于摆脱防守和躲避对方队员抢夺。

（4）推球运球

① 动作要点：单手握杆，将球置于身体正前方，球杆贴向冰面，用杆刃底部将球向前推出，每推动一次，杆刃翻转一次。

② 运用：推球运球是在行进方向有较大空间时，为了加快推进速度而采用的一种运球方法。

（5）冰刀运球

① 动作要点：一脚支撑，另一脚冰刀微离冰面，用刀刃内侧将球向前推出，两脚交替进行。

② 运用：冰刀运球是在特殊情况下采用的一种运球方法。

## （三）传球技术

传球技术是实现战术配合的纽带，分为正手传球和反手传球。用杆刃勺面传球称之为正手传球，用另一面则为反手传球。传球包括拉传、挑传、冰刀传，以及击传和利用界面墙传等。

**1. 拉传球**

（1）动作要点：正手拉传球时身体侧对传球方向，两手握杆，将球拨至传球方向异侧脚刀前 70 ～ 80 厘米处，用杆刃后半部将球扣住，两手同时向传球方向拉动球杆，平稳地将球传出，身体重心由传球方向异侧移至同侧脚。

反手拉传球的方法是：握杆的下手一侧肩对准传球目标，将球置于握杆上手一侧前约 80 厘米处，用杆刃中部将球扣住，两臂同时向传球方向拉动球杆将球传出，身体重心由传球方向异侧移至同侧腿。

（2）运用：拉传球是冰球进攻和防守中最常用的一种传球方法。

**2. 挑传球**

（1）动作要点：正手挑传球的方法是：身体侧对传球方向，将球拨至传球方向异侧脚前，用杆刃中部将球扣住，两手在两臂拉动和推送球杆的同时迅速转杆刃将球传出，身体重心由传球方向异侧脚移至同侧脚。

反手挑传球的动作方法是：传球时要将球置于身体的另一侧，用球杆的反面将球扣住，借助肩的转动以及两手的拉动和腕部扭转杆刃将球传出。

（2）运用：用于使球越过防守队员的身体或球杆。

**3. 冰刀传球**

（1）动作要点：一脚支撑，另一脚冰刀微离冰面，用冰刀刀刃的内侧将球传出。

（2）运用：冰刀传球是在球杆和身体失去活动能力时采用的一种特殊传球方法。

## （四）接球技术

接球是保证进攻连续性的重要技术。可分为杆刃接球、杆柄接球、冰刀接球和手接球。

**1. 杆刃接球**

（1）动作要点：杆刃接球依据来球的高度可分为接冰面球和接高空球。接冰面球的方法是：杆刃贴放冰面，横于来球前，用杆刃中部或中后部将球停住。停球的一瞬间杆刃后引，以缓冲来球的力量。当用杆刃接空中球时，要迅速将杆刃移至冰球飞行路线前，球触杆一瞬间两手微微向前扭转杆刃并向下压，将球停落冰面。

（2）运用：在进攻或防守中接停同伴的传球，保证进攻和防守的连续性。

**2. 杆柄接球**

（1）动作要点：接球时握杆中部的手上移，也可以单手握杆或屈膝下蹲，将球杆杆柄横于冰面，将球停住。

（2）运用：主要用于接距离身体较远的球。

**3. 冰刀接球**

（1）动作要点：一脚支撑，另一脚冰刀与来球保持适宜角度，用刀刃将球停住或反弹到杆刃上。

（2）运用：冰刀接球主要是在球传至脚下来不及用球杆时采用的一种方法。

4. 手停球

（1）动作要点：将手移至来球路线前并张开，用掌心将球挡落在身前，或者用手将球抓住后迅速放到冰面上。注意不要使球改变方向或在手里停留，以免造成手传球或手握球。

（2）运用：主要用于接空中球。

## （五）射球技术

射球是冰球运动中重要的进攻技术，可分为拉球射球、挑球射球、击球射球、弹球射球、垫球射球和补射球技术。下面主要介绍前三种技术。

1. 拉球射球

拉球射球技术是中远距离射门经常使用的一种方法。可分为原地拉球射球、行进间拉球射球，可用正手也可用反手。

（1）动作要点：原地正手拉球射球：身体侧对射球方向，将球置于射球方向后脚跟前，用杆刃后半部将球扣住，两臂向射球方向拉动球杆的同时后腿用力蹬冰，上体向射球方向转动，随着两手扭动杆刃的抽压动作将球射出，身体重心由后脚移至前脚。

行进间正手拉球射球动作与原地正手拉球射球相同，只是面对射球方向，球在握杆的下手一侧脚旁。

反手拉球射球与正手拉球射球动作相反，球在握杆的上手一侧冰刀前，用杆刃勺的背面将球射出。

（2）运用：用于中远距离射门得分。

2. 挑球射球

（1）动作要点：射球时身体侧对射球方向，球在射球方向后脚前，用杆刃前部将球扣住，在两手快速向射球方向拉动球杆时，两手腕部急速扭转杆刃，将球挑起，身体重心由后脚移至前脚。

（2）运用：用于中近距离射门得分。

3. 击球射球

（1）动作要点：身体半转向前，肩部对准射球方向，两手握杆距离加宽，球位于身体正前方，球杆先向射球相反方向预摆，然后迅速向球挥击，用杆刃的后部将球击出，身体重心由后腿移向前腿。

（2）运用：多应用于远距离射门得分。

## （六）阻截技术

阻截是重要的防守技术。包括球杆阻截和身体阻截两种方式。

1. 球杆阻截

球杆阻截包括挑杆阻截、压杆阻截、击杆阻截、钩杆阻截及戳杆阻截。

（1）挑杆阻截

① 动作要点：迅速将球杆伸向控球队员球杆下面向上挑起。注意两手握杆要牢固，挑杆一瞬间身体要靠向控球队员，力求将其挤开或逼住，同时不要挑杆过高。

② 运用：球杆阻截主要用于防守抢球。

（2）压杆阻截

① 动作要点：压杆时要将球杆放在控球队员球杆上面，用力下压，使其失去控球能力。压杆时两手要用力，握杆的距离适当加宽，压杆的部位力求选择在对方球杆靠近人的地方。

② 运用：压杆阻截主要用于防守抢球。

（3）击杆阻截

① 动作要点：用杆刃击打控球队员的球杆或球，将球击出。击杆时发力要突然，击打要准确。击打球杆或球的一瞬间不要减速或停止滑行。

② 运用：击杆用于防守抢球。

（4）钩球阻截

① 动作要点：单手握杆，一腿屈膝下蹲，上体竭力向前倾斜，杆刃贴放冰面，在将球杆伸向对方下面的同时，迅速向侧回拉，将球钩向自己。

② 运用：钩球阻截用于防守抢球，可以直接获得球。

（5）戳球阻截

① 动作要点：单手握杆，杆刃贴放冰面，戳球一瞬间手臂迅速伸直，上体前倾，用杆刃底部将球戳出。

② 运用：戳球阻截用于防守抢球。

**2. 身体阻截**

身体阻截是使对方队员失去控球能力的重要方法。包括身体阻挡、身体挤贴和合理冲撞。

（1）身体阻挡

① 动作要点：身体阻挡是利用身体使对方队员同球分离的一种抢球方法。它可以在倒滑中采用，也可以在前滑中采用。倒滑阻挡时，要单手持杆，另一手置于身前，两眼注视进攻队员胸部，根据其身体移动及时变换滑行方向，对方一旦企图绕过，立即用身体阻挡住。前滑身体阻挡时，要双手持杆，迅速滑至进攻队员前面，用身体将其挡住。

② 运用：使对方队员失去控制球的能力。

（2）身体挤贴

① 动作要点：身体挤贴时要有角度地将控球队员逼向界墙，然后用身体将其挤住。为防止对方摆脱，可将一只腿插入其胯下。

② 运用：身体挤贴多用于界墙附近的抢球、防守。

（3）合理冲撞

合理冲撞是冰球运动允许的，包括胸部冲撞、肩部冲撞和臀部冲撞。

① 胸部冲撞

动作要点：胸部对准控球队员，两膝弯曲，两脚开立略宽于肩，上体微向前倾，身体接触对方的一瞬间，两脚用冰刀内刃用力支撑，身体倾向控球队员。

运用：多用于球门前、界墙或防守线附近的防守。

② 肩部冲撞

动作要点：迅速靠近对手，用肩部撞击对方上体。

运用：多用于球门前、界墙或防守线附近的防守。

③臀部冲撞

动作要点：以一脚为轴，借助另一脚冰刀的扭转蹬冰，身体迅速侧转向前，用臀部冲撞对方。

运用：主要是在界墙和防守线附近或在有球队员追逼的情况下采用。

## （七）守门员技术

守门员在冰球队中占有非常重要的地位。其具体的职责是：封锁射门角度、接挡射门球、阻截门后球、处理门前反弹球、指挥比赛、控制比赛节奏和组织反攻。守门员技术包括手接球、持杆手挡球、身体挡球、腿挡球、球杆和冰刀挡球、跪挡以及侧躺挡球等。

### 1. 守门员站立姿势和握杆方法

（1）守门员站立姿势是：两膝弯曲，上体前倾，一手持杆，另一手肘关节微屈，张开手掌，掌心向前，杆刃贴放冰面，置于两脚刀前。守门员在站立中两腿可以并拢，也可以分开，根据个人的特点和习惯选择。

（2）守门员的握杆方法是：手的背面向前，握于杆的上部，食指伸直，贴放于杆柄宽边部分。

### 2. 守门员滑行

（1）动作要点：守门员既要学会前滑、倒滑、起跑和转弯，又要掌握其特有的侧滑技术。守门员侧滑时，根据滑行脚冰刀与行进方向的角度可以分为“T”形移动和两刀平行移动。

“T”形移动的方法是：移动方向的同侧脚冰刀迅速外转，脚内侧向前，两刀呈“T”形，以异侧脚冰刀的内刃蹬冰，同侧脚冰刀支撑向侧滑出。

两刀平行移动的方法是：移动方向同侧脚冰刀微离冰面向侧移动，然后迅速放于冰面，借助异侧脚冰刀内刃强有力的蹬冰，同侧脚冰刀横于行进方向向侧滑出。

（2）运用：侧滑主要用于球门前的左右移动。

### 3. 手接球

（1）动作要点：接球时手张开，掌心向前，迅速移至来球前，当球触手一瞬间，手臂微向后引，借助来球的冲力自然合拢手套。

（2）运用：主要用于防守接球手一侧膝关节以上的射门球。

**4. 持杆手挡球**

（1）动作要点：身体迅速向持杆手一侧移动或倾斜，以肩关节为轴，用手套的背面将球挡出。

（2）运用：主要用于防守持杆手一侧膝关节以上的射门球。

**5. 身体挡球**

（1）动作要点：身体迅速移向来球方向，当球触及身体的一瞬间，略收腹含胸，接球手紧随球后，将其控制在身上。

（2）运用：主要用于防守上体附近的来球。

**6. 腿挡球**

（1）动作要点：两腿并拢，小腿向前倾向冰面，用护腿正面将球挡落在身前，迅速用球杆将球拨向门侧，或者屈膝下蹲，用手或身体将球压住。

（2）运用：主要防守上体附近的来球。

**7. 杆、刀挡球**

根据来球的远近可分为杆挡身前球、杆挡体侧球、弓步杆挡球和冰刀挡球。

（1）动作要点：杆挡身前球的方法是：杆刃贴放冰面，移至来球路线，球触杆一瞬间，杆刃微向后引。

杆挡体侧球方法是：用来球方向异侧脚的冰刀内刃蹬冰，同侧脚向来球方向移出，持杆手以肩带动手臂迅速将球杆移至来球路线前，用杆刃将球挡向门侧。

弓步杆挡球的方法是：用来球方向异侧脚蹬冰，同侧脚刀尖外转，脚内侧向前，膝关节弯曲，用冰刀的外刃沿着弧线滑向来球，并以刀刃的内侧将球挡向门侧。

冰刀挡球的方法是：用来球方向异侧脚冰刀内侧刃蹬冰，同侧腿膝部弯曲，刀尖外转，脚内侧向前，沿着弧线向侧滑出，用冰刀刀刃的内侧将球挡出。

（2）运用：主要用于防守距离冰面 20 厘米以下的射门球。

**8. 跪挡球**

（1）动作要点：迅速降低重心，两膝靠近，两腿呈扇形向两侧分开，腿内侧向下，球杆置于膝前，上体保持正直。为了迅速起立，两脚跟部同时下压，上体略向后移，接着向前，借助于上体的摆动和两腿的下压及收腹提臀，迅速恢复基本站立姿势。

（2）运用：主要用于防守冰面球，可以采用单膝跪，也可以采用双膝跪。

**9. 侧躺挡球**

（1）动作要点：挡球方向异侧腿用冰刀内侧刃蹬冰并迅速下降重心，同侧腿刀尖外转向侧滑出的同时，蹬冰腿迅速后引并在滑出腿下以扫冰动作伸直，身体向侧倒向冰面，两腿上下叠起。

（2）运用：主要用于防守门前近距离射门球。

## 二、冰球战术

冰球比赛中，球队、队员之间及运动员个人为实现统一的目标采取的组织形式和行动手段总称冰球战术。冰球战术由进攻战术和防守战术两部分组成。

### （一）进攻战术

进攻战术依据进攻的形式分为快攻和阵地攻，按照区域则分为守区进攻、中区进攻和攻区进攻。

1. 守区进攻

战术要点：守区进攻的原则是以最快的速度和最少的传球次数出离守区，其要求是：获得球的队员立即摆脱防守，以最快速度确定反击方向，并完成第一传，无球队员积极跑动接应。守区进攻的方法主要有：边锋接应出守区、中锋接应出守区、门后转移出守区、快速运球出守区及将球打出守区。

2. 中区进攻

战术要点：中区进攻的原则是：充分利用配合和球场宽度快速突入攻区，其方法主要有：交叉掩护、长传转移、后卫插上、个人突破以及将球射入攻区。交叉有小交叉、大交叉、横向交叉和纵向交叉。小交叉为 2 人，大交叉为 3 人，横向交叉指锋线间的交叉，纵向交叉则是锋、卫间的交叉。掩护要充分利用身体，使控球队员顺利由身后通过。运球进入攻区必须选择对方防守薄弱的地段并保持快速。

3. 攻区进攻

战术要点：攻区进攻的基本原则是保持纵深队形，积极抢占有利位置，制造射门得分机会。3 名前锋应保持三角形，两名后卫封锁蓝线，这样可以为控球队员提供 4 种传球选择。要充分利用传球调动对方，例如从一侧传向另一侧，由蓝线转移至球门前，通过频繁的转移和交换位置制造突破空隙并迅速将球传向空当形成射门。

### （二）防守战术

冰球的防守战术体系是依据运动员的技术、战术以及身体训练水平和教练员的战术主张而建立的。不同的防守体系对阵形及队员职责有着不同的要求。冰球的防守体系较多，主要有："2–1–2""1–2–2""1–4""1–3–1""1–1–3""2–2–1""3–2""2–3"，这里仅介绍其中最常用的"2–1–2"和"1–2–2"两种。

1."2–1–2"体系

"2–1–2"体系建立在一对一防守的基础上，队员负担均等，攻守转换速度快，能有效地抑制快攻，并可以为抢到球后组织进攻创造有利条件。

在攻区，当球在球门左侧被对方右后卫获得后，距离球最近的左边锋立即逼近对方右后卫抢球，己方右边锋看守对方左后卫，一面封锁对方右后卫的传球路线，一面做好抢球的准备，对方右后卫一旦将球运到球门右侧，立即进行阻截。中锋的职责是看住对方的中锋，并注意场上情况的变化，以便在必要时为边锋以及后卫提供帮助。己方左后卫严密监视对方右边锋，同时封锁对方沿着左边界墙的传球。

在中区，“2–1–2”体系中各位置队员的职责基本不变，由于球多为对方边锋控制，因而边锋在中区的负担不如攻区繁重。一般来说，“2–1–2”中区防守的基本要求是后卫防守边锋，中锋看守中锋，边锋防守后卫，根据球的移动，随时调整防守位置。

在守区，有球一侧后卫紧随对方抢球，另一后卫坚守门前，中锋在中间地带看守对方中锋，两名边锋监视对方两名后卫，无球一侧边锋的位置可以适当后撤，以便在必要时给中锋和后卫提供帮助。

2.“1–2–2”体系

“1–2–2”体系有助于加强防守，形成局部优势，队员职责相对比较简单，体力消耗较小。但缺点是由防守转入进攻较慢。

在攻区丢球后，中锋立即逼近对方控球队员，两个边锋分别看守对方右边锋和左边锋，两个后卫在蓝线附近监视对方中锋。

在中区，中锋继续看守对方后卫，如果对方中锋控制球，则己方中锋就要看守对方的中锋，这样可以保证两个边锋和两个后卫在守区前组成强有力的防线。

在守区，防守边锋继续防守对方的边锋，力求将控制球队员逼向界墙或场角将球抢过来。有球一侧后卫协助边锋，以便在局部形成人数优势，另一个后卫控制门前，中锋防守对方的两个后卫。

## 三、冰球竞赛规则简介

冰球场地

### （一）比赛场地

冰球比赛是在一块长 61 米，宽 30 米，四周设有高 117 ～ 122 厘米的木材或可塑材料制成的界墙的冰面上进行的。

### （二）竞赛规则简介

（1）冰球比赛由两个队参加，每队男子 23 人，女子 20 人，每队上场 6 人，其中包括守门员 1 名。由于冰球运动员的滑行速度快，同时允许用肩、胸、臂部对控制球的队员进行“合理冲撞”，因而场上争夺激烈，体力消耗很大，所以需要 1 分钟甚至几十秒就更换一次场上队员。替换的队员既不必等比赛停止，也不必经过裁判员允许，就可以在比赛进行中随意上下，只要下场的队员脱离冰面和比赛区，替换的队员即可上场。

（2）冰球比赛场赛时 60 分钟，分为三局，每局 20 分钟，局间休息 15 分钟。

（3）比赛中，运动员把球用冰球杆射入对方球门内为射中一球，得 1 分。进攻的一方若将球踢入、扔入、用手打入或用冰球杆以外的东西导入球门，则不算射中。比赛结束后以得分多者为胜。

（4）冰球比赛中，每场比赛在场内有 3 名裁判员，他们也穿冰球刀和运动员一样滑行。其中一名双臂佩戴红袖章的为主裁判员，他主要负责处罚犯规的队员，判进球得分与否，并负责管理全部比赛。另外两名称为边线裁判员，主要负责判定“越位”“死球”，以及除开球以外的一切争球，并协助裁判员工作。在场外工作的还有计时员 1 名、记罚员 2 员、监门员 2 名、记录员 3 名、宣告员 1 名

（5）死球及越位：死球：场地中间的红线把冰场分成二等份，人数相等或人数多于对方的队，从自己半场射球或打球，使球直接越过对方的球门线，即为死球，要在射球队的守区争球点争球。 但有下列情况之一者不判死球：人数少于对方的队打成的死球；球在越过球门线之前触及了对方队员身体的任何部位、冰刀或冰球杆；球在到达球门线之前通过了球门区；球在到达球门线之前能够接着而故意不努力去接，使球越过球门线时。

越位：判定越位是根据冰刀所在的位置而不是冰球杆的位置。当两只冰刀完全越过了决定越位的中线或蓝线时，才能判定越位。越位有两种：蓝线越位：攻队队员在球还未进入对方蓝线前就进入了攻区，此时传球或打球入攻区即造成越位。 造成蓝线越位时，如果球入攻区明显被守队获得，边线裁判员应举手示意“缓吹”，当攻方队员全部退出攻区或守队将球运、传入中区时解除越位继续比赛。 传球越位：当攻队队员将球从自己守区蓝线后传给先于球越过中区红线的同队队员并被其接得时，判为传球越位。

（6）犯规的判罚及处罚：冰球比赛中，运动员不准用冰球杆打人、杆刃戳人、杆柄杵人、横杆推人，用杆勾人、抱人、绊人，膝或肘顶人、踢人，侮辱对方或干扰对方，干扰裁判等，此外也不准用手抓球、故意移动球门、故意射球出界、场上人数过多、高杆击球、投扔球杆等，违者根据犯规的性质与程度，分别给予小罚、队小罚、大罚、违反纪律、取消比赛资格、罚任意球等处罚。

（7）在冰球比赛中，对犯规进行处罚的种类很多，主要的有以下几种。

小罚：犯规队员离场到受罚席受 2 分钟的处罚，该时间内该队场上不得增补人。

队小罚：犯规队派一名队员至受罚席受 2 分钟的处罚，该时间内该队场上不得增补人。

大罚：犯规队员离场到受罚席受 5 分钟的处罚，该时间内该队场上不得增补人。

违反纪律：犯规队员离场到受罚席受 10 分钟的处罚，该队场上可立即增补人。

取消比赛资格：犯规队员离场到更衣室，被停止该场及下一场的比赛资格，该队场上过 5 分钟后方可增补人。

罚任意球：非犯规队的一名队员在没有任何人干扰的情况下单独对对方守门员进行一次攻门。

此外，规则还规定：守门员犯规受小罚、大罚、违反纪律处罚时，应由该队派一名队员代替他受罚；在某队因受小罚而人数少于对方时被对方射中球门，该小罚队员可自动结束受小罚。

# 第三节　滑　雪

滑雪运动是运动员把滑雪板装在靴底上在雪地上进行速度、跳跃和滑降的竞赛运动。滑雪板用木材、金属材料和塑料混合制成。

## 一、雪质判断

一般来说，由于下雪时和下雪后的气象条件不同，雪质会呈现各种各样的形态。有人统计过，大自然中雪有粉状雪、片状雪、雨夹雪、易碎雪、壳状雪、浆状雪、粒状雪、泥状雪、冰状雪等。人工造的雪主要有压实的粉状雪、雪道雪等计 60 种。每种雪在滑雪板下都会使滑雪者产生不同的感受，当然对应每种雪质所使用的滑雪技巧也会不同。

在清晨时，雪质呈现冰状雪形态，表层有一层薄的硬冰壳，这种雪质的表面与滑雪板的摩擦力非常小，滑雪板无须打蜡，滑雪速度很快，滑雪者要有一定的滑行技术。

上午十点以后，随着温度的升高、阳光的照射，雪的表面慢慢融化，呈粉状雪形态，这种雪对滑雪者来说感受最好，不软不硬，滑行舒适。

下午，在阳光的照耀下和雪板的不断翻动下，雪质呈浆状雪形态，雪质发黏，摩擦力增大，初学者在这种雪质上滑雪较容易控制滑雪板。技术好的滑雪者可以在滑雪板的底面打蜡，以减小滑行阻力。

在下了新雪以后，如果不用雪道机搅拌和压实，几天后会在雪的表面形成一层硬壳。在这种雪上滑行，要求滑行者有较大的前冲力，以冲破这层雪滑行。这种雪一般在雪道机无法到达的较高、较陡的高级滑雪道上，所以要求滑雪者有较高的技术水平才能在这种又高又陡、需要较大前冲力的雪面上滑行。

## 二、路　程

应仔细了解滑雪道的高度、宽度、长度、坡度以及走向。由于高山滑雪是一项处于高速运动中的体育项目，看来很远的地方一眨眼就到了眼前，滑雪者不事先了解滑雪道的状况，滑行中一旦出现意外情况，根本就来不及做出反应。

## 三、滑雪装备

滑雪器材主要有滑雪板、杖、靴、各种固定器、滑雪蜡、滑雪装、盔形帽、有色镜、防风镜等。通常滑雪场有器材出租，滑雪者不妨租借。

### （一）滑雪板

（1）按竞技滑雪项目分有回转板、大回转板、超级大回转板、滑降板。

（2）按滑雪水平分有初学者板、中级板、高级板、竞赛板、世界杯用板等。

（3）按雪质分有适于滑硬质雪的板、适于滑粉状雪的板、适于特技的滑雪板等。

（4）按年龄、性别分有男性雪板、女性雪板、儿童雪板等。

滑雪板分单板和双板。一般滑雪板有木质、玻璃纤维和金属之分。玻璃纤维滑雪板适合任何雪质的雪地，而且经过不断发展，融入了很多高科技工艺，混合了木质与铝合金材质，最受滑雪者欢迎。

### （二）滑雪装

滑雪装首先要考虑其防水防风雪的性能，其次是保温透气功能设计，防风设计，填充棉设计等，以舒适合身、不妨碍行动及尽量减少风的阻力为原则。滑雪服已经发展为时尚与功能相融合的产物，不仅仅适合滑雪，平时穿着也很漂亮。

### （三）滑雪靴

单板和双板配合的滑雪靴是不一样的。滑雪靴一般是双层设计，包括外层固定外壳和内层保暖内里。选择的滑雪靴要使人感到即舒适又很合脚，脚趾在鞋中能活动自如，但脚掌、脚背、脚弓、脚跟应能紧紧地被裹住，外壳上的卡子要卡得恰到好处，使踝关节可以向前屈，只有这样才能控制滑雪板和滑雪速度。

### （四）固定器

所有的滑雪板上都有将滑雪靴固定在其上的装置，在滑雪者跌倒时固定器会迅速松脱，是避免滑雪伤害的重要防护器具之一。

### （五）滑雪杖

除跳台滑雪、空中技巧滑雪、单板滑雪外，其他项目都使用雪杖。雪杖是滑雪者控制重心必不可少的一件工具。在选择时，一般以本人手臂下垂后肘部距地面的高度作为选择滑雪杖的长度。初学者可选择长一点的雪杖，待技术提高后，再选择短一些的雪杖。雪杖上要有佩带，它可套在手腕上，防止脱落。雪轮可防止雪杖在雪里插得过深，在高速滑行的瞬间给你一个稳定的支点。

### （六）滑雪眼镜

滑雪眼镜不可少。雪地上阳光反射强烈，容易造成雪盲症，必须戴上雪镜来保护眼睛。镜架以塑胶制品较为安全，镜片颜色以黄色或茶色为佳。初学者可使用TPU材质的镜框和抗冲击的PC镜片，能够起防雾保暖的作用，适合男女成人、儿童使用。

## 四、滑雪需锻炼的部位

### （一）腹　部

腹部是身体的核心肌肉群，是人体上半身和下半身的枢纽部位，做任何事情都需要用腹部的力量，腹部是人体非常重要的核心部位，滑雪也不例外。

### （二）大　腿

滑雪对腿部力量要求高，滑行时有 80% 的力量靠大腿。

### （三）手　臂

滑雪杖起到在运动中平衡身体的作用，而使雪杖发力的是双臂，用手臂的力量来推动身体前行，所以手臂的力量也非常重要。

### （四）臀　部

在滑雪运动中，主要的重心都是在下半身，尤其是臀部，有力量的臀部可保持身体的稳定。

### （五）小　腿

小腿主要是用于“刹车”。如果小腿力量不够，碰到需要“刹车”的情况，可能会导致小腿抽筋。

## 五、滑雪的技术方法

### （一）缓坡上的滑行

1. 雪上行走

穿上雪鞋、固定好雪板后，首先应该进行雪上行走的练习。这里所说的雪上行走是指如同走路一样，但雪板不离雪，而是用板底擦雪面向前滑走，给人的感觉应是边走、边滑、边用雪杖支撑着前进。

动作要领：

雪上行走时上体直立稍前倾，重心适当前移。雪板底不离雪面，边支撑、边滑边走，用雪杖支撑时不是双杖同时推进，而是依次用同摆臂动作相仿的雪杖支撑推动。杖尖支撑雪面的位置应是在平行于对侧脚的后跟部位，向前迈脚时重心要随之前移。

2. 推进滑行

推进滑行既可在平地也可在缓坡上进行。推进滑行时双板平行稍分开，稍屈膝，用双雪杖同时支撑前进。

动作要领：

（1）保持微屈膝，上体前倾，双雪杖同时向前摆动，雪杖尖在体前方着雪。

（2）膝与上体加大前倾，双臂用力向后用雪杖支撑。

（3）雪杖充分后撑，肘臂伸直，重心下降，保持滑行姿势滑进。

（4）收雪杖时重心升起，准备第二次撑杖。

3. 蹬冰式滑行

通过前两项的练习，对雪上行动有了一定的了解和感受后，可以学习一种常用的滑雪基础技术，即蹬冰式滑行技术。

动作要领：

（1）上体稍前倾，膝关节微屈，双板平行与肩同宽，两臂自然弯曲，杖尖在身体侧后方。

（2）左侧板与前进方向成 45° 角，大腿用力向侧后方蹬出。

（3）左脚蹬伸结束后，雪板抬离雪面，重心落在右侧腿上向前方滑行，同时将左脚收回。

（4）右侧脚蹬伸时，动作与左侧脚相同。

注意练习该技术时，重心一定要落在蹬动脚上，然后随着向侧后方的蹬伸，重心逐渐移动到另一侧腿上。

### （二）登　坡

登坡是指滑雪者穿着雪板登上山坡的技术动作，应根据技术水平、雪质、坡度的大小和滑雪者自身情况的不同而采用不同的登坡方法。

登坡从雪痕上可以分为直登坡、斜登坡和“之”字形登坡。

登坡时从雪板的形状上又可分为双板平行（阶梯式登坡）和雪板呈“八”字形登坡（开脚登坡）。

#### 1. 双板平行登坡（阶梯式登坡）

双板平行登坡可适用于各种坡面，登坡者侧对垂直落下线，一边用雪杖协助一边蹬坡。双板平行登坡可直登坡也可斜登坡。

动作要领：

（1）登坡时，向上迈出的板步幅不要太大。迈动时保持双板平行，重心随之向上移动，可用雪杖协助支撑。

（2）用山上侧板外刃刻住雪面后，重心全部移到山上侧腿上。接着山下侧腿向山上侧腿靠拢，并用内刃刻住雪面。

（3）山下侧板内刃刻住雪面后，再进行第二步的登行。

#### 2. “八”字形登坡

“八”字形登坡一般用于缓坡、中坡，登坡者面对登坡方向，垂直向上登行。

动作要领：面对山坡，用两板内刃刻住雪面，身体前倾，向前上方依次迈出雪板。步子不宜过大，防止板尾交叉。迈出雪板时雪杖协助支撑，可用手握住雪杖握把的头，手脚及重心配合一致。在向上登坡时重要的是板内刃刻住雪面和重心的移动。

### （三）原地变向

原地变向是指滑雪者在平地或坡面上处于静止状态时改变方向。初学者只有掌握了原地改变方向之后，才能比较自如地进行各种练习。原地改变方向的方法很多，既有板尾、板尖依次移动展开，逐步改变方向的方法，也有一次能完成较大角度的变向，还有原地跳跃变向。在这里主要介绍一下板尾、板尖依次移动改变方向和 180° 变向的方法。

#### 1. 板尖、尾展开变向

板尖展开变向和板尾展开变向运用于较平坦的雪面。这两种变向方法很相近，也被称为原地踏步变向。

动作要领：无论板尖展开变向还是板尾展开变向都要注意雪杖的位置，板尖展开变向时雪杖支撑位置应在体后，而板尾展开变向时雪杖支撑位置应在体前。雪板展开距离不宜过大，应随着对雪板的适应逐渐加大展开的距离。在展开雪板时，体重要明显地放在支撑腿上，重心的移动要快。

2.180° 变向

该变向多用于中坡、陡坡，因一次变向可转 180° ，所以该技术具有相当的实用价值。180° 变向的特点是变向速度快。

该变向动作还可分为前转 180° 变向和后转 180° 变向。把前转 180° 变向动作由结束部分依次向开始部分相反进行，即为后转 180° 变向。下面介绍一下前转 180° 变向的动作。

动作要领：

（1）双板平行站立，两杖在体前支撑。

（2）右腿支撑体重，左板向前抬起直立，双杖在体侧支撑。

（3）上体左转的同时，直立的左板以板尾为中心向左侧下方转并着地。

（4）在放左板的同时，左雪杖移至右板外侧支撑。

（5）重心移至左腿，右板和右雪杖抬起，移至与左板平行。

（6）两雪杖支撑在体前侧。

## （四）停止法

初学者从坡上滑下一般都可能是越滑越快，若坡下是平地或是上坡，对初学者都是最理想的。即使是较理想的场地，有时也可能会发生突发事件，此时则要求滑雪者必须立即停止滑行。因此，掌握了停止方法对保证自己或是他人的安全、增强对雪板的控制能力、学习其他技术动作都是有益的。

停止的方法实际上是通过增大雪板与雪的摩擦力来对速度进行控制，直至停止。减速或停止是使雪板与前进方向成一定的角度或完全横对前进方向的同时，通过增大立刃的程度来加大摩擦力而完成。

停止的方有很多，下面介绍一种非常简单的犁式停止法。

动作要领：

（1）重心稍后移，形成稍后坐姿势的同时两板板尾蹬开（两板呈前窄后宽的八字形），加大立刃，两板内刃逐渐加大刮雪力量。

（2）逐渐加大板尾向外侧的立刃和蹬出力量，直至停止。

# 第四节 冬季体育锻炼的注意事项

北方的冬季寒冷期长，如果冬季各学校不进行室外的体育活动，势必会影响学生的身体素质，因此必须加强北方学校学生的冬季体育锻炼活动。冬季体育锻炼不仅可以提高学生身体的一般健康水平，而且可以提高身体的抗寒能力；冬季体育锻炼还有励志的功效，即培养学生的勇敢精神，磨炼其克服困难的意志，健全其人格。另外，冬季体育锻炼还可改变青少年的不良遗传属性，有效提高学生的心肺功能。

## 一、冬季体育锻炼的预防措施

冬季在户外进行体育活动能增强机体的御寒能力，提高神经系统对体温的调节能力，使机体在气温变化时能主动适应环境，及时地调动生热机能，维持体温恒定，提高身体对寒冷环境的适应能力。同时，冬季在户外进行锻炼能增强机体的抗病能力，增强体质。

### （一）注意保暖

进行户外体育锻炼时应穿着便于运动的服装，服装要求在隔热的同时又能保证汗液的蒸发；应穿多层衣服，以便随时增减。当做好充分的准备活动，身体开始微微出汗后再脱去保暖的衣服。体育锻炼结束后，有条件的要换上干衣服，没有条件可以擦干汗液，迅速穿上保暖衣服。

### （二）做好充分的准备活动

随着天气的寒冷，人们的肌肉、肌腱和韧带等组织的弹性和灵活性降低，黏滞性增强，再加上服装厚重，做动作就更不灵活和随意了。体育课的准备活动如果不充分，教学效果就不理想，学生也很容易受伤。准备活动可以提高体温，提高体内的代谢水平，为在寒冷的环境中运动做好充分的准备。

### （三）预防冻伤

冬季室外锻炼时，身体外露部分要使用御寒用具，如手套、棉帽等；鞋袜要保暖、合适，不要因过紧而影响血液循环，要保持鞋袜干燥，注意保温，避免肢端冻伤。

### （四）合理分配体力

在进行长时间体育锻炼时要维持一定的运动强度，保证身体的正常产热，避免长时间地静止不动。

### （五）循序渐进

要充分考虑自己的身体状况和运动能力，切忌过高估计自己的实力，盲目提高运动强度或延长运动时间。

### （六）及时补充能量

早上进行体育锻炼前应补充一定的能量（如热果汁、含糖饮料等），在进行长时间的野外活动时应携带充足的食品或高能量的便携食品（如巧克力等），避免在野外活动过程中由于气温过低、能量消耗过大而引起体温下降，危及生命。

### （七）结伴而行

不要单独进行长时间户外运动，尤其是进行野外活动（如滑雪、滑冰等）。一旦身体感到不适，应及时呼救。

## 二、冬季体育锻炼的营养

在冬季参加体育锻炼对于促进身体健康、提高心肺功能有非常大的益处。但是冬季气候寒冷，在这样的环境下参加体育锻炼，机体为了抵抗寒冷，需要消耗更多的能量物质。研究表明，冬季低温的环境能使人的基础代谢增加 5%～7%。另外，防寒服的重量也增加了人体的负担，使体力消耗增加。如果不注意冬天锻炼的营养补充，就很容易出现营养缺乏，导致疲劳的产生，甚至生病。所以冬季学生体育锻炼时应更加重视营养的补充。

### （一）蛋白质的补充

蛋白质是机体组织细胞的基本成分，骨骼、肌肉和内脏等组织器官的生长都需要大量的蛋白质。青少年正处于生长发育期，按单位体重计算，对蛋白质的需求量最多。而冬天的体育锻炼可使人体内的蛋白质代谢增加。随着温度的降低，蛋白质代谢产热的量增加，尤其是谷氨酰胺的消耗增加。谷氨酰胺是肌肉和血液中含量最多的氨基酸，它为免疫细胞快速提供能量，同时也是合成核苷的重要原料。一旦体内的谷氨酰胺缺乏，就容易导致免疫机能下降，人也就容易生病；此外，谷氨酰胺也有促进生长激素合成的功能，而生长激素是青少年生长发育的重要调节激素，谷氨酰胺的长期缺乏也会间接影响青少年的生长发育。冬季学生参加体育锻炼需要注意补充优质的蛋白质，但是补充过量的蛋白质会增加肝脏的负担，所以补充蛋白质不能过量，而以优质蛋白为主，同时也可以补充蛋白质复合剂。冬季锻炼，蛋白质的摄入量应占总摄入量的 15%～20%，一般要求优质蛋白质至少占摄入蛋白质总量的 1/3。

### （二）碳水化合物的补充

碳水化合物的主要功能是提供能量。此外，碳水化合物还以糖脂、糖蛋白的形式在体内发挥多种作用。碳水化合物中的膳食纤维，有刺激肠蠕动和排便、预防便秘和结肠癌的作用。人体在抵抗寒冷的过程中，首先利用血糖、肝糖原和肌糖原等碳水化合物氧化产生热能，然后才动员脂肪氧化。所以在冬季参加体育锻炼会消耗大量的碳水化合物，要注意多补充主食，保证碳水化合物的供应，保证主食的摄入量占总摄入量的 60%～65%。建议多食用米饭、面粉制品等谷类食物，土豆、甘薯等薯类食物，香蕉等水果中碳水化合物含量也较高。

### （三）水、无机盐和维生素的补充

寒冷情况下，由于代谢加强和出汗、尿液较多等原因，一些矿物质损失增大。较容易丢失的无机盐主要是钠和钙。可适当增加食盐的摄入，注意多补充富含钙的食物，如奶制品、虾皮等。蔬菜和水果也应当适量供给，以补充矿物质。运动中大量出汗，应及时补充水分。补水应遵循少量多次的原则，避免一次性大量饮用。饮料的温度不能太低，25℃～30℃比较理想。饮料中还应该含有一定浓度的糖，对维持血糖稳定起到一定的帮助。建议饮用运动饮料，它含有合适浓度的糖和无机盐，对迅速补充消耗很有帮助。在寒冷的环境中，饮水与摄入食物的量成正比，饮水少，摄入的食物也少，往往导致体重的下降。寒冷的情况下维生素的补充，一般比平时多30%～50%，包括维生素$B_1$、维生素$B_2$、烟酸等，还有与抗寒有关的如维生素C、维生素A以及维生素D。必要时，可服用复合维生素制剂。

### （四）微量元素

体育锻炼会消耗锌、铁等微量元素，使胃、肠的吸收率下降，机体代谢率加快，从而导致儿童、青少年对微量元素的需要增加。研究显示，冬季人体的吸收和合成能力下降会导致血红蛋白的降低。而调查同样表明，儿童、青少年的贫血率很高。所以，冬季学生参加体育锻炼，必须注意铁的补充，选择含铁量较高的食物（如猪肝、黑木耳、海带等），同时也可以服用铁吸收率高的复合剂，对于补充铁不足、防止缺铁性贫血有很大帮助。

# 第十章

# 大球运动

## 第一节　篮　球

篮球运动

### 一、篮球运动基本技术

#### （一）传接球

传接球是指篮球比赛中队员之间有目的地转移球，是组织进攻配合和实现战术的基础。

1. 持　球

正确的持球姿势是一切传球技术动作的前提。持球时，双手自然分开，拇指相对成“八”字形，用指根以上部位握住球的两侧后下方，手心空出，两臂弯曲，肘关节下垂，持球于胸前。（图 10–1–1）

图 10–1–1

2. 双手胸前传球

动作要点：手臂伸向传球方向，后脚蹬地，身体重心前移，两手腕下压、外翻，快速地抖腕、拨指将球传出。出球后，手心和拇指向下，其余手指向前。（图 10–1–2）

运用：常用于快速传球推进、阵地进攻时外围队员转移球，以及不同距离的传球。双手胸前传球便于同投篮、突破等技术结合运用。

3. 双手头上传球

动作要点：两手握球于头上，前臂稍前摆，利用手腕和手指短促、快速地抖动将球传出。

运用：多用于高个队员转移球给中锋或传给切入篮下的队员。在抢到后场篮板球后，为避免对方封堵，可跳起用双手头上传球。

4. 双手反弹传球

动作要点：与双手胸前传球基本相同，两臂向前下方用力，腕、指快速抖动传球。球的

击地点和力量大小要以球反弹后接球队员能顺利接到球为宜。(图 10-1-3)

运用：多用于向内线传球、突破分球、快攻一传和结束段的传球。

图 10-1-2

图 10-1-3

5. 单手肩上传球

动作要点：以右手传球为例。传球前，左脚向前跨半步，向右转体将球引至右肩侧上方。传球时，上体向左转动并带动肩肘，前臂快速前摆，扣腕，手指用力将球传出。(图 10-1-4)

运用：多用于中远距离传球。在抢到防守篮板球后快攻第一传和接应队员把球传给跑向篮下的队员时，经常运用单手肩上传球。

6. 单手胸前传球

动作要点：持球方法与双手胸前传球相同。传球时，传球手的前臂快速前伸，手腕急促前扣，手腕、手指用力将球传出。(图 10-1-5)

运用：用于近距离和快速传球。如果与防守队员较近，可以突然将球从防守队员头顶或耳旁传过。单手胸前传球便于和双手胸前投篮、运球突破结合运用。

图 10-1-4

图 10-1-5

7. 单手反弹传球

动作要点：单手反弹向前传球的手法与单手胸前传球基本相同，只是手臂向前下方用力，球击地后，反弹给同伴。

运用：这是小个子队员对付高大队员的传球方法。向内线队员和向空切篮下队员传球时，也多用此种传球方式。

## (二) 投　篮

投篮是篮球运动中一项关键技术。队员多在移动中接球，利用假动作、时间差，或改变方向，或紧贴对手投篮。投篮应与突破、传球等技术相结合，投篮方式多、变化多、出手点高。

**1. 原地双手胸前投篮**

动作要点：双手持球于胸前，肘关节自然下垂，上体稍前倾，两腿微屈。投篮时，两脚蹬地，腰腹伸展，两臂向前方伸出，手腕同时外翻，最后用拇指、食指和中指将球投出。

运用：此投篮方法能够充分发挥身体和臂部力量，适用于远距离投篮，女生运用得较多，罚球中也常用此方法。其特点是握球牢，便于与突破、传球相结合。

**2. 原地单手肩上投篮**

动作要点：以右手投篮为例，右手五指自然分开，向后屈腕、屈肘，持球于肩上；左手扶球，右脚在前，左脚在后，重心放在两腿之间，上体稍前倾，两腿微屈。投篮时，两脚用力蹬地，腰腹伸展从下向上发力，同时提肘且手臂向前上方充分伸展，最后通过食指、中指指端将球投出。球出手后，手腕前屈，手指向下。（图 10-1-6）

图 10-1-6

运用：适用于中远距离投篮。其特点是出手点高，变化多，较为灵活。

**3. 行进间单手高手投篮**

动作要点：以右手投篮为例，接球和运球上篮时，在右脚跨出一大步的同时，双手持球，左脚紧接着跨出一小步，用力蹬地起跳。当身体接近最高点时，右手手指向后，掌心向上，托球的下部向球篮的方向伸臂，食指、中指以柔和力量拨球，将球从指端投出。（图 10-1-7）

运用：多在快攻和切入篮下时运用。这种投篮的优点在于出手点高，易用身体保护。

图 10-1-7

**4. 行进间单手低手上篮**

动作要点：以右手投篮为例，接球和运球上篮时，在右脚跨出一大步的同时，双手持球，左脚紧接着跨出一小步，用力蹬地起跳，腾空时间要短。当身体接近最高点时，右手手指向前，掌心向上，托球的下部向上伸展。当接近篮筐时，食指、中指、无名指以柔和的力量向上拨球，将球从指端投出。（图 10–1–8）

运用：在快攻、突破中已经超越对手时，多用低手上篮。它具有伸展距离长、出手点离篮筐近的特点。

图 10–1–8

5. 原地跳起单手肩上投篮

动作要点：以右手投篮为例，投篮时屈膝降低重心，两脚掌用力蹬地向上起跳。同时双手举球至肩上，右手托球，左手扶球的左侧方。当身体接近最高点时，左手离球，右臂向前上方伸展，手腕用力前屈，通过食指、中指力量将球投出。球出手后，手指、手腕自然前屈。落地时，屈膝缓冲。（图 10–1–9）

运用：当防守队员离持球队员较近时，持球队员运用传球、突破等假动作，诱使防守队员失去重心而突然起跳投篮。

6. 急停跳起投篮

接球急停跳起投篮动作要点：移动中跳起腾空接球后，两脚同时或先后落地，脚尖对篮筐，两膝弯曲，迅速跳起投篮，投篮出手动作同原地跳起单手肩上投篮。（图 10–1–10）

图 10–1–9

图 10–1–10

运球急停跳起投篮动作要点：运球过程中及时降低重心，用跨步急停或跳步急停，持球屈膝跳起投篮，投篮出手动作同原地跳起单手肩上投篮。（图 10–1–11）

运用：进攻队员向篮下移动中接球或运球突破时，利用防守队员向后移动防守的惯性，果断运用急停跳投，可达到良好的效果。

图 10-1-11

## (三)运 球

持球队员在原地或移动中用单手连续按拍和迎引从地面反弹起来的球叫运球。运球是篮球比赛中个人控制球、支配球和突破防守的重要手段，是组织全队进攻配合的桥梁。

1. 高运球

动作要点：抬头，目视前方，上体稍前倾，以肘关节为轴手按拍球的后上方，球的落点在身体的侧前方，球的反弹高度在腰胸之间。

运用：多用于快速直线推进，如从后场向前场推进、快攻接应后的快速推进、摆脱防守接球后加速运球上篮等。

2. 低运球

动作要点：抬头，目视前方，两膝深屈，身体半蹲，重心下降，上体前倾，手按拍球的后上部，球的落点在身体侧面，球的反弹高度在膝部以下。

运用：在防守密集、接近防守队员或防守队员抢球时，可运用低运球。

3. 运球急停急起

动作要点：快速运球中运用两步急停，同时按拍球的前上方，用臂、身体和腿保护球，目视前方。急起时，后脚（异侧脚）用力蹬地，上体迅速前倾，手按拍球的后上方，快速起动，加速超越对手。（图 10-1-12）

运用：当运球队员被防守得很紧时，可利用运球急停—急起—急停的速度变化，摆脱对手。

图 10-1-12

4. 体前变向换手运球

动作要点：运球队员在防守队员右侧变向时，用右手按拍球的右侧后上方，使球反弹至

左手外侧，右脚迅速向左前跨步，向左侧转体探肩，及时换手继续向前运球。（图 10–1–13）

运用：当防守队员堵截运球队员进攻路线或运球队员运球接近防守队员时，为了摆脱和突破对手，可运球体前变方向。

图 10–1–13

5. 运球后转身

动作要点：以右手运球为例，右手运球后转身时，把球运到身体后侧，按拍球的右侧前上方，左脚向前跨一步，以左脚的前脚掌为轴，右脚用力蹬地后撤做后转身动作，同时右手向后拉球，然后换左手运球。（图 10–1–14）

运用：当运球队员向防守队员一侧突破被堵截，而且与对手距离较近又无法改用变方向运球时，可用运球后转身从另一侧突破。当运球队员从防守队员右侧突破时，可先主动靠近防守队员左侧，然后用运球后转身突破。

图 10–1–14

6. 运球背后变方向

动作要点：运球队员在防守队员右侧变向，变向前开始运球时，要把球控制于身体右侧后方，左脚前跨，右手按拍球的侧后方，球经身后拍到左前方，右脚迅速前跨，换用左手运球继续前进，也可用胯下换手运球。

运用：当防守队员堵截运球队员，而且与运球队员距离较近时，运球队员为了突破对方而主动靠近对手后，可以运用运球背后变方向。

## （四）持球突破

持球突破是持球队员运用脚步动作与运球技术的结合快速超越对手的一项攻击性很强的进攻技术。

1. 原地持球交叉步突破技术

以左脚为中枢脚，从防守队员右侧突破。两脚左右开立，两膝微屈，持球于腹前。突破前，先做瞄篮或其他假动作，突破时，右脚内侧蹬地，并向左前方迈出一大步，上体左转，右肩向前下压，将球引至左侧，在左脚离地前，用左手推拍球于迈出脚的侧前方。同时，左脚用力蹬地，迅速超越对手。（图 10-1-15）

图 10-1-15

2. 原地持球同侧步突破技术

以左脚为中枢脚，从防守队员左侧突破。准备姿势与原地持球交叉步突破相同。突破时，左脚内侧蹬地，右脚迅速向防守队员左侧跨出，上体稍右转，同时探肩，重心前移。在左脚离地前，用右手推拍球于右脚的侧前方。同时，左脚用力蹬地，加速超越对手。

3. 跳步急停持球突破技术

跳步持球前，应根据自己与防守队员的位置、同伴的传球方向调整好准备姿势，向前或向侧面跳步急停。接球时，要向来球方向伸臂迎球。同时，用一脚蹬地，向前或向侧跃出，在空中接球（一般使用移动方向异侧脚），然后两脚前后或平行落地，两腿微屈，体重落在前脚掌上。根据防守队员情况，用交叉步或同侧步超越。

## （五）抢篮板球

篮球比赛中，抢篮板球是获得控球权的重要手段之一。一个球队对抢篮板球技术掌握的好坏对在比赛中的主动与被动、胜利与失败有着很重要的影响。抢篮板球的要点如下。

（1）当对方或同伴投篮时，必须想到可能不中，要积极地抢篮板球。

（2）防守时抢篮板球，必须把对手挡在外面。挡人方法有以下两种。

· 前转身挡人：当对手与你的距离稍远、动作很快时，用前转身挡人，前转身挡人比后转身快，但占据面积小。

· 后转身挡人（图 10-1-16）：对方离身体较近，为抢占较大面积，多用后转身挡人。后转身挡人应注意：① 必须贴紧对方，最好用臀部、腰部顶住对方；② 挡住人以后，稍停 1 秒，再冲到篮下去抢篮板球，因为中距离投篮时，一般球在空中运行 1 ～ 2 秒；③ 要冲到篮下抢占投篮方向的对面，因为球碰到篮圈后，有 70%的概率反弹后会落在对面。到篮下立即屈臂，两臂要张开，占据较大空间，腿和腰及全身要用力起跳。要求技术动作力量强，起跳迅速，即使被对方冲撞也不能失去平衡，仍然能跳起来。抢前场篮板球时，只要能挤进一条腿、一只手臂，就要跳起来拼抢。只要手指触到球，就要用力抓紧、下拉，以便控制住球。在空中要转身观察同伴的接应情况，并抓住球，保护好球，将球举到头上，不要拿在胸前。落地同时要向边线一侧后转身，同时观察接应同伴所处位置，以最快的速度一传。一传出手后，借后转身的动作把和自己争抢篮板球的对手挡在后面，立即起动快跑跟进参加快攻。

图 10–1–16

## 二、篮球运动基本战术

### （一）进攻战术

1. 传切配合

传切配合是进攻队员之间利用传球和切入技术组成的简单配合。配合要点是切入队员要善于掌握时机，持球队员要及时、准确地将球传出。

示例：④传球给⑤后，立即摆脱对手的防守，向篮下切入，接 ⑤ 的回传球投篮。（图 10–1–17）

2. 掩护配合

掩护配合是进攻队员有目的地去选择最适当的位置，运用合理的技术动作，用身体挡住同伴防守者的移动路线，使同伴借以摆脱防守的一种配合。（图 10–1–18、图 10–1–19）

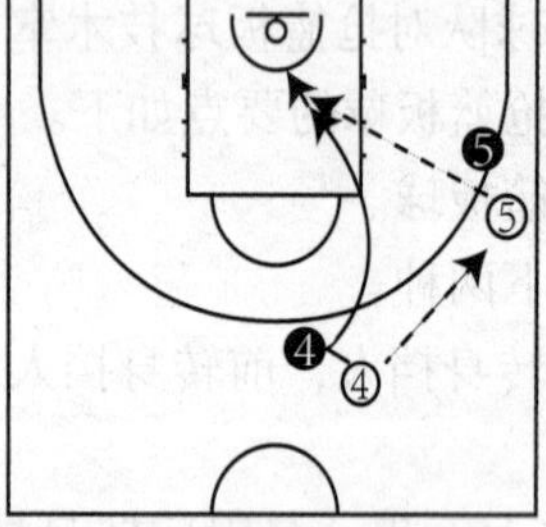

图 10–1–17

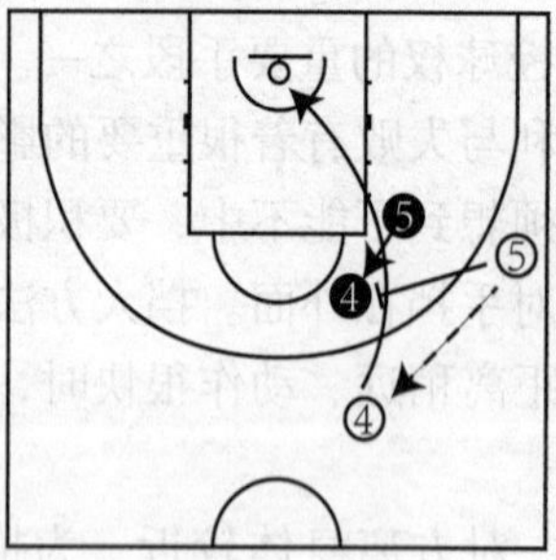

图 10–1–18

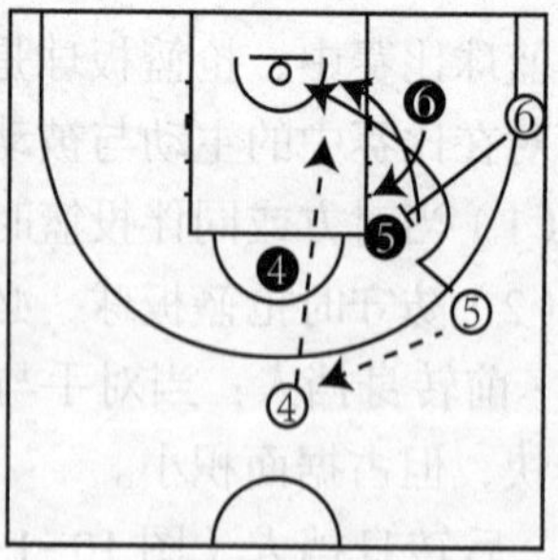

图 10–1–19

3. 突分配合

突分配合是持球队员运用突破打乱防守部署或吸引防守，并及时将球传给同伴，使同伴获得进攻机会的配合方法。

如图 10-1-20 所示：⑤ 从防守者的左侧突破，并吸引❹上来和❺“关门”防守。此时④ 及时跑到有利的进攻位置上去接 ⑤ 传来的球投篮或做其他进攻配合。

**4. 策应配合**

策应配合是指进攻队员背对或侧对篮筐接球后，与同伴相互配合而形成的里应外合的进攻方法。

如图 10-1-21 所示：⑤ 将球传 ④ 后，向底线做切入的假动作，突然摆脱❺跑到罚球线后接 ④ 的回传球做策应。④ 传球后摆脱❹跑到 ⑤ 面前接④ 的传球跳投或上篮。

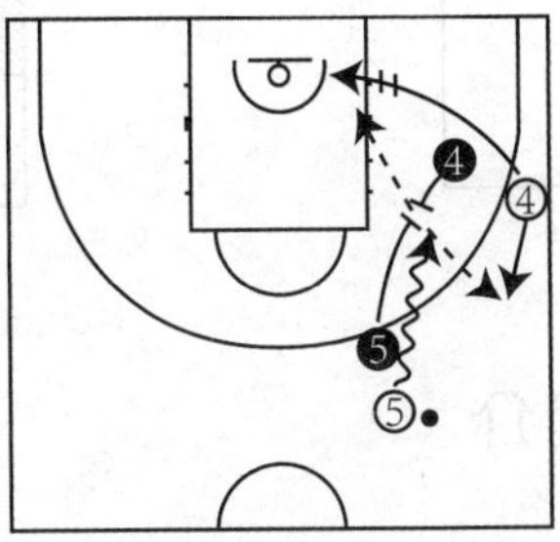

图 10-1-20

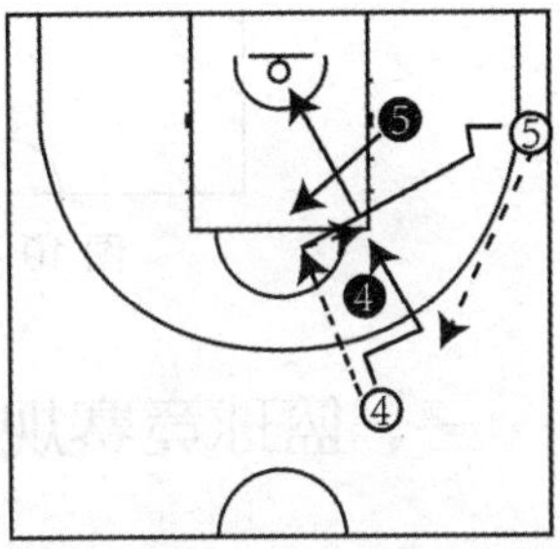

图 10-1-21

## （二）防守战术

**1. 半场人盯人防守**

半场人盯人防守是由攻转守时，全队有组织地退回后半场，每个防守队员盯住一个进攻队员，同时协助同伴完成集体防守任务的全队防守战术。它的特点是防守任务明确，机动灵活，能有效地控制对方进攻重点，但它容易被进攻队在局部击破。防守的基本要求是根据对手、球和篮筐来选位，以盯人为主，近球紧，远球松，积极移动，抢占有利位置，破坏对方进攻配合，加强防守的集体性。

防持球队员时，要逼近对手，积极干扰对手的投篮、传球和运球，不让对手持球任意行动。防无球队员时，应切断对手接球路线和防止对手空切篮下，及时调整位置，人球兼顾，注意协防。

**2. 区域联防**

区域联防是一种半场防守的全队战术，是指由攻转守时，防守队员退回半场，每人分工负责防守一个区域，严密防守进入该区域的球和进攻队员，并与同伴协同防守的集体防守战术。它的基本要求是在分工负责防守区域基础上，5 个队员必须协同一致，积极随球移动，以防球为主，人、球兼顾。

防持球队员时，要按人盯人防守的要求。防无球队员时，离球近的防守队员要抢占有利的防守位置，减少对手在有威胁的区域内接球的机会，同时还要协助同伴进行“关门”“补防”等防守配合。离球远的防守队员要防其“背插”“溜底线”。

“2–1–2”联防是区域联防的基本形式。5 个队员的位置分布均匀，移动距离短，便于相互协作。“2–1–2”联防适用于防守外围运球突破和夹击中锋，同时也便于控制后场篮板球发动快攻（图 10-1-22）。防守的薄弱环节是防区的衔接处，即图 10-1-23 中的阴影部分。

图 10-1-22

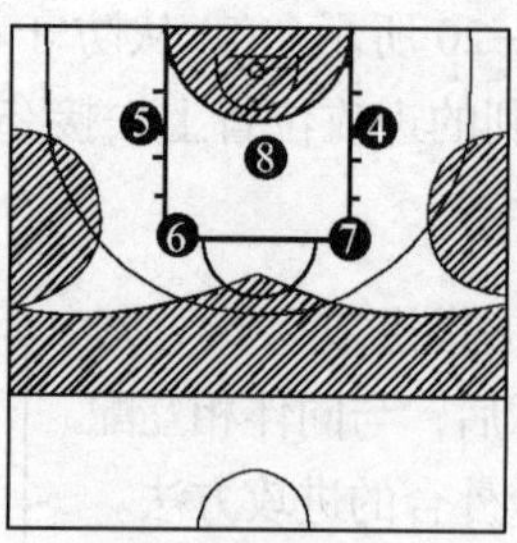

图 10-1-23

## 三、篮球竞赛规则简介

### （一）比赛场地及器材

**1. 篮球比赛标准场地的规格**

篮球比赛在一块平坦坚实且无障碍的长 28 米、宽 15 米（从界线的内沿丈量）的长方形上进行，如图 10-1-24 所示。

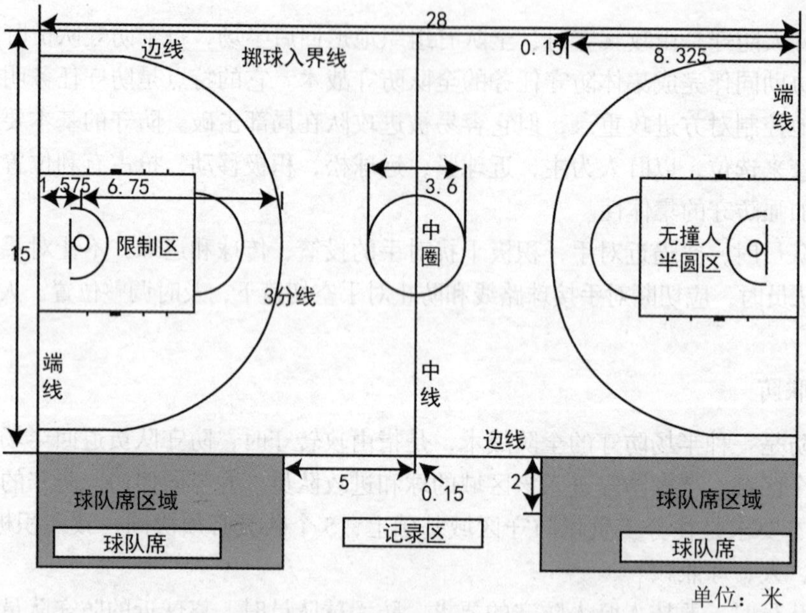


图 10-1-24

**2. 国际比赛标准用球**

篮球是圆形的，为认可的橙色，按惯例应有八瓣成型的镶片。球的外层为皮革、橡胶或合成物。球面的接缝或槽的宽度不得超过 0.00635 米。成年男子用球为 7 号球，其圆周为 0.749 ～ 0.780 米，重量 567 ～ 650 克。成年女子用球为 6 号球，其圆周为 0.724 ～ 0.737 米、重量 510 ～ 567 克。充气后球从 1.80 米高度（从球的底部量起）落到球场地面上，反弹高度在 1.20 ～ 1.40 米（从球的顶部量起）。

## （二）竞赛规则简介

### 1. 比赛时间、比分相等和决胜期

（1）比赛应由 4 节组成，每节 10 分钟。

（2）在预定的比赛开始时间之前，应有 20 分钟的比赛休息期间。

（3）在第 1 节和第 2 节（上半时）之间，第 3 节和第 4 节（下半时）之间，以及每一决胜期之前，应有 2 分钟的比赛休息期间。

（4）两个半时之间的比赛休息期间应是 15 分钟。

（5）一次比赛休息期间开始于：①预定的比赛开始时间之前 20 分钟；②结束一节或决胜期的比赛计时钟信号响时。

（6）一次比赛休息期间结束于：①第 1 节开始，在跳球抛球中，当球离开主裁判员的手时；②所有其他节和决胜期的开始，当掷球入界队员可处理球时。

（7）如果在第 4 节比赛结束时比分相等，比赛有必要再继续若干个 5 分钟的决胜期来打破平局。

（8）如果一起犯规发生在比赛休息期间，在下一节或决胜期比赛开始之前应执行最后的罚球。

### 2. 违例及其罚则

违例是违反规则的行为。其罚则是判发生违例的队失去控制球权，由对方在违例的地点就近掷球入界。

（1）运球违例

队员第一次运球结束后不得再次运球，除非在两次运球之间由于下述原因他已在场上失去了控制活球：① 投篮；② 球被对方队员触及；③ 传球或漏接，然后球触及了另一队员或被另一队员触及。

（2）带球走违例

下列情况为带球走违例。

① 当一个持活球队员在传球或投篮过程中，球离手前中枢脚落回地面时。

② 在运球开始当球离手前中枢脚提起离开地面时。

③ 当一个持活球队员跌倒后持着球滚动或试图站起来时。

关于中枢脚的确定：静止间双脚着地接球，可用任一只脚作为中枢脚，若一只脚提起瞬间则另一只脚为中枢脚；移动中合法接球停步，若双脚同一节拍停步（跳步急停），可用任一只脚为中枢脚，若两只脚先后着地合法停步（跨步急停）则以先着地的脚为中枢脚；若队员接球一只脚落地后，再跳起此脚并双脚同时着地，则两只脚都不是中枢脚。

（3）3 秒违例

① 某队在前场控制活球并且比赛计时钟正在运行时，该队的队员不得在对方队的限制区内停留超过持续的 3 秒。② 队员在下列情况中应被默许：他试图离开限制区；他在限制区内，当他或他的同队队员正在做投篮动作并且球正离开或恰已离开投篮队员的手时；他在限制区内已接近 3 秒时运球投篮。③ 为证实队员自身位于限制区外，他必须将双脚置于限

制区外的地面上。

（4）队员出界和球出界：① 在球出界，以及球触及了除队员以外的其他物体而出界之前，最后触及球或被球触及的队员是使球出界的队员；② 如果球出界是由于触及了界线上或界线外的队员或被他所触及，是该队员使球出界；③ 在争球期间，如果队员移动到界外或他的后场，一次跳球情况发生。

**3. 犯规及其罚则**

（1）侵人犯规。

侵人犯规是：无论在活球或死球的情况下，攻守双方队员发生的非法身体接触的犯规。

队员不应通过伸展手、臂、肘、肩、髋、腿、膝、脚或将身体弯曲成"不正常的姿势"（超出他的圆柱体）去拉、阻挡、推、撞、绊对方队员，或阻止对方队员行进；也不得放纵任何粗野或猛烈的动作去这样做。

① 如果对没有做投篮动作的队员发生犯规：由非犯规的队在最靠近违犯的地点掷球入界重新开始比赛。如果犯规的队处于全队犯规处罚状态，则应判给未做投篮动作的队员 2 次罚球，代替掷球入界。② 如果对正在做投篮动作的队员发生犯规，应按下列所述判给投篮队员若干罚球：如果出手投篮成功，应计得分并追加一次罚球；如果从 2 分投篮区域的出手投篮不成功，2 次罚球。

（2）技术犯规。

技术犯规是没有身体接触的犯规，行为种类包括但不限于：① 无视裁判员的警告；② 与裁判员、技术代表、记录台人员、对方队或允许坐在球队席的人员讨论和/或交流中没有礼貌；③ 使用很可能冒犯或煽动观众的粗话或手势；④ 戏弄或嘲讽对方队员；⑤ 在对方队员眼睛附近挥手或手保持不动妨碍其视觉；⑥ 过分挥肘；⑦ 在球穿过球篮之后故意地触及球，阻碍迅速地掷球入界或罚球以延误比赛；⑧ 伪造被犯规；⑨ 悬吊在篮圈上，致使队员的重量由篮圈支撑，除非扣篮后，队员瞬间抓住篮圈，或者根据裁判员的判断，他正试图防止自己受伤或另一名队员；⑩ 在最后一次的罚球中防守队员干涉得分，应判给进攻队得 1 分，随后执行登记在该防守队员名下的技术犯规罚则。

· 如果判罚队员技术犯规，应作为队员的犯规登记在该队员名下，并计入全队犯规中。判罚球队席人员，应登记在主教练名下，并不计入全队犯规次数中。应判给对方队员 1 次罚球。

（3）违反体育运动精神的犯规。

违反体育运动精神的犯规是一起队员身体接触的犯规，并且根据裁判员判定，包含：①与对方发生身体接触并且不在本规则的精神和意图的范畴内努力比赛；②在尽力抢球或在与对方队员尽力争抢中，造成与对方队员过分的严重身体接触；③一起攻防转换中，防守队员为了中断进攻队的进攻，与进攻队员造成不必要的身体接触。该原则在进攻队员开始他的投篮动作之前均适用；④一起对方队员从正朝着对方球篮行进的队员身后或侧面与其造成的非法接触，并且在该行进队员、球和对方球篮之间没有其他队员，该原则在进攻队员开始他的投篮动作之前均适用；⑤在第 4 节和每一决胜期比赛计时钟显示 2:00 分钟或更少，当掷球入界的球在界外并且仍在裁判员手中，或掷球入界队员可处理时，防守队员在比赛场内对进攻队员造成身体接触。

当登记了一名队员 2 次违反体育运动精神的犯规或 2 次技术犯规，或一次技术犯规和一次违反体育运动精神的犯规时，应该取消他本场剩余比赛的资格。

4. 其他一般规定

（1）队员被登记犯规次数累计 5 次后，他必须立即离开比赛，并在 30 秒钟内被替换。

（2）全队犯规：在一节中（任一决胜期应被认为是第 4 节的继续）某队全队的犯规次数累计达 4 次时，该队是处于全队犯规处罚状态，所有随后发生的对未做投篮动作的队员的侵人犯规应被判 2 次罚球（但控制球队队员犯规除外）。

# 第二节 排 球

排 球

## 一、排球运动基本技术

### （一）准备姿势

为了完成各种技术动作而采取的合理的身体姿势称被为准备姿势。一般按照身体重心的高低，排球准备姿势可分为半蹲准备姿势、稍蹲准备姿势和低蹲准备姿势三种。（图 10-2-1）

1. 半蹲准备姿势

动作方法：两脚左右开立稍比肩宽，一脚稍前，两脚脚尖内收，脚跟稍提起。膝关节保持一定的弯曲，膝关节的投影在脚尖前面。上体前倾，重心靠前。两臂放松自然弯曲，双手置于腹前。全身肌肉适当放松，两眼注视来球，两腿始终保持微动。

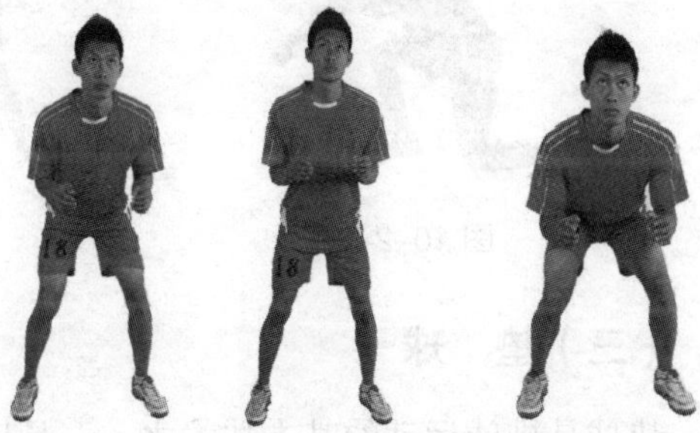

半 蹲　　稍 蹲　　低 蹲

图 10-2-1

2. 稍蹲准备姿势

动作方法和“半蹲准备姿势”基本相同，仅身体重心稍高。

3. 低蹲准备姿势

动作方法：低蹲准备姿势比半蹲准备姿势的身体重心更低、更靠前，两脚左右、前后的距离更宽一些，膝部弯曲程度更大一些；肩部投影过膝，膝部投影过脚尖，手置于胸腹之间。

### （二）移 动

从起动到制动的过程为移动。移动的目的主要是及时接近球，保持好人与球的位置关系，以便击球。移动由起动、移动步法和制动三个环节组成。

1. 起　动

起动是移动的开始，它是在准备姿势的基础上，变换身体重心的位置，破坏准备姿势的平衡，使身体向目标方向移动。

动作方法：根据场上的情况，采取不同的准备姿势，有利于随时改变移动方向和迅速移动。以向前起动为例，在正确准备姿势的基础上，迅速向前抬腿收腹，使上体向前探出，同时后腿迅速用力蹬地，使整个身体急速地向前移动。

2. 移动步法

起动后应根据临场技战术的需要，灵活地采用各种移动步法进行移动。

（1）并步与滑步

动作方法：如向前移动，则后腿蹬地，前脚向来球方向跨出一步，后腿迅速跟上做好击球准备。连续并步就是滑步。

（2）跨步与跨跳步

动作方法：如向前移动，则后腿用力蹬地，前脚向来球方向跨出一大步，膝部弯曲，上体前倾，身体重心移至前腿上（图 10–2–2）。跨步过程中有跳跃腾空即为跨跳步。

（3）交叉步

动作方法：以向右交叉步为例，上体稍向右转，左脚从右脚前面向右交叉迈出一步，然后右脚再向右跨出一大步，同时身体转向来球方向，保持击球前的姿势。（图 10–2–3）

图 10–2–2

图 10–2–3

## （三）垫　球

垫球是排球运动的基本技术之一，是比较简单易学的一种击球动作。按动作方法，可分为正垫、背垫、半跪垫球、前扑垫球、肘滑垫球、滚翻垫球、鱼跃垫球、侧卧垫球、单臂滑行铲球、单手垫球和挡球等 10 多种。

1. 准备姿势

准备姿势的高低应根据来球位置的高低、角度以及队员腿部力量的大小来决定，在不影响快速起动的前提下，重心应适当降低，有利于双手插到球下，同时也便于低垫高挡。

2. 手　型

正面双手垫球的基本手型有互靠式、叠掌式和抱拳式，但无论采用哪种手型都应该注意手腕下压，两臂外翻。（图 10–2–4）

3. 触球部位

触球部位在腕关节以上 10 厘米左右的桡骨内侧平面。（图 10-2-5）

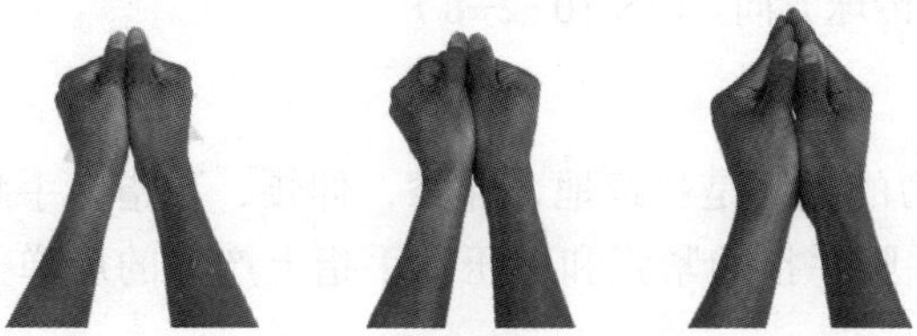

图 10-2-4

图 10-2-5

4. 击　球

击球点保持在腹前一臂距离，便于控制用力大小、调整手臂击球角度，以及控制球的落点和方向。

5. 用　力

击球的用力方法和大小应根据来球的力量、弧度不同而有所变化。垫球的用力顺序是：由下肢蹬地，提肩、顶肘、压腕的动作去迎击来球，身体重心要随球前移，两臂在全身协调动作的配合下伴送球。（图 10-2-6、图 10-2-7）

图 10-2-6

图 10-2-7

## （四）传　球

传球是排球运动的基本技术之一，是组织战术的基础。它的种类很多，主要有正面传球、背传、侧传、挑传和晃传等。这里主要介绍正面传球。

1. 准备姿势

稍蹲姿势，面对来球，双手自然抬起，放松，置于脸前。

2. 迎　球

当球下降至额前时，蹬地伸膝，伸臂，两手向前上方迎击来球。

3. 击　球

击球点在额前上方一球距离处，有利于看准来球和控制传球方向。

4. 手　型

两手自然张开成半球形，两拇指相对成“一”字形；用拇指内侧、食指全部、中指二三关节触球；无名指和小指在两侧辅助控制传球方向。（图 10-2-8）

5. 用　力

传球动作是全身协调用力。传球用力的顺序是：蹬地，伸膝，伸腰，手指、手腕屈伸（图 10-2-9）。最重要的是利用伸臂、手腕手指的紧张和球压在手指上产生的反弹力将球传出去。

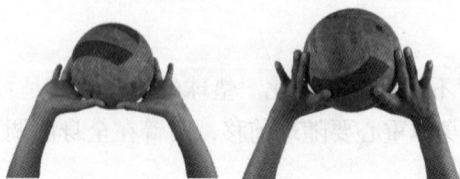

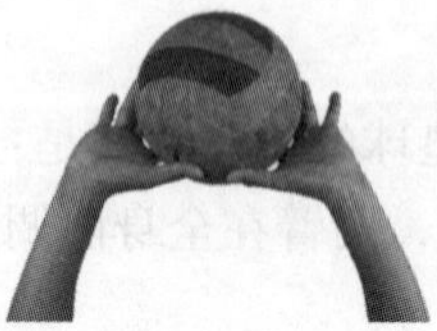

图 10-2-8

图 10-2-9

## （五）发　球

发球是排球运动基本技术之一，发球技术种类较多，一般有正面下手发球、侧面下手发球、正面上手发球、正面上手飘球、勾手飘球和勾手大力发球等。

1. 正面下手发球（图 10-2-10）

这种发球动作简单易学，但球速慢、力量小、攻击性差，适用于初学者。

图 10-2-10

（1）准备姿势：发球前，面对球网，两脚前后开立，左脚在前，两膝微屈，上体前倾，重心偏后脚，双手持球于腹前。

（2）抛球：左手将球平稳地抛在体前右侧，离手一球多高的高度。

（3）击球：在抛球的同时，右臂伸直，以肩关节为轴向后摆动。击球时，右腿蹬地，身体重心随着右手的向前摆动前移，在腹前用掌根击球的后下部。重心随击球动作前移，迅速进场比赛。

2. 正面上手发球（图 10-2-11）

（1）准备姿势：面对球网站立，两脚自然开立，左脚在前，双手持球于体前。

（2）抛球：左手将球平稳地垂直抛于右肩的前上方，上体稍向右侧转动。

（3）挥臂击球：上体向左转动，迅速收腹带动手臂向前上方挥动，伸直手臂，用全掌击球的后中部。

图 10-2-11

3. 正面上手飘球

这种发球不旋转，但球会不规则地向前飘晃飞行，使接发球队员难以判断球的飞行路线和落点。这种发球由于面对球网站立，便于观察对方，控制发球方向。上手飘球的成功率高，攻击性强，在各种水平比赛中普遍采用。

（1）准备姿势和抛球动作：同“正面上手发球”。

（2）挥臂击球：基本同“正面上手发球”，但是在手触球时，五指并拢，手腕稍后仰，用掌根平面击球的后中下部。击球瞬间，手指手腕保持紧张，手型固定，用力要突然、短促。击球结束，手臂要有突停动作。

4. 勾手飘球

这种发球的飞行特点和“正面上手飘球”基本一致，只是由于发球队员侧面站立，可以充分利用腰部扭转带动手臂加速挥动。这种发球比较省力，但动作较复杂。

（1）准备姿势：左肩对网，两脚自然开立，左手持球于体前。

（2）抛球：左手将球平稳地抛在左肩前上方约一臂高。重心右移，右臂自然向侧后摆动。

（3）挥臂击球：右脚蹬地，上体左转发力，带动伸直的手臂向前挥动，手臂做直线运动。击球瞬间如同“正面上手飘球”。

5. 勾手大力发球

这种发球具有力量大、速度快、弧线低和球的旋转速度快的特点。

（1）准备姿势：左肩对网，两脚自然开立，两膝微屈，双手持球于体前。

（2）抛球：：同“勾手发飘球”。

（3）挥臂击球：右腿用力蹬地，利用转体动作带动手臂做直臂弧形挥动，在右肩前上方手臂的最高点击球。击球手型如同“正面上手发球”。

## (六)扣　球

1. 近网扣球

对距网 50 ～ 100 厘米的二传球进行扣击为近网扣球。近网扣球时，由于靠近球网，扣球人要注意垂直起跳，起跳后，挺胸抬臂，主要是利用含胸的动作发力，以肩为轴向前挥动手臂，加强屈肘甩腕动作，以全掌击球的后中上部，击球点不宜靠后。击球时，手掌包满球，手腕快速抖动，击球后手臂顺势收回，以防止手触网。(图 10−2−12)

图 10−2−12

2. 远网扣球

对距网 150 厘米以外的二传球进行的扣击为远网扣球。远网扣球时，由于远离球网，扣球人可以充分利用收腹，加大手臂挥击动作，增加扣球力量。击球瞬间，手腕推压动作要明显。

3. 调整扣球

调整扣球是指在一传不到位时，由二传调整传球到网前进行的一种进攻方法。调整扣球技术与正面扣球技术动作相同，但由于球从后场传来，因而，扣调整球助跑前要撤到边线以外，以便观察来球情况，选择准确的助跑、起动时机和起跳位置。扣球时，根据球与网的距离，灵活地运用近网扣球或远网扣球的不同手法。

4. 扣快球

扣快球是指扣球队员在二传队员传球前或传球的同时起跳，把球扣入对方场区的一种扣球方法。这种扣球速度快，时间短，突然性强，牵制性大，能在时间上和空间上争取主动。快球分为近体快球、背快球、短平快球、背短平快球、平拉开球、半快球、调整快球和单脚快球等。

5. 自我掩护扣球

自我掩护扣球是用自己各种快球的假动作来掩护自己实扣的半高球进攻。

(1)时间差

扣球队员以逼真、甚至夸大一点的动作，佯做快球或短平快球的起跳，但实际并未跳起，以欺骗对方拦网队员起跳，待拦网者下落时，再迅速原地起跳扣半高球或小弧度球，造成佯装扣球和实际扣球时间上的差异，即为“时间差”扣球。“时间差”造成扣球与拦网在时间上的差异，从而使扣球成功地摆脱拦网。常用的“时间差”扣球有：近体快球“时间差”、背快球“时间差”、短平快“时间差”和背溜“时间差”等。

（2）位置差

扣球队员按原来扣球的时间助跑，在助跑后佯做踏蹬动作、下蹲与摆臂动作明显的起跳扣球，但助跑后不起跳，待对方队员拦网起跳时，突然变向侧跨出一步，动作幅度、挥臂幅度要小，速度要快，用双足或单足“错”开拦网人的位置起跳扣球，即为“位置差”扣球。常用的“位置差”扣球有：短平快球向 3 号位错位扣、近体快球向 2 号或 4 号位错位扣、背快球向 2 号位错位扣等。

不管采用哪种错位扣球都应注意两点：第一，按原来各种快球的时间助跑、踏跳下蹲、制动和摆臂，动作要逼真；第二，变向跨步起跳时，动作应连贯，摆臂应幅度小、速度快。

（3）空间差

扣球队员利用助跑的冲力和专门的踏跳技术，使身体向前上方跃出，把正面盯人拦网的对手甩开，使扣、拦在空中出现差误，即为“空间差”扣球，也叫冲飞扣球。常用的“空间差”扣球有：佯扣快球而冲跳向二传人背后扣小弧度球的“背飞”、佯扣前快球而侧身向左起跳追击扣球的“拉三”以及佯扣短平快球而侧身向左起跳追击扣球的“拉四”。

## （七）拦 网

拦网是排球运动的基本技术之一，是指队员在球网上空拦阻对方击来的球。（10-2-13）

图 10-2-13

**1. 准备姿势**

面对球网，两脚平行开立约同肩宽，距网 30 ～ 40 厘米，两膝微屈，两臂自然弯曲置于胸前。随时准备起跳或移动。

**2. 移　动**

（1）滑步移动：相距 2 米左右时可采用滑步移动。连续的并步移动即是滑步。

（2）并步移动：这种移动适合于近距离使用。动作方法是单脚向右（左）迈一步，另一脚并步靠拢。

（3）交叉步移动：向右移动时，身体稍向右转，重心移向右脚，接着左脚从右脚前面向右交叉一大步，然后右脚再向右边跨出一步，右脚落地时，脚尖内转，使两脚平行站立，身体正对球网。移动时，也可右脚先向右迈一小步，其他动作与上述相同。

（4）跑步移动：向右移动时，身体先向右转，左肩对网，顺网跑至起跳点时，左脚跨出一步制动，右脚再向前迈出一步，同时脚尖内转，尽量使双脚保持平行，接着屈膝起跳。

**3. 起　跳**

起跳时，重心降低，两膝弯曲，弯曲程度因人而异，两脚用力蹬地，两臂在体侧划小弧用力上摆，带动身体向上垂直起跳。起跳后稍收腹，控制身体平衡。拦网起跳的时间必须掌握好，应根据对方二传球的高低、远近、快慢，以及扣球队员的起跳时间和动作特点来决定。拦高球时，一般应比扣球队员晚跳；拦快球时，可以和扣球队员同时起跳或提前起跳。

**4. 空中击球**

起跳同时，两手从额前贴近并平行球网，向网上沿的前上方伸出，两臂伸直，前臂靠近网，两手尽量伸向对方上空接近球，两手自然张开，屈指、屈腕成“勺”形。两手之间距离不能超过一个球，以防止球从两手间漏过。当手触球时，两手要突然紧张，手腕要用力下压盖住球的上方。

**5. 落　地**

如已将球拦回，则面向对方，屈膝缓冲，双脚落地。如未拦到球，在身体下落时要随球转身向着球飞出的方向准备做接应救球。

**6. 拦网的判断**

判断是拦网技术的关键环节，在拦网的全过程中都贯穿着判断能力。应从以下几个方面进行判断：判断对方的战术打法；判断对方一传情况；判断对方二传的方向、弧线、速度和落点；判断对方扣球队员的助跑方向、起跳的时间，以及起跳后人与球的关系和空中挥臂击球动作。同时，还要判断对方扣球队员的个人技术特点。

## 二、排球运动基本战术

排球战术可分为个人战术和集体战术。集体战术又分为进攻战术和防守战术两大部分。

### （一）进攻战术

**1. 阵容配备**

阵容配备是指合理地搭配场上队员，充分发挥每个队员的特长和作用的一种组织手段。主要的配备有“四二”配备和“五一”配备两种形式。

（1）“四二”配备

两个二传手安排在对称位置上，其他 4 人为两个主攻手，两个副攻手，分别站在对称的位置上。（图 10-2-14）

（2）“五一”配备

5 个进攻队员和 1 个二传队员的配合（图 10-2-15）。这种配备，适于攻防兼备、技术较全面的队采用。二传队员的对角位置应配备 1 名接应二传，以弥补二传队员来不及去传球的缺陷。

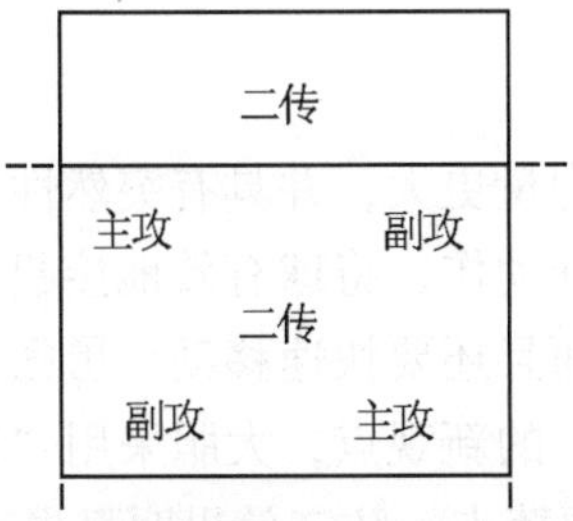


图 10-2-14

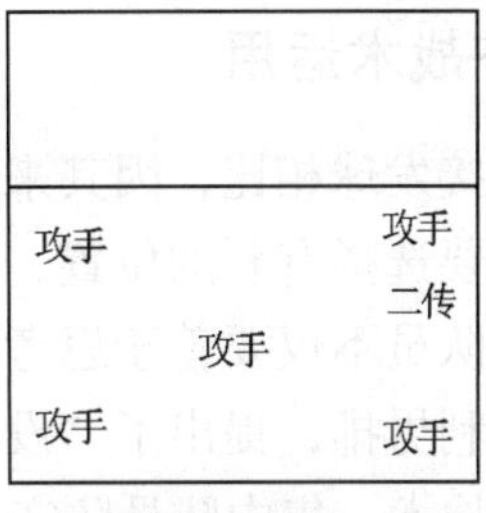


图 10-2-15

2. 进攻阵型

进攻阵型主要有“中一二”“边一二”和“插上”等战术形式。

（1）“中一二”进攻阵型

由③号位队员作二传，④号或②号队员进攻的形式称为“中一二”进攻战术阵型（图 10-2-16）。这种战术简单易学，适合于技术水平较低的队采用，其缺点是两点进攻、战术变化少。

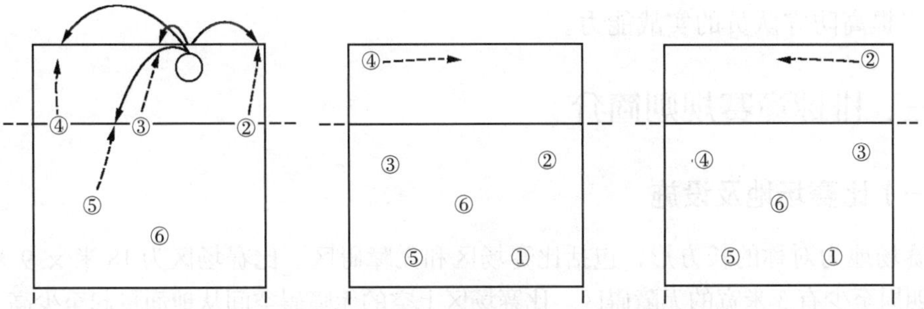


图 10-2-16

（2）“边一二”进攻阵型

由②号位队员作二传，③号或④号位队员进攻的形式称“边一二”进攻战术阵型（图 10-2-17）。此战术简单易学，可进行较多的战术变化。

（3）“插上”进攻阵型

由后排队员插到前排作二传，组成的进攻形式叫“后排插上进攻战术”阵型（图 10-2-18）。这种战术的特点是可以保证前排有三点进攻，而且可以组织多种战术，是当今排球主要进攻战术形式之一。

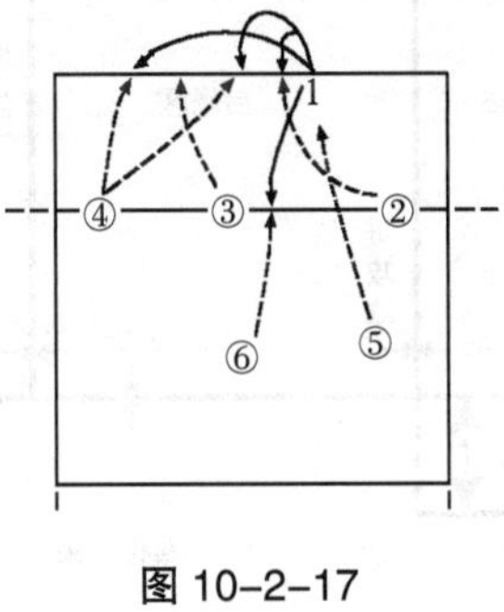


图 10-2-17

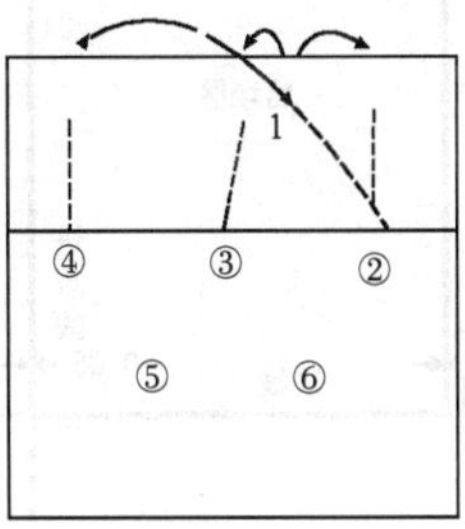


图 10-2-18

### （二）防守战术运用

防守垫击与接发球相比，因其来球速度更快、力量更大，并具有突然性，因此，其难度较大。防守队员要选择有利的位置，采用合理的击球动作，将球有效地接起来，组织各种进攻。优秀的防守队员不仅要善于思考，判断准确，而且还要快速移动，勇猛扑救。多次获得世界冠军的意大利男排，提出了“没有防不起的球”的新观点，大胆采用“拦—防”配合式的“活点防守”战术，集中队员防守对方进攻的主要落点，防守效果明显提高。

防守战术运用时，主要是判断进攻点并合理取位，拦、防配合，进行有针对性的防守。

防守战术训练：教练员或扣球队员模拟不同线路的扣球，打、吊结合，以强化防守队员及时判断、取位和运用各种防守技术的能力。充分利用规则，加强“自由人”防守能力的练习，并对对方的进攻重点区域进行有针对性的防守，以最大限度地发挥“自由人”防守的优势，带动整体防守水平的提高。

利用拦网与后排布防的灵活变化，以拦网队员的战术变化为轴心，进行“拦—防”配合练习，提高后排防守的防起率。结合发球、拦网和扣球等环节，模拟比赛的节奏进行防守练习，以提高防守队员的实战能力。

## 三、排球竞赛规则简介

### （一）比赛场地及设施

比赛场地为对称的长方形，包括比赛场区和无障碍区。比赛场区为 18 米 × 9 米的长方形。其四周至少有 3 米宽的无障碍区。比赛场区上空的无障碍空间从地面量起至少高 7 米，其间不得有任何障碍物。国际排联、世界和正式比赛，比赛场区边线外的无障碍区宽应 5 米，端线外的无障碍区宽应 6.5 米。比赛场地上空的无障碍空间至少高 12.5 米。（图 10–2–19）

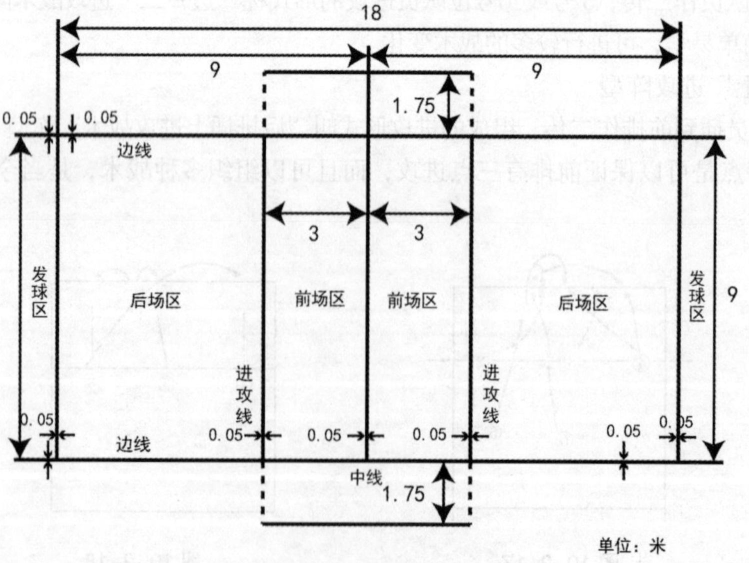


图 10–2–19

### （二）队员的替换

每一局每队最多可替换六人次，在一次换人中可以同时替换一人或多人。替补队员每局只能上场比赛一次，若某一队员受伤不能继续比赛，则必须进行合法的替换。如果不可能进行合法替换，可采取特殊的替换。若某队员被判罚出场或取消比赛资格，则必须进行合法的替换。如果不可能进行合法替换，则判该队阵容不完整，判对方胜一局。

### （三）比赛间断

正常的比赛间断为暂停和换人。在比赛成死球时，裁判员鸣哨发球前，教练员或场上队长用相应的手势请求间断。一次或两次暂停可以与双方的各一次换人相连续，中间无须经过比赛过程。同一队未经过比赛过程不得连续提出换人的请求，但在同一次换人请求中可以替换两名或更多的队员。一次暂停的时间为 30 秒，但在世界性比赛中，采用技术暂停的方法，即在比赛中，当比分至 8 分和 16 分时，便为技术暂停，时间为 1 分钟，在每局中，球队还有两次暂停的机会，时间为 30 秒。暂停时，比赛队员必须离开比赛场区到球队席附近的无障碍区。

### （四）球队的击球

比赛中，队员与球的任何触及都视为击球。 每队最多击球 3 次（拦网除外）将球击回对区，如果超过则判为“4 次击球”。

（1）连续击球。一名队员不得连续击球两次（另有规定除外）。

（2）同时击球。两名或 3 名队员可以同时触球。同队的两名（或 3 名）队员同时触到球时，被记为两次（或 3 次）击球（拦网除外）。如果只有其中 1 名队员触球，则只记 1 次。队员之间的碰撞不算犯规。两名不同队的队员在网上同时触球，比赛继续进行，获球一方可再击 3 次。如果该球落在某方场区之外，判对方击球出界。如果两名不同队的队员在网上同时触球并造成短暂停留，则比赛继续进行。

（3）借助击球。队员不得在比赛场地之内借助同伴或任何物体支持进行击球。但是队员可以挡住或拉住另一名即将犯规（如触网、过中线等）的同队队员。

### （五）犯　规

#### 1. 队员在球网附近的犯规

（1）对方进攻性击球前或击球时，在对方空间触及球或对方队员。

（2）从网下穿越进入对方空间并干扰对方比赛。

（3）队员的双脚（单脚）全部越过中线进入对方场区。

（4）队员干扰比赛有下列情况（但不限于）：击球行为触及标志杆及标志杆以内球网任何部分；利用球网进行支撑或稳定身体；造成了对本方有利；妨碍了对方合法的击球试图；拉网/抓网。

任何运动员靠近球击球或准备击球，不管是他/她能否击到球都是击球行为。但是，队员身体触及标志杆以外的球网，不算犯规（另有规则除外）。

2．发球时的犯规

（1）发球犯规：下列犯规应判为发球犯规，即使对方位置错误。发球队：发球次序错误；没有遵守“发球的执行”的规定。

（2）发球击球后的犯规：球被发出后出现以下情况仍为发球犯规（除非位置错误）：球触及发球队队员或球的整体没有从过网区通过球网垂直平面；界外球；球越过发球掩护。

3．击球时的犯规

（1）4 次击球：一个队连续击球 4 次。

（2）借助击球：队员在比赛场地内借助于同伴或任何物体的支持进行击球。

（3）持球：球被接住和/或抛出，而不是被弹击出。

（4）连击：一名队员连续击球两次，或球连续触及身体不同部位。

4．进攻性击球的犯规

（1）在对方空间击球。

（2）击球出界。

（3）后排队员在前场区完成进攻性击球，并且击球时球的整体高于球网上沿。

（4）在前场区内对高于球网上沿的对方发球完成进攻性击球。

（5）自由防守队员对高于球网上沿的球完成进攻性击球。

（6）队员在高于球网处，对同队自由防守队员在前场区用上手传出的球完成进攻性击球。

5．拦网犯规

（1）在对方进攻性击球前或击球的同时，在对方空间完成拦网。

（2）后排队员或自由防守队员完成拦网或参加了完成拦网的集体。

（3）拦对方的发球。

（4）拦网出界。

（5）从标志杆以外伸入对方空间拦网。

（6）自由防守队员试图进行个人或参加集体拦网。

# 第三节　足　球

足　球

## 一、足球运动基本技术

足球技术是指运动员在足球比赛中所采用的合理行动和动作方法的总和。其主要包括踢球、停球、头顶球、抢截球、假动作、掷界外球和守门员技术等。

## （一）踢　球

踢球动作一般由助跑、支撑脚站位、踢球腿的摆动、踢球脚的触球部位和踢球后的随摆等要素组成。

**1. 脚内侧踢球**

脚内侧踢球常用于踢定位球，直接踢各方向来的地滚球和空中球，也可用脚内侧蹭球。

动作要领（定位球）：直线助跑，支撑脚落在球的侧后方 15 厘米左右，膝微屈，踢球腿以髋关节为轴，膝外转约 90°，脚尖翘起与地面平行，同时踢球脚不得高过于球，由后向前摆动，用脚内侧（三角面）触球的后中部。踢空中来球时，大腿抬起，小腿拖后，脚内侧对准出球方向，利用小腿的向前摆动平敲击球的后中部。（图 10–3–1）

**2. 脚背正面踢球**

脚背正面踢球常用于踢定位球、空中球、反弹球及倒勾球。

（1）踢定位球动作要领：踢定位球时，直线助跑，最后一步稍大并积极踏地，支撑脚在球的侧后方 10 ～ 15 厘米，脚尖正对出球方向，膝微屈；同时踢球腿向后摆起，膝微屈。在支撑脚着地的同时，以髋关节为轴，大腿带动小腿由后向前摆，在膝盖摆至球正上方的一刹那，小腿加速前摆，脚背绷直，脚趾扣紧，以脚背正面击球的后中部。踢球后腿继续前摆。（图 10–3–2）

图 10–3–1

图 10–3–2

（2）踢反弹球动作要领：踢反弹球时，要准确判断球的落点、时间及反弹路线。支撑脚踏在球的侧方，脚尖与身体都对准出球方向，在球落地的一刹那，踢球腿的小腿迅速前摆，当球将要反弹离地时，以脚背正面踢球的后中部。

（3）踢侧身空中球动作要领：踢侧身空中球时，首先要判断好球的路线和确定好击球点，使身体侧对出球方向，支撑脚跨上一步，脚尖转向击球方向，身体向支撑脚一侧倾斜，踢球脚的大腿高抬至近乎与地面平行。然后大腿带动小腿迅速向出球方向摆动，用脚背的正面击球的后中部，在挥腿踢球的过程中向出球方向转体。出球后面对出球方向。

**3. 脚背内侧踢球**

脚背内侧踢球用于踢定位球、踢过顶球、远距离传射和转身踢球。

动作要领（定位球）：助跑与出球方向成 90° 角。支撑脚的脚掌外沿积极踏在球的侧后方 25 ～ 30 厘米处，膝弯曲，支撑脚的脚尖指向出球方向，并踏在球的横轴（与出球方向成垂直的轴）的延长线上，身体向支撑脚一侧稍倾斜。在支撑脚着地的同时，踢球腿以髋关节为轴，以大腿带动小腿由后向前挥摆。当身体转向出球方向、膝盖大约摆至球的正上方时，小腿加速前摆，脚尖稍外转并下压，以脚背的内侧踢球的后中部。踢球后，摆动腿继续向出球方向摆动。（图 10-3-3）

转身踢球时，在助跑最后一步蹬离地面时，身体转向出球方向。支撑脚以脚掌外沿着地，脚尖指向出球方向，上体侧前倾，膝弯曲，后面的动作与脚背内侧踢球相同。

图 10-3-3

**4. 脚背外侧踢球**

脚背外侧踢球用于踢定位球、弧线球和弹拨球等。

动作要领（定位球）：助跑、支撑脚的位置和踢球脚的摆动，基本上与脚背正面踢球相同，只是用脚背外侧接触球。在踢球腿膝盖大约摆至球的正上方时，小腿加速前摆的一刹那，膝盖与脚尖内转，脚面绷直，脚趾扣紧，以脚背外侧踢球的后中部。踢球后腿继续前摆。（图 10-3-4）

还有脚尖、脚跟踢球等，这些踢球方法常用于短传与射门。

## （二）运　球

**1. 脚背正面运球**

脚背正面运球常用于快速前进。

动作要领：跑动时，身体自然放松，上体稍前倾，两臂自然摆动，步幅不宜过大。运球脚脚跟提起，趾尖下压，用脚背正面推拨球前进。（图 10-3-5）

图 10-3-4

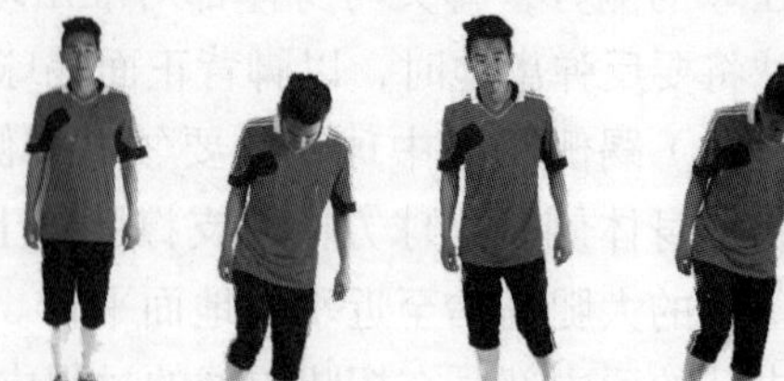

图 10-3-5

**2. 脚背外侧运球**

脚背外侧运球用于快速奔跑和向外改变方向。

动作要领：与脚背正面运球相似，不同的是运球脚的脚尖稍内转，用脚背外侧触球。

**3. 脚背内侧运球**

脚背内侧运球用于变向和用身体掩护球。

动作要领：跑动时，身体自然放松，步幅不宜过大，上体稍前倾并向运球方向转动。运球脚提起时，膝微屈，脚跟提起，脚尖稍外转。在迈步前伸着地前，用脚背内侧推拨球。

**4. 脚内侧运球**

脚内侧运球是运球技术中最慢的一种运球方法，常结合身体掩护球使用。

动作要领：运球时，支撑脚向前跨出一步，踏在球的前侧方，膝微屈，上体稍前倾并向里转。随着身体向前移动，运球脚提起，用脚内侧推球的后中部。

## （三）停　球

停球是指队员有目的地用身体的合理部位，把运行中的球停或接到所需要的控制范围内。停球是为了更好地理顺球，使之为传球、运球、过人和射门服务。停球的好坏直接影响着下一个动作的顺利完成，因此，要求每一个运动员必须熟练地掌握停球技术。停球动作力求简练、快速和多变，并能与下一个动作紧密地衔接起来。

**1. 脚内侧停球**

脚内侧停球易掌握，触球的面积大，易停稳，便于变向和结合下一个动作用，多用于停地滚球、空中球和反弹球。

（1）停地滚球的动作要领：支撑脚对正来球，膝微屈，停球脚膝外转并前迎，在球与脚接触前的一刹那开始后撤，在后撤的过程中用脚内侧接触球，把球停在需要的位置上。（图 10-3-6）

（2）停反弹球的动作要领：支撑脚踏在球的落点的侧前方，膝微屈，上体稍前倾并向停球脚方向微转，同时停球脚提起并放松，用脚内侧对准球的反弹路线。当球落地反弹刚离地时，用脚内侧触球的中上部。（图 10-3-7）

图 10-3-6

图 10-3-7

（3）停空中球的动作要领：一种方法是根据来球的高度，将停球脚举起，脚内侧对准来球路线，在脚与球接触前的一刹那开始后撤。在后撤过程中用脚内侧接触球，把球控制在下一个动作需要的地方（图 10-3-8）；另一种方法是将脚提起，稍高于选择的停球点，在脚与球接触前的一刹那用脚内侧切球的侧上部，把球停在地面。用切压法停球往往不稳，需要及时调整。

图 10-3-8

2. 脚底停球

脚底停球用于停地滚球和反弹球。

停地滚球的动作要领：支撑脚站在球的侧后方，膝微屈，脚尖对正来球，同时将停球脚提起，膝关节自然弯曲，脚尖翘起，脚跟不得高于一球，踝关节放松，用脚前掌触球中上部将球停住。（图 10-3-9）

图 10-3-9

停反弹球时，支撑脚踏在球落点的侧后方。在球着地的一刹那，用前脚掌对准球的反弹路线，触球的中上部。

3. 脚背外侧停球

脚背外侧停球常与假动作结合起来做，具有较大的隐蔽性，但重心移动较大，不易掌握。常用脚背外侧停地滚球和反弹球。

停地滚球的动作要领：停球脚稍提起，膝和脚内转，以脚外侧对准来球，在支撑脚前侧接触球的侧后方（偏支撑脚一侧）。接球时，要向停球脚一侧轻拨，把球停在侧方或侧后方。（图 10-3-10）

停反弹球时，身体侧对来球，支撑腿的膝关节微屈。停球脚在支撑脚前方稍提起，脚内翻，使停球脚的小腿与地面成一定角度，并放松。当球刚反弹离地时，用脚背外侧触球的侧上部，将球停在体侧。

图 10-3-10

4. 脚背正面停球

脚背正面停球易掌握，常用于停空中下落球。

动作要领：停球脚提起迎球，以脚背正面对准下落的球，在脚背与球接触前的一刹那开始下撤，下撤的过程中用脚背正面接触球的底部，同时小腿和脚腕放松，使球停在体前；另一种方法的动作较小，仅将脚伸出迎球，在脚背与球接触的一刹那，停球脚与踝关节放松撤引，以缓冲来球力量。

5. 胸部停球

胸部面积较大，有弹性，位置高，能停高球和空中平球。胸部停球有收胸式和挺胸式两种。

（1）收胸式停球的动作要领：一般用来停胸部高度的平直球。停球时，面对来球，两脚开立，两臂自然张开，挺胸迎球。在球运行到与胸部接触前的一刹那，迅速收胸、耸肩和收腹，以缓冲来球力量，将球停在身前。如果要把球停向左（右）侧，则在接触球的同时向左（右）侧转体，并用同侧肌肉触球。（图 10-3-11）

（2）挺胸式停球的动作要领：一般用于停高于胸部的下落球。停球时，面对来球，两脚开立，两膝微屈，正对来球，在球与胸部接触前的刹那间，收下颌，挺胸，上体后仰成反弓形，以缓冲来球力量，使球弹起再落于身前。（图 10-3-12）

图 10-3-11

图 10-3-12

## （四）头顶球

头顶球是争取时间和取得空中优势的主要技术，在攻防中都起着重要作用。头顶球可分为前额正面顶球和前额侧面（额侧）顶球两种。这两种部位都可以原地、跳起和鱼跃顶球。

1. 前额正面顶球

（1）前额正面顶球（原地）的动作要领：身体正对来球，两侧开立，膝关节微屈，上体后仰，两臂自然分开，两眼注视来球。在球运行到身体垂直部位前的一刹那，脚用力蹬地，收腹，身体迅速前摆。当球运行到身体垂直部位时，颈紧张，收颌甩头，用前额正面顶球的后中部，然后上体随球继续前摆。（图 10-3-13）

（2）跳起顶球的动作要领：原地起跳时，两腿先弯曲，重心下降，然后两脚用力蹬地跳起，同时两臂屈肘上摆，在起跳上升过程中，上体后仰成弓形，两臂自然分开，两眼注视来球。在跳到最高点准备顶球时，身体成反弓形。在球运行到身体垂直部位前的一刹那，收腹、上体迅速前屈，甩头，用前额正面将球顶出。顶球后，两腿自然屈膝，缓冲落地。（图 10-3-14）

单脚起跳时，起跳前可做三五步助跑，最后一步要稍大些并用力蹬地，同时另一只腿屈膝、上摆，两臂自然上提，使身体向上跳起。身体在空中成弓形，其他动作与原地跳起顶球相同。

图 10-3-13

图 10-3-14

2. 前额侧面顶球

（1）额侧原地顶球的动作要领：两脚前后开立，两膝微屈，上体和头部稍向出球方向异侧转动，身体重心放在后脚上，两臂自然张开，双眼注视来球。头部触球时，后脚用力蹬地，上体迅速向出球方向扭转，同时甩头，当球运行到与出球方向同侧肩的前上方时，用额侧部位击球的后中部。

（2）额侧跳起顶球的动作要领：一般用单脚起跳，跳起动作与前额正面顶球的单脚起跳的动作相同。在跳起上升过程中，上体侧屈，侧对来球。在跳到最高点顶球时，急速转体、甩头，用额侧面将球顶出。顶球后，两腿微屈以缓冲落地力量。

## （五）抢截球

抢球是把对方控制的或将要控制的球夺过来或破坏掉。截球是将对方队员传出的球堵截住或破坏掉。

1. 正面抢截球

正面抢截有正面跨步抢截球和正面铲球。

（1）正面跨步抢截球的动作要领：两脚前后开立，双膝微屈，身体重心下降，重心落在两只脚之间，面向对手。对手运球前进，当脚触球即将着地或刚着地时，一脚用力蹬地，抢球脚以脚内侧对正球并向球跨出一步，膝关节弯曲，上体前倾，身体重心移至抢球脚上，另一只脚立即前跨成支撑脚。如双方的脚同时触球，则要顺势向上提拉，使球从对方的脚背滚过。身体要迅速跟上，把球控制住。（图 10-3-15）

（2）正面铲球的动作要领：两脚前后开立，两膝微屈，身体重心下降，重心落在两只脚之间，面向对手。对手运球前进，在脚触球的一刹那，一脚用力后蹬，另一脚前伸，然后将球踢出。

（3）合理冲撞的动作要领：当与对手并肩跑动时，身体重心稍下降，同时与对方接触一侧的臂要紧贴身体。当对方靠近自己一侧的脚离地时，用肘关节以上部位冲撞对方相应部位，使对方失去平衡而离开球，乘机将球控制过来。（图 10-3-16）

图 10-3-15

图 10-3-16

2. 侧后铲球

铲球是抢截技术中难度较大的技术动作。侧后铲球有同侧脚铲球和异侧脚铲球。

（1）同侧铲球的动作要领：在控球者拨出球的一刹那，抢球者的后脚用力后蹬成跨步，前脚（同侧脚）以脚外侧沿地面向前外侧滑出，用脚背或脚尖将球踢或捅出。然后小腿外侧、大腿外侧和臀部依次着地。

（2）异侧铲球的动作要领：在控制球者拨出球的一刹那，抢球者后脚（同侧脚）用力后蹬成跨步，前脚（异侧脚）以脚外侧沿地面向前内侧滑出，用脚底将球蹬出去。然后小腿外侧、大腿外侧和臀部依次着地。

## （六）假动作

假动作是为摆脱对手的阻挠、突破对方的防守和抢截对方控制的球而采取的动作。

1. 无球假动作

（1）改变速度假动作：为了摆脱对手紧逼，在跑向空位接球时，可先慢跑诱使对手放慢跑动速度，然后突然快跑摆脱对手。

（2）改变方向假动作：为了跑到空位接球，可用声东击西的办法摆脱对方紧逼。

（3）抢截假动作：当对方迎面运球时，抢球者可先向右侧做抢球假动作，诱使对方向左侧运球。当对方已经向左方运球时，再突然向左抢球，使对方措手不及。

2. 有球假动作

（1）传球假动作：队员正要传球，如对方迎面跑来抢球，可先做假踢动作，使对方堵截传球路线，然后改变方向传球。例如，先摆动右腿向右假踢，使对方向右方堵截，再突然改用其他脚法将球从左前方传出或运球。（图 10-3-17）

图 10-3-17

（2）停球假动作：在对方紧逼下停球时，可先假装向左方停球，然后再突然改变方向。（图 10-3-18）

（3）顶球改停球假动作：在停高球时，可先做假顶的动作，再突然改变胸部停球。

（4）停球改顶球假动作：先做挺胸停球假动作，再突然改用头顶球。

图 10-3-18

（5）过人假动作：背靠对方停球时，先向左侧做虚晃动作，使对方向左移动，然后用右脚的外脚背把球向右轻拨并转身过人。

（6）运球过人假动作（方法颇多，只举几例）：对方迎面抢截时，可以采用左右虚晃动作，使对方捉摸不定，从而越过对方；开始用右脚外脚背假做向右踢球，等对方重心移向右侧堵截时，突然改用左脚外脚背拨球，并在越过对方后运球前进；也可用身体左晃的动作诱使对方左移，而后突然向右运球前进。（图 10-3-19）

图 10-3-19

## （七）掷界外球

掷界外球不受越位限制，是组织进攻的机会，如果掷球既远又准，就能加快进攻速度。

**1. 原地掷界外球**

动作要领：面对出球方向两脚前后（左右）开立，膝弯曲，上体后仰成背弓，重心移到后脚上（左右开立时，重心在两脚间），两手自然张开，拇指相对成“八”字形，持球侧后部，屈肘将球置于头后。掷球时，后脚用力蹬地，两腿迅速伸直，身体重心由后脚移到前脚，收腹屈体，同时两臂急速前摆，当摆到头上时用力甩腕将球掷入场内。掷球时，后脚可沿地面滑动向前，两脚均不可离地或踏入场内（但允许踏在线上）。（图 10–3–20）

**2. 助跑掷界外球**

动作要领：双手持球于胸前，在助跑迈出最后一步时，上体后仰成背弓，同时将球举至头后，掷球时的动作与原地掷球相同。

图 10–3–20

## （八）守门员技术

守门员技术包括位置选择、移动、扑接球、拳击球、托球、掷球和抛踢球等。

**1. 准备姿势**

两脚左右开立与肩同宽，两膝自然弯曲并稍内扣，脚跟稍提起，身体重心落在前脚掌上，上体稍前倾。两臂于体侧自然伸展，双手五指自然张开，掌心向前，两眼注视来球。（图 10–3–21）

图 10–3–21

**2. 移　动**

（1）侧滑步：当对方向球门两侧射低平球时，可采用侧滑步移动，使身体正对来球。向左（右）侧滑步时，先用右（左）脚用力蹬地，左（右）脚稍离地面并向左（右）滑步，右（左）脚快速跟上。两眼注视来球。

（2）交叉步：一般在接两侧高球或扑接球时，为了便于蹬地跃起，多采用交叉步。例如，向左（右）侧做交叉步移动时，身体先向左（右）侧倾斜，同时右（左）脚用力蹬地，并快速向左（右）前方跨出一小步，成交叉步。然后左（右）脚向左（右）侧移动，右（左）脚和左（右）脚依次快速移动，并蹬地跃出。

**3. 接　球**

（1）直腿式接球：两腿自然开立，脚尖对正来球，上体前倾，两臂自然下垂，两手小指靠近，手掌对球稍前迎，两手接球后底部。在球触手的一刹那，立即后引，屈肘、屈腕，两臂靠近，将球抱于胸前。

（2）单腿跪撑式接球：身体对正来球，两腿前后开立，前腿弯曲支撑身体重心，后腿跪立，膝盖接近地面并靠近前腿脚踵，上体前倾，手臂下垂，手掌对准来球，稍向前迎，两手接球后底部。在手触球的一刹那，两手后引，屈肘、屈腕，两臂靠近将球抱于胸前，然后站起。

（3）接平直球（低于胸部和与胸部齐高球）：接低于胸部的平直球时，身体对准来球，上体稍前倾，两臂下垂并屈肘前迎，两手小指相靠，手掌对球。在球触手的一刹那，两臂后引并屈肘，顺势将球抱于胸前。（图 10-3-22）

（4）接高球：当判断好球在空中运行路线和确定接球点后，迅速移动并跳起，两臂上伸迎球，两手拇指相靠，手掌对球。当手触球时，手腕和手指适当用力将球接住，同时屈肘、回缩并下引，顺势翻掌将球抱于胸前。（图 10-3-23）

4. 掷球和抛踢球

（1）单手肩上和勾手掷球常用于掷远距离球，而单手低手则多用于近距离掷球。（图 10-3-24）

（2）抛踢球：踢自抛下落空中球和反弹球。

图 10-3-22

图 10-3-23

图 10-3-24

## 二、足球运动基本战术

### （一）进攻战术

1. 局部进攻战术

局部进攻战术是指两人以上的战术配合行动。此战术可以丰富和完善全队的进攻战术，是实施全队战术的基础。常用的有：斜传直插二过一、直传斜插二过一和反切二过一等进攻配合。

（1）斜传直插二过一

⑦ 横传球给 ⑨，⑨ 斜线传球，⑦ 直线插入接球；⑥ 斜线传球给 ⑩，⑩ 斜线传球，⑥ 直线插入接球。（图 10-3-25）

（2）直传斜插二过一

⑦ 横传球给 ⑨，⑦ 立即斜线插上接 ⑨ 的直传；⑩ 运球过人后传给 ⑧，然后立即斜线插上接 ⑧ 的直传。（图 10-3-26）

（3）反切二过一

⑦ 回撤接 ⑨ 的传球，如防守跟上紧逼，⑦ 回传给 ⑨ 并转身切入，接 ⑨ 传至对手身后空当的球。（图 10-3-27）

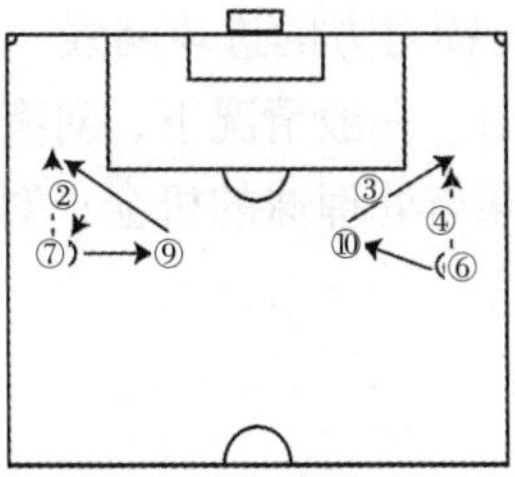

图 10-3-25

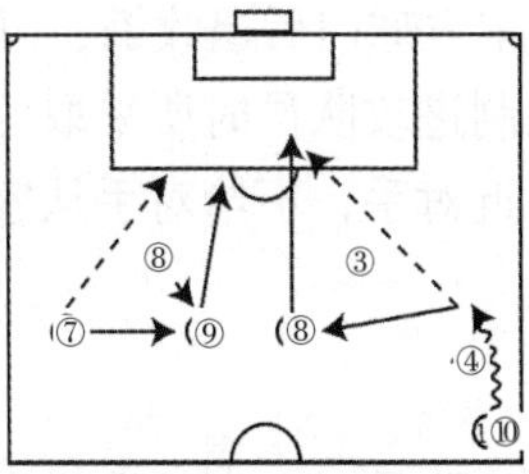

图 10-3-26

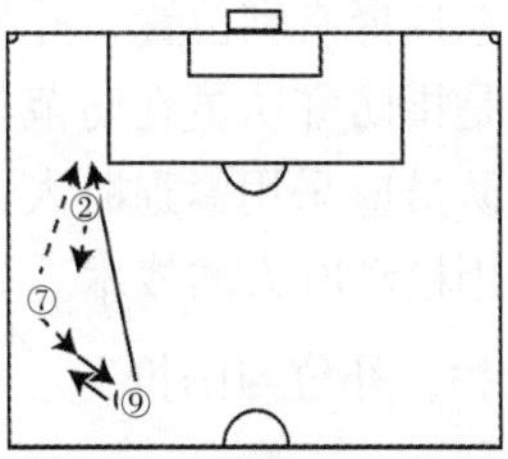

图 10-3-27

2. 全队进攻战术

全队进攻战术由个人战术及局部战术组成。整体性战术的具体打法千变万化，大致可将其归纳为两类，即边路进攻和中路进攻。一次完整的进攻都由发动、发展和结束三个阶段组成。

发动阶段：可有两种方式发动进攻，一种是快速反击，另一种是逐步推进。

发展阶段：一般指中场附近到对方罚球区附近的进攻，通过中场要快，即不要过多地横传、回传。通过前方队员的交叉跑动而造成空当时，应立即将球传向空位，或自己快速运球突破，把球推向对方门前。

结束阶段：一般指在对方球门 30 米左右的进攻，这阶段的进攻拼抢激烈，防守人数众多，逼得又紧。所以，结束阶段的进攻要有快速、突然的特点，并要有一点冒险精神。

（1）边路进攻（图 10-3-28）

在对方半场两侧地区发展的进攻称边路进攻。一般是快速下底传中或回扣传中，中间包抄射门或跟进射门。

（2）中路进攻（图 10-3-29）

在对方半场中间地带发展的进攻称中路进攻。罚球区外的远射是破密集防守的最好方法。

3. 定位球进攻战术

定位球可分为角球、球门球、点球、直接任意球、间接任意球、中圈开球和掷界外球等。进攻战术如下。

（1）直接射门（图 10-3-30）

罚直接任意球时，如距球门较近，防守组织的“人墙”有漏洞或守门员位置不当时，可采用直接射门。

（2）配合射门（图 10-3-31）

踢球队员把球传过“人墙”，同队队员快速插上射门。

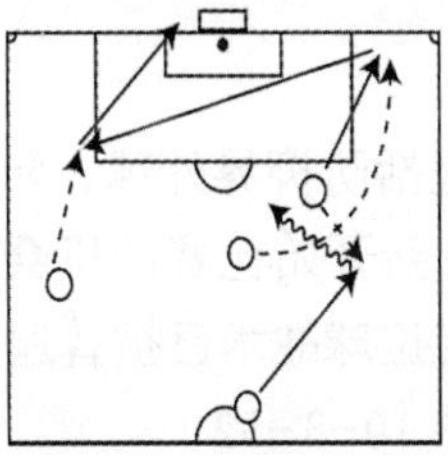
图 10-3-28

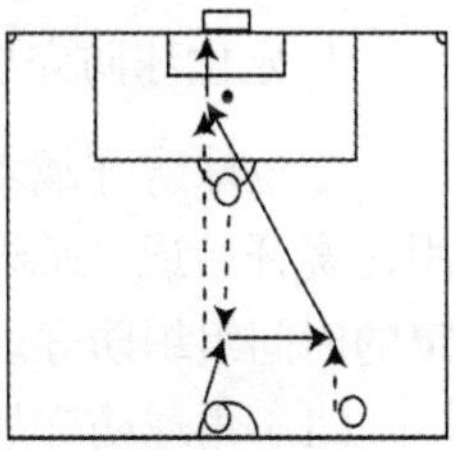
图 10-3-29

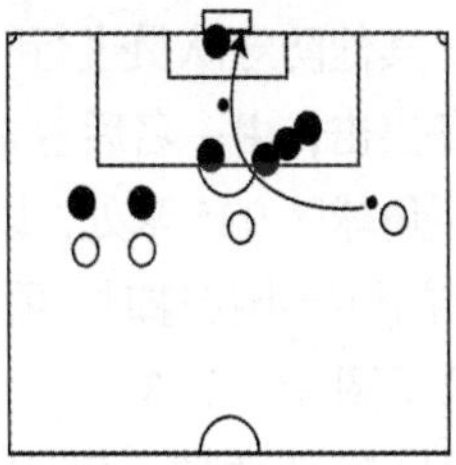
图 10-3-30

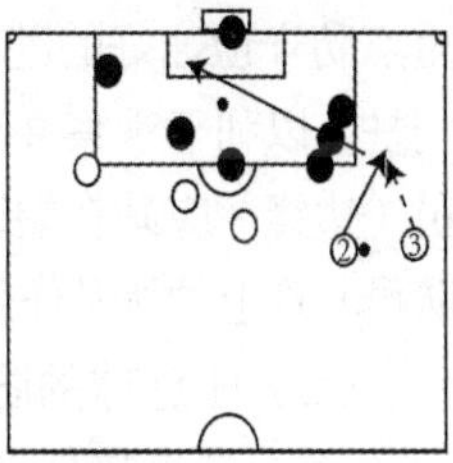

图 10-3-31

## （二）防守战术

1. 选位与盯人

选位是指防守队员在防守时占据合理的防守位置。防守队员的位置一般应处于对手与本方球门中心所构成的一条直线上。在回防过程中，防守队员应根据自己的防守范围与对手的情况，迅速选择有利位置，并朝着本方球门后退收缩，以便封锁对方的进攻路线。

盯人是指防守队员在防范与限制进攻队员时所采取的行动。一般情况下，对有球队员及其附近的队员应采用紧逼盯人，贴近对手，不给对手从容得球与处理球的机会；对离球远的对手可采用松动盯人的战术。

**2. 保护、补位与围抢**

（1）保护。其指在同伴紧逼控球队员时，自己选择有利位置来保护同伴，防止对手突破的配合行动。保护是补位的前提，没有保护也就不可能做到有效地补位防守。在防守中，积极主动地逼抢控球队员是十分重要的，因此，防守队员之间必须进行相互保护。

（2）补位。当距球较近的同伴逼抢对手时，临近的队员应撤到同伴的侧后方进行保护，对手一旦越过同伴的防守，便可随时补位。补位有两种：一种是补空位，如边后卫插上进攻时，同伴应暂时补他的位置，以防在插上进攻失误时，对方利用这一空当进行反击；另一种是相互补位，即交换防守，相互补位一般都是临近的两个防守队员之间互相交换防守，这样能减少漏洞。

（3）围抢。其是指几个防守队员同时围堵对方控制球队员的防守配合。围抢的出现与运用是现代足球比赛的特点。在防守中除提高个人防守能力外，还可增加局部区域的人数，以多防少进行围抢来提高防守效果。

**3. 全队防守战术**

全队防守战术包括盯人防守、区域防守和混合防守。混合防守战术就是盯人防守和区域防守相结合的防守方法。混合防守是目前各国普遍采用的一种防守战术，它集中了盯人防守和区域防守两者的优点，从而在防守中能够根据场上情况进行逼抢、盯人和补位，以达到稳固防守的目的，并延缓对方进攻。快速退守到位，保持防守层次；紧逼盯人，严密封堵球门前 30 米范围是全队集体防守的关键。

**4. 定位球防守战术**

定位球防守战术主要包括防掷界外球、防角球和防任意球等战术。由于定位球战术是利用比赛开始或“死球”后重新开始比赛的机会所组织的攻守战术，因而对于守方来说，有一定的时间组织防守。目前定位球战术已被普遍重视。

（1）角球防守战术（图 10-3-32）

对方踢角球时，前锋、前卫要快速回防，迅速组织防守。一般以顶球好的队员守住门前危险区，重点防守顶球好的进攻队员，其他防守队员进行盯人防守，防止漏人；守门员的站位应稍靠近远端门柱，以利于观察并随时准备出击；由一名后卫站在近端门柱处，以防发向近端门柱的球。一名队员（边锋）应站在端线附近距角球区 9.15 米处，以防对方采用短传配合或低平传球，并起到对发球队员心理上的扰乱作用。当守门员出击接球时，要有两名队员及时退至球门线补守门员的位置。

（2）任意球的防守战术（图 10-3-33）

无论是直接任意球还是间接任意球，守方的前锋、前卫应迅速退守。对有可能直接射门的任意球，要筑“人墙”。

（3）掷界外球的防守战术

当对方队员掷界外球时，防守队员要对离掷球位置较近的进攻队员进行紧逼、干扰，破坏对方完成掷界外球。战术配合中防守队员间注意互相保护。

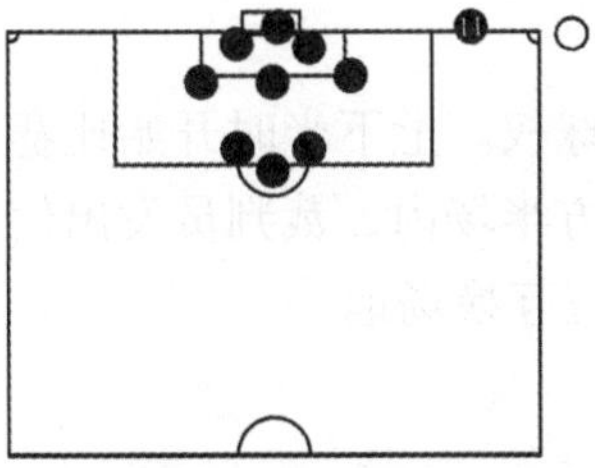


图 10-3-32

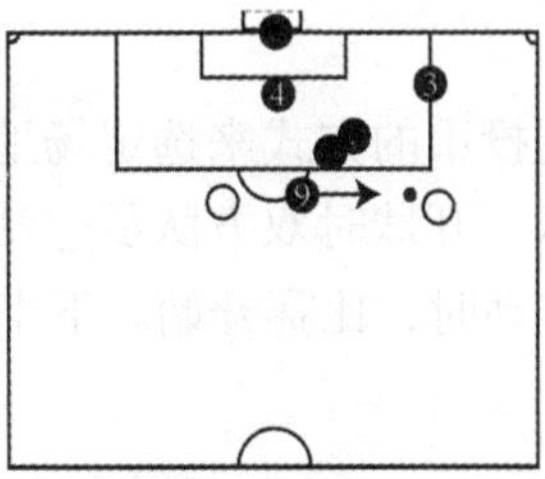


图 10-3-33

## （三）比赛阵型

比赛阵型就是为了适应攻守战术的需要，全体队员在场上的攻守力量搭配、职责分工及位置排列。它是根据攻守的需要而产生和发展的。

现代足球比赛阵型有了新的发展，固定不变的阵型已被“全攻全守”的要求所改变。场上每个队员在明确基本位置和主要职责的前提下，应充分发挥自己的智慧，机动、灵活地行动。比赛阵型对队员已不是刻板的、僵死的规定。一个球队所采用的阵型应是依据本队队员的条件、特长和赛队的特点来选择的。

“全攻全守”打法通常采用的阵型有“四三三”“四四二”“一三三三”“五三二”及“三五二”等。“全攻全守”打法的出现使人们对比赛阵型的认识和应用起了很大的变化，在这之前讲攻守平衡主要是指攻守人数在阵型排列上的平衡；而“全攻全守”则要求攻守人数在比赛过程中的实际上的平衡，即进攻时队员能上得去，防守时队员能退得回，通过队员的积极活动达到攻守力量的平衡。这种打法大大地加强了进攻的隐蔽性和突然性。

# 三、足球竞赛规则简介

## （一）比赛场地

足球比赛场地可采用天然草皮或人造草坪。边线外要有大于 1.5 米的草皮边缘，在中线的两侧还要各配置一个距边线至少 5 米的带顶棚的替补席。广告牌与比赛场地线的距离不得小于 4 米，离球门线后不少于 5 米，至角旗处不得少于 3 米。（图 10-3-34）

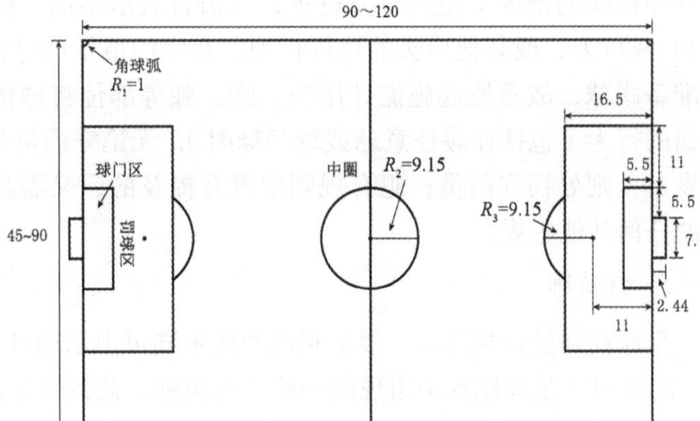


单位：米

图 10-3-34

## （二）竞赛规则简介

### 1. 比赛时间

正式的国际足球比赛每场为 90 分钟，分为上、下两个半场，每个半场 45 分钟（竞赛规程对比赛时间另有规定除外），中间休息 15 分钟。

2. 比赛开始

比赛开场前，用投币的方式来选定场地或开球权。上下半时开始比赛及进一球后的继续比赛，都在中圈开球。开球时双方队员应站在本方半场内，裁判员发出信号后由开球队一名队员将球向前踢并移动时，比赛开始。下半时双方互换场地。

3. 裁判员

一场正式的足球比赛由 4 名裁判员完成裁判工作：1 名主裁判员、2 名助理裁判员和 1 名替补裁判员（第四官员）。

（1）主裁判员的职责：有场上最终判决权，决定比赛时间是否延长、比赛是否推迟和中止。

（2）助理裁判员的职责：示意越位及球出界，协助主裁判员进行判罚，但没有最终判决权。

4. 比赛判罚

（1）当球员发生以下行为时，判对方直接任意球：

如果裁判员认为，一名场上队员草率地、鲁莽地或使用过分力量对对方队员实施如下犯规，则判罚直接任意球：冲撞；跳向；踢或企图踢；推搡；打或企图打（包括用头顶撞）；用脚或其他部位抢截；绊或企图绊。

如果是有身体接触的犯规，则判罚直接任意球。

如果场上队员实施如下犯规时，判罚直接任意球：手球犯规（守门员在本方罚球区内除外）；拉扯对方队员；在身体接触的情况下阻碍对方队员移动；对在比赛名单上的人员或比赛官员实施咬人或吐口水；向球、对方队员或比赛官员扔掷物品，或用手中的物品触及球。

（2）当球员发生以下行为时，判对方间接任意球：

如果一名场上队员犯有如下行为时，则判罚间接任意球：以危险方式进行比赛；在没有身体接触的情况下阻碍对方行进；以语言表示不满，使用攻击性、侮辱性或辱骂性的语言和/或行为，或其他口头的违规行为；在守门员发球过程中，阻止守门员从手中发球、踢或准备踢球；故意发起施诡计用头、胸、膝等部位将球传递给守门员以逃避规则相关条款处罚的行为（包括在踢任意球或球门球时），无论守门员是否用手触球；如果该行为由守门员发起，则处罚守门员；犯有规则中没有提及的，又需裁判员停止比赛予以警告或罚令出场的任何其他犯规。

5. 红黄牌

足球裁判员在判罚时，根据犯规性质不同可出示两种不同颜色的牌。

（1）对于足球比赛中出现的一些严重犯规，裁判员要出示红牌；恶意的犯规或暴力行为要出示红牌；故意手球、辱骂他人或同一场比赛同一人得到两张黄牌时，也要被出示红牌。

（2）比赛中，有违反体育道德的行为，用语言和行为表示不满的队员就要被出示黄牌。连续犯规、故意延误比赛、擅自进出场地的队员也要被出示黄牌。

6. 伤停补时

足球比赛根据场上情况在比赛时间上有时需要补时。补时一般为 1 ～ 5 分钟，具体时间长短由主裁判员决定。造成补时的原因主要有以下几种：

（1）处理场上受伤者；

（2）故意拖延比赛；

（3）场内外出现了意外事件。

**7．越　位**

（1）越位位置。① 队员处于越位位置本身并不构成犯规。② 队员处于越位位置，如果其：头、躯干或脚的任何部分处在对方半场（不包含中线），且头、躯干或脚的任何部分较球和对方倒数第二名队员更接近于对方球门线。③ 队员不处于越位位置，如果其：与对方倒数第二名队员齐平或与对方最后两名队员齐平。

（2）越位犯规。一名队员在同队队员传球或触球的一瞬间处于越位位置，该队员随后以如下方式参与了实际比赛，才被判罚越位犯规。

① 在同队队员传球或触球后得球或触及球，从而干扰了比赛；② 干扰对方队员，包括：通过明显阻碍对方队员视线，以妨碍对方队员处理球，或影响其处理球的能力，或与对方队员争抢球，或有明显的试图触及近处的来球的举动，且该举动影响了对方球员；做出影响对方队员处理球的能力的明显举动；③ 在如下情况发生后触球或干扰对方队员，从而获得利益：球从球门柱、横梁、比赛官员或对方队员处反弹或折射过来；球从任一对方队员有意救球后而来。

**8．暂停比赛**

正式足球比赛一般场上不能暂停，只有在极特殊的情况下，如队员受伤或发生意外纠纷才鸣哨暂停。恢复比赛时，一般是将球踢给哨响前的最后控球方。

**9．进　球**

（1）当球的整体从球门柱之间及横梁下方越过球门线，且进球队未犯规或违规时，即为进球得分。

（2）如果守门员手抛球直接进入对方球门，则由对方踢球门球。

（3）如果裁判员在球的整体还未越过球门线时示意进球，则以坠球恢复比赛。

**10．计胜方法**

在比赛中，进球数较多的队为胜者。若两队进球数相等或未进球，则比赛为平局；必须淘汰一支队伍时，按规定进行加时赛，若仍未决出胜负则需进行“点球大战”，直至决出胜负。积分赛时，积分为胜一场积 3 分，平 1 场积 1 分，负 1 场积 0 分，最终以积分多少决定名次。若积分相等，则根据竞赛规程确定的不同名次判定标准来排定名次。

# 第十一章

# 小球运动

## 第一节　乒乓球

乒乓球

### 一、乒乓球运动基本技术

#### （一）握拍方法

1. 直拍动作要点（图 11-1-1）

拍前，以食指第二关节和拇指第一关节扣拍；拍后，三指弯曲贴于拍的 1/3 上端。

2. 横拍动作要点（图 11-1-2）

虎口贴拍，握住拍柄，食指在前，自然伸直，拇指在拍后。

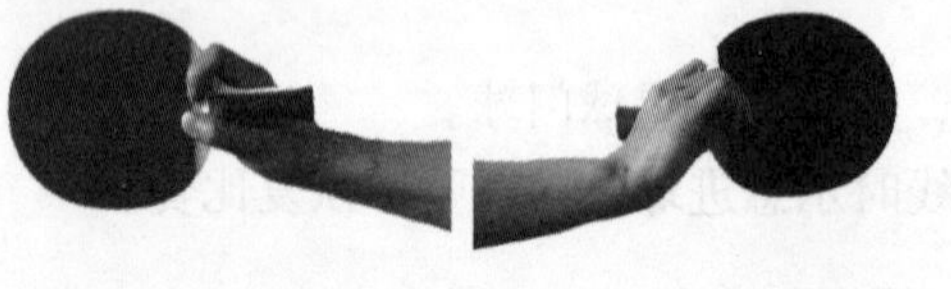

图 11-1-1

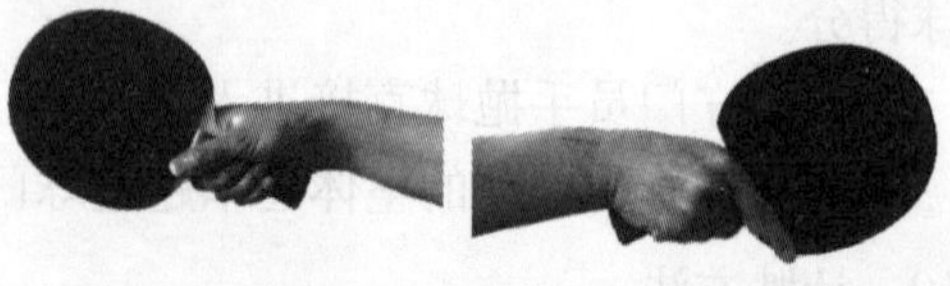

图 11-1-2

#### （二）准备姿势与站位（以右手持拍为例）（图 11-1-3）

距球台 20 ～ 40 厘米，中线偏左，两脚平行站立，屈膝内扣，前脚掌着地；上体前倾；两眼注视来球；持拍手臂自然弯曲，手腕放松，置拍于腹前；不持拍手臂屈肘抬起，高于台面。

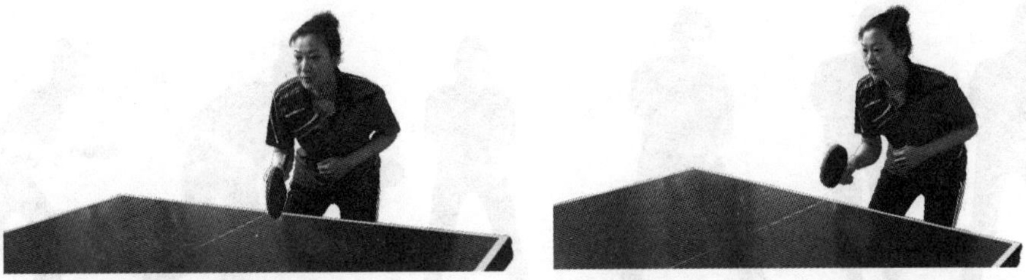

直拍准备姿势与站位　　横拍准备姿势与站位

图 11-1-3

## （三）基本步法（配合持拍）

1. **单步移动**（图 11-1-4）

以一脚为轴，向某一方向移动，重心随之落在移动脚A上。

左脚向前上步　右脚向后退步　左脚向左上步　右脚向右上步

图 11-1-4

2. **跨步移动**（图 11-1-5）

以一脚（A）向某一方向跨出一大步，重心随之移动到跨出的脚上，另一脚迅速向相同方向滑动半步，重心跟过去。

左脚向左跨一大步　右脚随势跟上半步　左脚随势跟上半步　右脚向右跨一大步

图 11-1-5

3. **并步移动**（图 11-1-6）

先以来球相反方向的脚（A）向另一脚（B）并一步，脚B向来球方向再迈一步。

4. **跳步移动**（图 11-1-7）

以远离球的脚用力蹬地为主，两脚同时离地，向来球方向跳动。

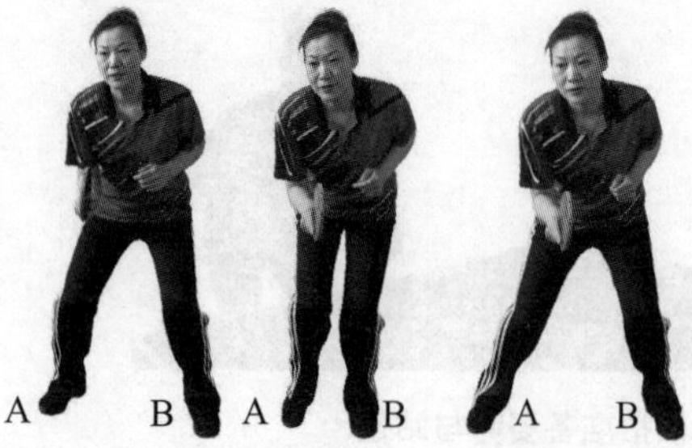


图 11-1-6

图 11-1-7

5. 交叉步移动（图 11-1-8）

先以远离球的脚（A）迅速向来球方向跨出一大步，接着支撑脚（B）向同方向再迈出一步，近臂击球后迅速还原。

图 11-1-8

## （四）发球技术（以右手为例）

1. 正手平击发球（图 11-1-9）

发球准备：近台站位，含胸收腹，屈膝，左手抛球，右臂内旋，拍面稍前倾，向身体右后方引拍。

击球动作：左手抛球的同时，右大臂带动小臂，从右后方向前方挥动并发力，撞击球的中上部。

击球后：手臂继续向前随势挥动，迅速还原。

直拍正手平击发球

横拍正手平击发球

图 11-1-9

2. 反手平击发球（图 11-1-10）

发球准备：站位于球台中线偏左，身体略向左转，左手抛球时，右臂外旋，拍面角度稍前倾，向身体左后方引拍。

击球时，右臂从身体左后方向右前方挥动，击球中上部，向前方发力。

击球后，手臂和手腕继续向右前方随势挥动，并迅速还原。

直拍反手平击发球

横拍反手平击发球

图 11-1-10

3. 正手发下旋、侧下旋、侧上旋球

发球准备：左脚稍前，身体右转，左手抛球，右臂屈肘引拍，与肩同高，拍面后仰，拍头斜向上方，手腕略外展。

下旋：以小臂为主，手腕为辅，由上向前下方挥拍，以拍的下缘触球，摩擦球的底部。

侧下旋：手臂从右后上方向左前下方挥摆，球拍从球的右中下部向左下部摩擦，前臂带动手腕快速发力。

侧上旋：球拍从球的中下部向左侧中上部摩擦，前臂带动手腕快速发力。

4. 反手发下旋、侧下旋、侧上旋

发球准备：右脚在前，身体左转，向身体左后上方引拍，拍面稍后仰。

击球动作：球下降时，用转腰带动肩臂，并以前臂发力为主，迅速挥拍。

下旋：由上向前下方挥拍，以拍的下缘触球，摩擦球的底部。

侧下旋：球拍从球的中下部向右侧下部摩擦时，产生侧下旋。

侧上旋：球拍从球的中部向右侧或右侧偏上部位摩擦时，产生侧上旋。

## （五）直拍反手推挡（以右手为例）（图 11–1–11）

站位：身体离球台约 40 厘米，左脚在前，屈膝。

击球前的引拍方法：引拍于腹前，拍的长轴与台面平行，拍面与台面垂直。

击球动作：拍面稍前倾，前臂向前推出，在来球上升期击球的中上部。

击球后：手臂顺势前送，肘关节接近伸直时立即还原，准备连续击球。

图 11–1–11

## （六）正手攻球（以右手为例）（图 11–1–12）

站位：中台偏左，左脚稍前，屈膝，上体前倾，重心在两脚间。

击球前的引拍方法：先向右后下方引拍，大臂放松，大小臂夹角 90° ～130° ，拍面稍前倾。

击球动作：借助腰和大臂的力量，以前臂发力为主，向左前方挥拍，在球的上升后期或高点期，击球的中上部，击球时以撞击为主，略带摩擦，前臂快速收缩至额前，重心移至左脚。

图 11–1–12

## （七）正手搓球（以右手为例）（图 11–1–13）

击球前的引拍方法：身体稍向右转，向右上方引拍，拍头略上翘，拍面后仰。

击球动作：前臂和手腕向左前下方用力，慢搓是在下降期击球的中下部，球与拍接触时间稍长，加大摩擦；快搓是在上升期击球中下部，触球瞬间，手腕向前下方用力。

易犯错误动作：没有摩擦球，而是将球托出。

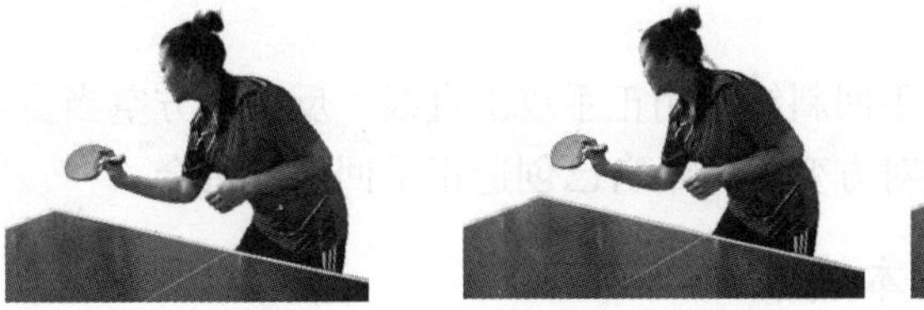

图 11-1-13

### （八）反手搓球（以右手为例）(图 11-1-14)

击球前的引拍方法：向左上方引拍，拍面后仰。

击球动作：击球时，前臂和手腕向前下方用力切球，在球的下降期触球中下部，击球后，前臂随势前送。横拍搓球时，拍形略竖，击球后前臂向右下方挥摆。

图 11-1-14

## 二、乒乓球运动基本战术

### （一）快攻型打法的基本战术

**1. 发球抢攻**

（1）反手发右侧上旋球、下旋球，发至对方中路靠右近网处，伺机攻对方左方。

（2）发追身急球（球速越快越好），使对方不能发挥其正反手攻球的威力，然后侧身进攻对方中路或两角。这种战术对付两面攻比较有效。

（3）发急下旋长球至对方左角，配合近网短球，然后侧身抢攻，主要是针对对方弱点进行攻击。这种战术对付弧圈和快攻较为有效。

（4）正手中高抛球发左（右）侧上旋球、下旋球至对方左角（角度越大越好），配合发右方急球进行抢攻。这种战术对付善于采用搓球接发球的选手最为有效。

**2. 推挡侧身抢攻**

（1）在对推中，以力量、速度、落点控制对方，伺机侧身抢攻。

（2）在对推中，用反手攻球作配合寻找机会，伺机侧身抢攻。

（3）在对推中突然加力推或推下旋球，迫使对方回球较高，然后立即侧身抢攻。

（4）若推挡技术强于对方，可推压对方反手，伺机侧身抢攻。

**3. 左推右攻**

（1）当推挡略占上风时，或在侧身抢攻获得成功后，对方往往会主动变线到正手，此时可采用有力的正手攻球回击对方。

（2）主动推变直线，引诱对手回斜线，用正手攻击直线，反袭对方空当。

（3）有时可佯做侧身，诱使对方变线，给自己创造正手回击的机会。

### （二）弧圈球型打法的基本战术

**1. 发球抢拉**

（1）正手（或侧身）发强烈下旋球至对方左侧近网短球，迫使对方以搓回击，然后拉加转弧圈球至对方反手或中路。

（2）反手发右侧上旋球、右下旋球至对方中路或偏右及偏左的地方，然后拉前冲弧圈球至对方两大角。

（3）反手发急下旋球至对方中路偏右或左方大角，当对方以搓球回击时，拉前冲弧圈至对方正手。

（4）对削球手一般用速度快、落点长的球，使对方退守，然后根据对方的站位和适应弧圈球的能力，决定用哪种弧圈球攻击对方。

**2. 接发球抢拉**

对方发侧上旋球和不太旋转的球时，用前冲弧圈球回击，对方发侧下旋或强烈下旋球时，用加转弧圈球回击。

**3. 搓中拉弧圈球**

（1）在对搓中看准时机，主动抢拉弧圈球。

（2）在对搓短球时，突然加力搓左角长球，然后侧身主动抢拉加转弧圈球。

（3）多搓对方正手，使其不能逼左大角，伺机抢拉弧圈球至对方反手或中路，再冲两角。

**4. 弧圈球结合扣杀**

（1）拉加转弧圈球结合扣杀。

（2）拉前冲弧圈球迫使对方远台回击，然后放短球，再扣杀。

（3）拉加转弧圈球与不转弧圈球相结合，伺机扣杀。

## 三、乒乓球比赛规则简介

### （一）器材与场地

（1）球台：长 2.74 米，宽 1.525 米，高 0.76 米。

（2）球网：包括球网、悬网绳、网柱和夹钳部分，球网高 15.25 厘米。

（3）球：直径不小于 40 毫米，重约 2.7 克，颜色为白色或橙色，无光泽。

（4）球拍：大小、形状和重量不限。但底板应由至少 85% 的天然木料制成。球拍两面无论是否有覆盖物，必须无光泽，且一面为鲜红色，另一面为黑色。用来击球的拍面应用一层颗粒向外的普通颗粒胶覆盖，连同黏合剂，厚度不超过 2 毫米；或用颗粒向内或向外的海绵胶覆盖，连同黏合剂，厚度不超过 4 毫米。

（5）比赛场地：为 0.75 米高的挡板围成。赛区空间应不少于 14 米长、7 米宽、5 米高。

## （二）发 球

（1）发球开始时，球自然地置于不持拍手的手掌上，手掌张开，保持静止。

（2）随后发球员须将球几乎垂直地向上抛起，不得使球旋转，并使球在离开不执拍手的手掌之后上升不少于 16 厘米，球下降到被击出前不能碰到任何物体。

（3）当球从抛起的最高点下降时，发球员方可击球，使球首先触及本方台区，然后直接触及接发球员台区。在双打中，球应先后触及发球员和接发球员的右半区。

（4）从发球开始，到球被击出，球要始终在比赛台面的水平面以上和发球员的端线以外；而且从接发球方看，球不能被发球员或其双打同伴的身体或他（她）们所穿戴（带）的任何物品挡住。

（5）球一旦被抛起，发球员的不执拍手及其手臂应立即从球和球网之间的空间移开。球和球网之间的空间由球和球网及其向上的无限延伸来界定。

（6）运动员发球时，有责任让裁判员或副裁判员确信他（她）的发球符合规则的要求，且裁判员或副裁判员均可判定发球不合法。如果裁判员或副裁判员对发球的合法性不确定，在一场比赛中第一次出现时，可以中断比赛并警告发球方。但此后如该运动员或其双打同伴的发球不是明显合法，将被判发球违例。

（7）运动员因身体伤病而不能严格遵守合法发球的某些规定时，可由裁判员做出决定免于执行。

## （三）得 1 分

除被判重发球的回合，下列情况该运动员得一分：

（1）对方运动员未能正确发球。

（2）对方运动员未能正确还击。

（3）运动员在发球或还击后，对方运动员在击球前，球触及了除球网装置以外的任何东西。

（4）对方击球后，球没有触及本方台区而越过本方台区或端线。

（5）对方击球后，球穿过球网，或从球网和网柱之间、球网和比赛台面之间通过。

（6）对方阻挡。

（7）对方故意连续两次击球。

（8）对方用不符合规则的拍面击球。

（9）对方运动员或其穿或戴（带）的任何东西使比赛台面移动。

（10）对方运动员或其穿或戴（带）的任何东西触及球网装置。

（11）对方运动员不执拍手触及比赛台面。

（12）双打时，对方运动员击球次序错误。

## （四）发球、接发球和方位的次序

（1）选择发球、接发球和方位的权力应由抽签来决定。中签者可以选择先发球或先接发球，或选择先在某一方位。

（2）当一方运动员选择了先发球或先接发球，或选择了先在某一方位后，另一方运动员必须有另一个选择。

（3）在获得每 2 分之后，接发球方即成为发球方，依此类推，直至该局比赛结束，或者直至双方比分都达到 10 分或实行轮换发球法，这时，发球和接发球次序仍然不变，但每人只轮发 1 分球。

（4）双打的第一局比赛，先由有发球权的一方确定第一发球员，再由接发球方确定第一接发球员；以后的每局比赛，由先发球的一方确定第一发球员，第一接发球员则是前一局发球给他（她）的运动员。

（5）在双打中，每次换发球时，前面的接发球员应成为发球员，前面的发球员的同伴应成为接发球员。

（6）一局中首先发球的一方，在该场下一局应首先接发球。在双打决胜局中，当一方先得 5 分时，接发球方应交换接发球次序。

（7）一局中，在某一方位比赛的一方，在该场下一局应换到另一方位。在决胜局中，一方先得 5 分时，双方应交换方位。

### （五）重发球

（1）回合出现下列情况应判重发球：如果发球员发出的球触及球网装置后成为合法发球或被接发球员或其同伴阻挡；如果接发球员或接发球方未准备好时，球已发出，而且接发球员或接发球方没有企图击球；由于发生了运动员无法控制的干扰，而使运动员未能成功发球、还击或遵守规则；裁判员或副裁判员暂停比赛。

（2）可以在下列情况下暂停比赛：由于要纠正发球、接发球次序或方位错误；由于要实行轮换发球法；由于警告、处罚运动员或指导者；由于比赛环境受到干扰，以致该回合结果有可能受到影响。

# 第二节　羽毛球

羽毛球

## 一、羽毛球运动基本技术

### （一）握拍法

握拍是打羽毛球的第一个动作，从开始到完成每一个击球动作，握拍的方式都会有所不同。本节以右手执拍为例，介绍两种握拍方法：正手握拍和反手握拍。

#### 1. 正手握拍

左手握住拍杆，使拍框与地面垂直。右手张开，用近似握手的手型，虎口对准拍框，拇

指与食指成“V”字形，然后五指自然贴到拍柄上。（图 11–2–1）

2. 反手握拍

左手握住拍杆，使拍框与地面平行。拇指上提，顶贴拍柄的宽面上或斜棱上。食指连同其余四指自然贴靠在拍柄上，留有一定的发力空间。（图 11–2–2）

图 11–2–1

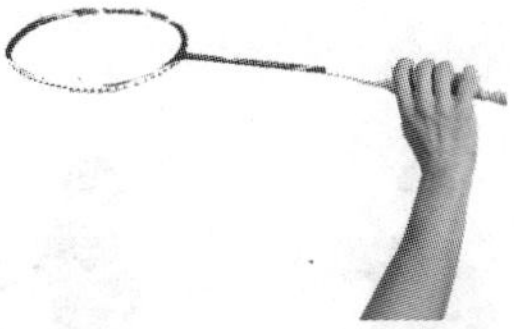

图 11–2–2

## （二）发　球

发球不仅是羽毛球技术中一项很重要的基本技术，也是战术的重要组成部分。发球质量的好坏往往直接影响一个比赛回合的主动与被动。羽毛球的发球方法有两种：一种是正手发球，另一种是反手发球。在羽毛球发球中，按照发出球在空中飞行的弧度与落点，可以分为：后场高远球、后场平高球、后场平射球和网前球。（图 11–2–3）

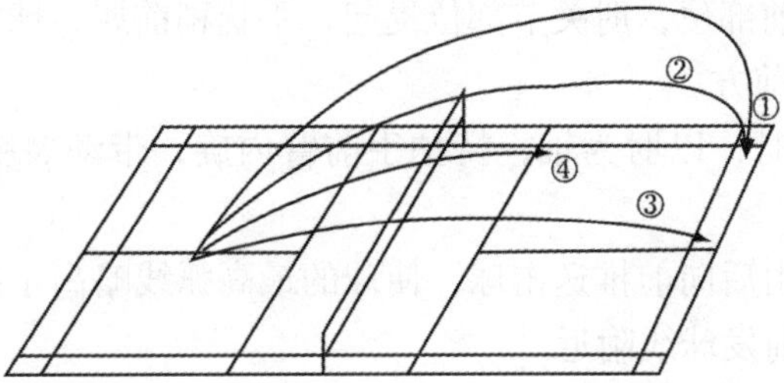


图 11–2–3

1. 正手发球

正手发球是以正手发高远球动作为基础的。正手发后场高远球是用正手握拍方法，以正拍面将球击得又高又远，使球飞行到对方端线上空后突然改变方向，成直线下落至端线附近的一种发球。（图 11–2–4）

正手发后场高远球的动作要领有以下几点。

（1）准备发高远球的时候，站在离前发球线 1 米左右，发球场区中线附近，面对球网，左脚在前，右脚在后，两脚之间自然分开。

（2）身体重心放在右脚上，身体自然地微向后仰，右手向右后侧举，肘部稍弯曲，左手拿球（可拿球的球托部位）并自然地在胸前弯曲。

（3）发球时，左手把球举在身体的靠右前方并放下，使球自然落下；右手同时由上臂带动前臂，从右后方向左前上方挥动。在上臂开始挥动的时候，身体重心由右脚慢慢地移到左脚。

（4）当球落到击球人手臂向下自然伸直能够触到球的部位的一刹那，握紧球拍，并利用甩手腕的力量，向前上方用力鞭打击球，当把球击出的同时，手臂向左上方挥动，击球之后，身体重心也由右脚移至左脚，身体微微前倾。

2. 反手发球

上面谈到的发球法，是用正手握拍方法从右后方向往左上方挥动手臂并发力击球的技术动作被称为正手发球。除了正手发球之外，还有一种反手发球法。由于动作结构、解剖因素和力量等原因，一般只是通过反手来发网前球和平球。反手发球多见于双打比赛中。（图 11-2-5）

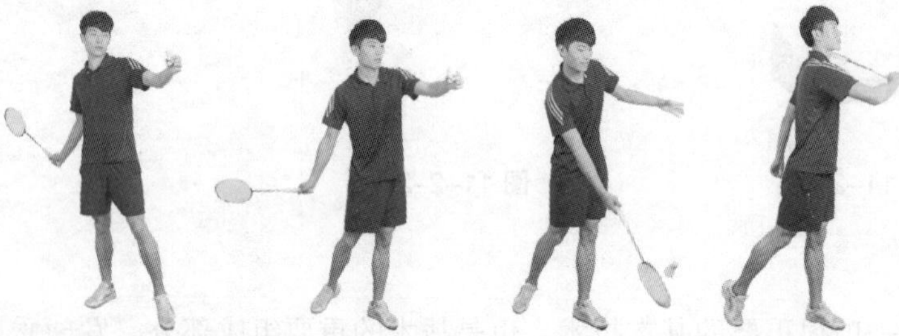

图 11-2-4

图 11-2-5

反手发网前球的动作要领有以下几点。

（1）站位靠近前发球线，左脚或右脚在前均可，身体重心在前脚掌上，上体前倾后跟提起。右手反握在拍柄稍前部位，肘关节部位提起，手腕稍前屈，球拍低于腰部，斜放在小腹前。 左手持球在球拍面前方。

（2）左手放球的同时，以肘为轴，持拍手前臂内旋，带动展腕由后向前做半弧形回环挥动。

（3）击球时，球拍由后向前推送击球，使球的最高弧线略高于网顶，通过拍面的切削动作使球落到对方场区的前发球线附近。

（4）击球后，以制动动作结束发力，并迅速将握拍姿势调整为正手放松握拍。

## （三）接发球

1. 单打站位（图 11-2-6）

单打站位一般是在离发球线 1.30 ～ 1.50 米处，站在右发球区靠近中线的位置；在左发球区则站在中间的位置。这样站主要是防备对方直接进攻反手部位。一般左脚在前，右脚在后，双膝微屈，收腹含胸，身体重心放在前脚上，后脚脚跟稍抬起。身体半侧向球网，球拍举在身前，两眼注视对方。

2. 双打站位（图 11-2-7）

由于双打发球区比单打发球区短 0.76 米，发高远球易被对方扣杀，所以双打发球多以发网前球为主。接发球时要站在靠近前发球线的地方。双打接发球准备姿势和单打的接发球姿势基本相同。只是身体前倾较大，身体重心可前可后，球拍举得高些，在球飞行到网上最高点时击球，争取主动。但要注意对方在右场区发平快球突袭反手部位。

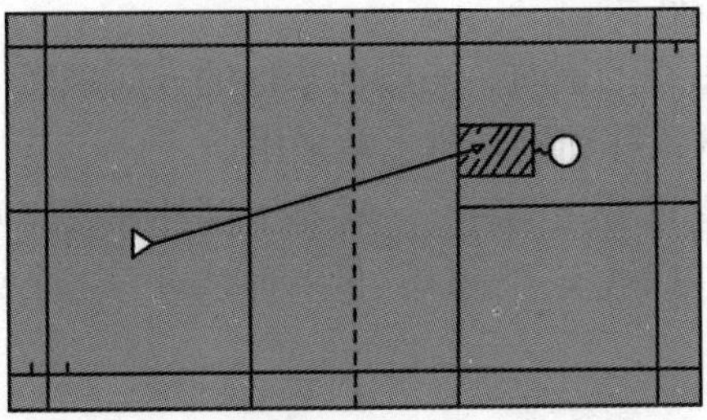

图 11–2–6

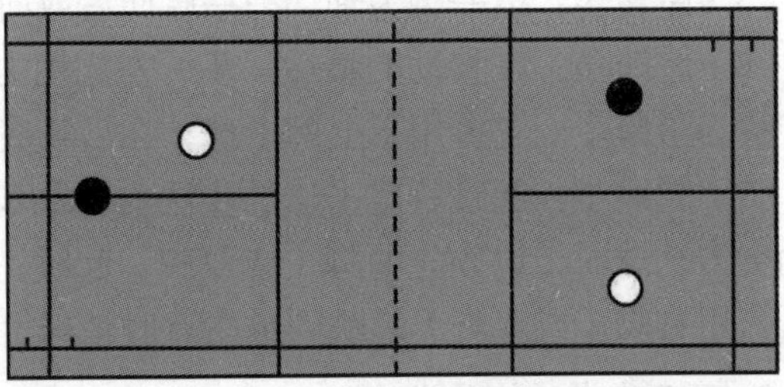

图 11–2–7

3. 接发各种来球

对方发来高远球或平高球时，可用平高球、吊球或杀球还击。一般来说，接发高远球是一次进攻的机会，还击得好，就掌握了主动。一些初学者常因后场技术没掌握好，还击球的质量较差，以致遭到对方的攻击。（图 11–2–8）

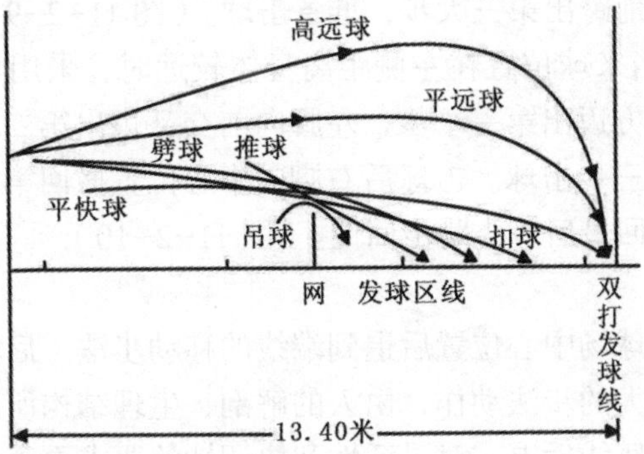


图 11–2–8

## （四）基本步法

步法在羽毛球运动中占有十分重要的地位，步法可称为羽毛球运动技术之母。快速、灵活、合理的步法是打好羽毛球、全面提高羽毛球技术水平的重要环节。

1. 步法的组成

羽毛球步法是由垫步、并步、交叉步、小碎步、蹬转步、蹬跨步、腾跳步等组成。通常情况下，每种步法的移动都是从球场中心开始的。

（1）垫步：当右（左）脚向前（后）迈出一步后，后脚跟进，紧接着以同一脚向同一方向再迈一步为垫步。垫步一般作为调整步距用。

（2）交叉步：左右脚交替向前、向侧或向后移动为交叉步，经另一脚前面超越的为前交叉步；经另一脚后面超越的为后交叉步。交叉步一般在后退打后场球时后退得较多。

（3）小碎步：以小的交叉步移动的步法称为小碎步。由于步幅小、步频快，一般在起动或回动起始时用。

（4）并步：右脚向前（或向后）移动一步时，左脚即刻向右脚跟并一步，紧接着右脚再向前（向后）移动一步，称为并步。

（5）蹬转步：以一脚为轴，另一脚向后或向前蹬转步。

（6）蹬跨步：在移动的最后一步，左脚用力向后蹬的同时，右脚向来球的方向跨出一大步，称为蹬跨步。它多用于上网击球，在后场底线两角移动抽球时也常采用。

（7）腾跳步：起跳腾空击球的步法为腾跳步。它可分为两种，一种是上网扑球或向两侧移动突击杀球时，以领先的脚（或双脚）起跳，作扑球或突击杀球；另一种是对方击来高远球时，用右脚（或双脚）起跳到最高点时杀球。

**2. 羽毛球步法的分类**

（1）前场上网步法

从中心位置移动到网前击球的步法，称为上网步法。前场上网步法可根据个人习惯采用交叉步、并步、垫步或蹬跨步。

① 正手上网步法。当来球在右侧距离身体较远时，采用正手三步上网步法。起动后右脚迅速向身体右侧前方迈出第一步，左脚紧接着向前垫第二步并至右脚跟处，同时左脚的前脚掌用力蹬地，右脚再向前跨出第三大步，准备击球。（图 11-2-9）

② 反手上网步法。当来球位置在左侧距离身体较远时，采用反手三步上网步法。起动后右脚迅速向身体左侧前方迈出第一小步，左脚向前交叉迈出第二小步，同时左前脚掌用力蹬地，右脚又向前跨出第三步击球。击球后右脚向中心位置撤回第一步，左脚紧跟退回第二步，两脚再向中心位置迈回最后一小跳步回位。（图 11-2-10）

（2）后场后退步法

后场后退步法是指从球场中心位置后退到端线的移动步法。后场后退步法是羽毛球步法中最常用的，又是难度较大的步法动作，由人的解剖、生理结构所决定，向前总比向后移动容易些，特别是向左场区底线后退，对灵活性和协调性的要求更高。后场后退步法可分为后场正手后退步法、后场头顶后退步法和后场反手后退步法。

① 后场正手后退步法。来球位置在后场正手位距离身体较远时，采用后场正手后退步法。起动后右脚向来球落点方向后退第一小步，左脚经右脚往后交叉退第二步，右脚再交叉退第三步，身体重心放在右脚上，向右后方向斜步起跳，准备击球。（图 11-2-11）

② 后场头顶后退步法。来球位置在后场反手位距离身体较远时，可以采用后场头顶后退步法。起动后，右脚蹬地，转体，向身体左后侧区域的来球落点方向后退第一小步，左脚后交叉退第二步，右脚再向后交叉退第三步，身体重心在右脚上，交叉步起跳，准备击球。（图 11-2-12）

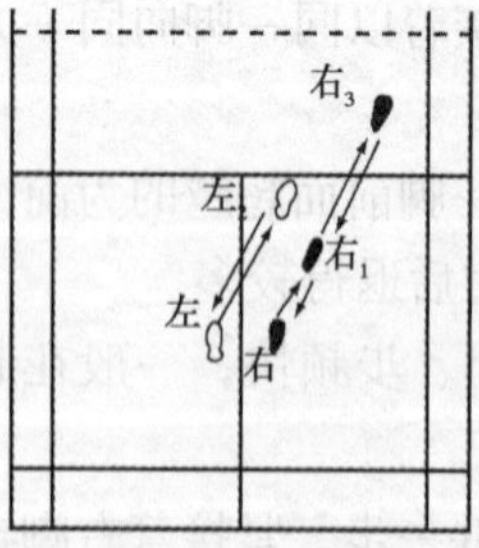

图 11-2-9

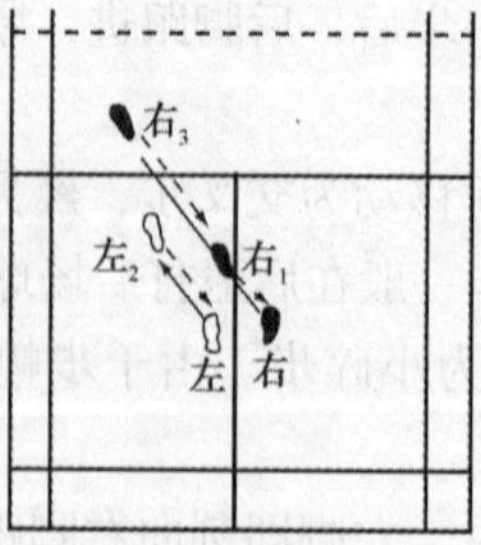

图 11-2-10

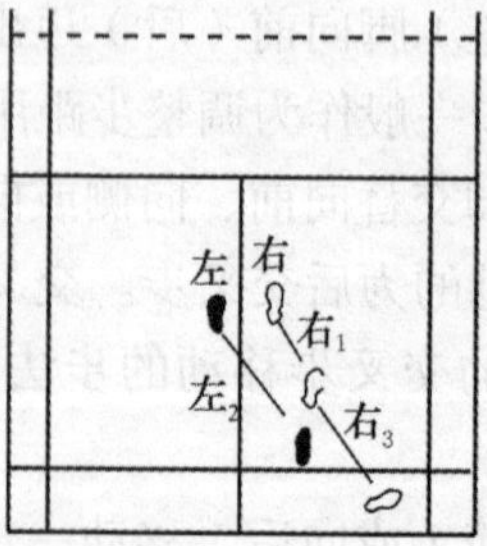

图 11-2-11

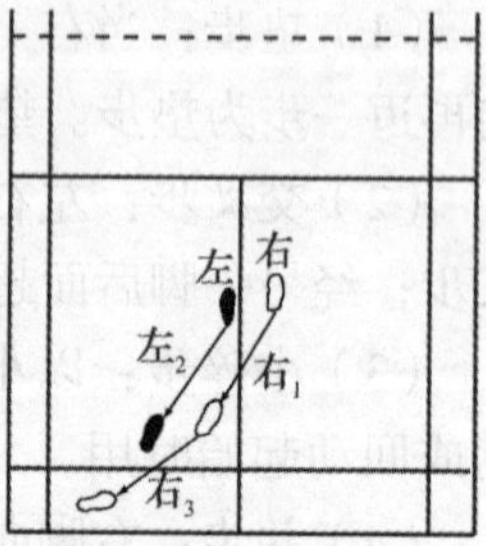

图 11-2-12

③ 后场反手后退步法。当来球距离身体位置较远，不能采用头顶后退步法时，则采用反手后退步法。反手后退步法以左脚的前脚掌为轴心，右脚蹬地向身体左后侧来球落点方向转体迈出第一小步，左脚紧接其后向左后侧迈出第二步，右脚再交叉向来球落点方向跨出第三步，准备击球。完成击球后，身体重心在右脚上，迅速蹬地转体向中心位置方向迈出第一小步，左脚随即交叉迈出第二步，右脚再向中心位置迈出第三步，迅速回位。（图 11–2–13）

（3）中场步法

左右移动主要是还击中场球时所使用的步法。中场两侧移动步法用于接杀球较多，故此左右移动大致有两种方法：一是向右移动的正手移动步法，二是向左移动的反手移动步法。

① 中场正手蹬跨步接杀步法。

判断来球后，脚掌触地起动，左脚向身体右侧场区边线蹬地，右脚向来球方向转动的同时向前跨一步接球，右脚触地动作与前场交叉步上网步法相似，接球后右脚迅速向中心蹬跳回位。（图 11–2–14）

② 中场反手蹬跨步接杀步法。

起动后右脚用力向来球方向蹬地，向左侧转髋的同时，左脚向来球方向跨步接球，左脚尖外展，脚跟触地，接球后左脚掌向中心迅速蹬地回位。（图 11–2–15）

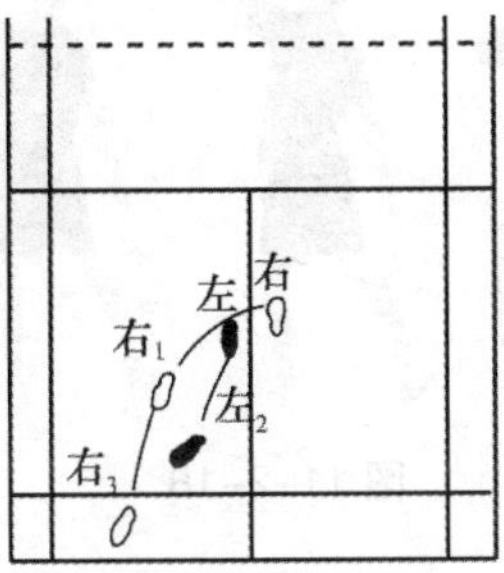

图 11–2–13

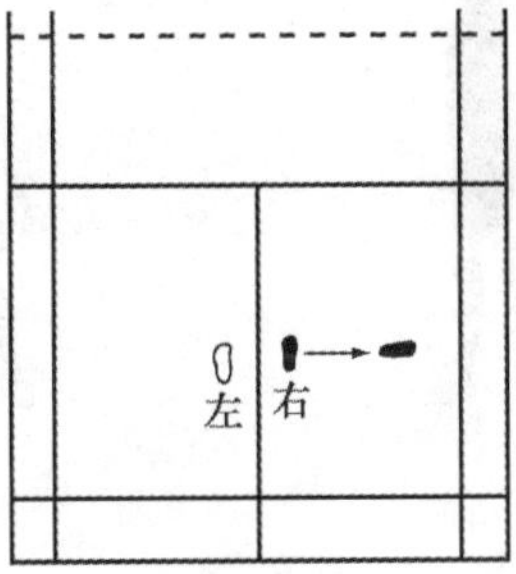

图 11–2–14

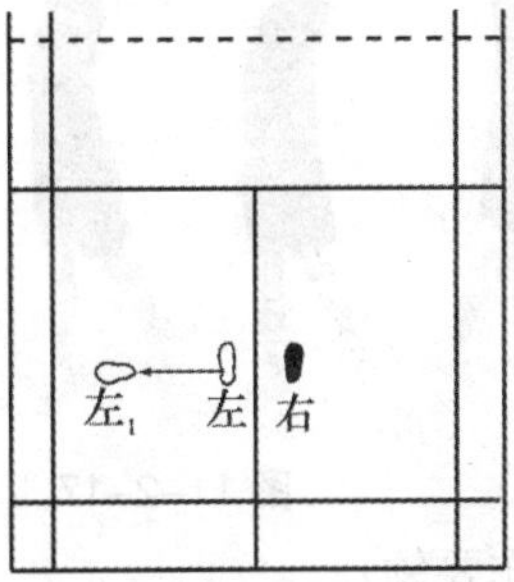

图 11–2–15

总之，羽毛球的步法是很多的，这里介绍的只是其中最常见、最主要的几种步法。根据运动员的技术打法特点和身体及身体素质的实际可灵活采用，也可以总结、创新一些适合自己特点的步法来。

## （五）击球技术

### 1. 后场击球技术

发球仅是击球的开始，而真正激烈的争夺是在发球后的接发球或发球抢攻以及这之后的对拉击球上。因此，合理、协调、有效的击球将是运动员夺取最后胜利的最基本的保证。（图 11–2–16）

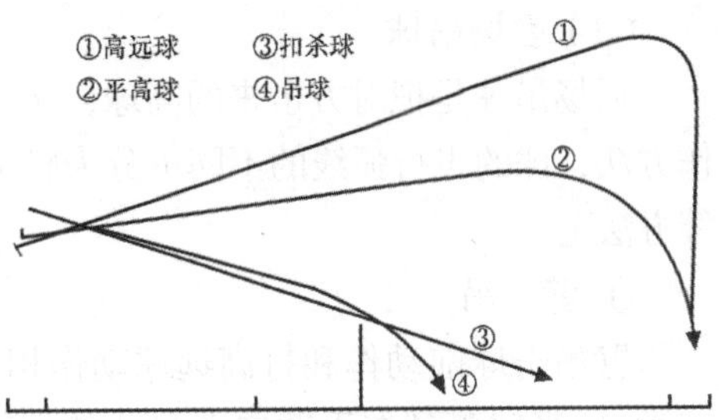

图 11–2–16

（1）后场正手击高远球

后场正手击高远球是用正手握拍以正拍面击出，击球点在右肩前上方的后场高远球。（图 11–2–17）

动作要领：

① 准备姿势以左脚在前，右脚在后，侧身对网。右手正手握拍屈肘于体侧，上臂和前臂夹角为 45° 左右。左手自然上举，保持平衡，双眼注视来球方向。

② 当球下落到一定的高度时，躯干转体，手肘上抬，手臂后倒引拍，以肩为轴做回环动作；前臂充分向后下方摆动并外旋充分伸展；左手随转体协调屈臂向身体左下方下降。

③ 击球时前臂急速内旋并带动手腕加速向前上方挥动，手腕收缩，手指屈指发力，用正拍面将球击出。击球点选在右肩的前上方，其高度以持拍手臂自然伸直击球为宜。

④ 击球后，右手随击球后的惯性向左前下方挥动，顺势收回至体前，成接球前的准备姿势。

（2）后场反手击高远球

后场反手击高远球是用反手握拍，以反拍面在后场击高远球。（图 11-2-18）

图 11-2-17

图 11-2-18

动作要领：

① 由中心位置起动后，用后场反手后退步法向来球方向移动，移动到位后右脚在前，身体背向球网，球拍举在胸前，拍面朝上，两眼注视来球。

② 击球时，下肢是一个由屈到伸的过程；上肢是当球下落至右肩前上方一定高度时，以上臂带动前臂作为初速度，在肘部上抬至与肩平行时，转为前臂带动腕部闪动，在右侧上方伸直手臂向后击球，伴随右腿的蹬力，使击出的球更有力量。

③ 击球后迅速转体面向球网跟进回位。

（3）后场吊球

后场吊球是把对方击来的高球，从后场轻击或轻切、轻劈到对方的近网附近。吊球从其动作方法，球的飞行弧线的不同可分为轻吊、拦吊、劈吊（其中每一项都包括正手、头顶、反手等方法）。

① 劈　吊

劈吊击球前动作和打高远球动作相似。击球时用力较轻，带有劈切动作（落点一般离网较远），当球落到右手臂向上自然伸直的高度时，手腕快速做切削动作，使拍面与球托的右侧或左侧接触而把球击出去就完成了劈吊动作。（图 11-2-19）

图 11-2-19

②拦　吊

拦吊通常是把对方击来的平高球拦截回去。击球时拍面正对来球，当拍面和球接触时，只要轻轻拦切或点击，球即以较平的弧线，较慢的速度越过球网垂直下落。

③轻　吊

轻吊击球前动作和打高球相似。击球时，拍面正对来球，在接触球的一刹那，突然减速轻点或轻切来球，使球刚一过网就下落。

（4）扣杀球

扣杀球是把高球用力向前下方重击、重切或重“点”击球，这种球速度快、力量大。比赛中，杀球可以直接得分，也可以使对方处于被动防守地位。这一技术是羽毛球进攻中的主要技术之一。（图 11-2-20）

图 11-2-20

扣杀球以击球总距身体的位置可分为正手扣杀、头顶扣杀和反手扣杀，从击球力量的大小分为重杀、轻杀、劈杀、点杀、追身杀等。

①头顶扣杀直线球

准备姿势同头顶击高球。不同之处是挥拍击球时，靠腰腹带动手臂、手腕的鞭打动作，全力往直线下方击球，拍面和击球用力方向水平面的夹角小于 90°。

②头顶扣杀对角线球

准备姿势同头顶击高球。不同之处是挥拍击球时，靠腰腹带动手臂、手腕的鞭打动作，全力向对角线下方击球。球拍面和击球方向水平面的夹角小于 90°。

**2. 前场击球技术**

前场技术包括网前的放、搓、推、勾、扑、挑球等。其中，搓、推、勾、扑属于进攻技术，要求击球前期动作具有一致性，击球刹那间产生突变，握拍要灵活，动作细腻，手腕、

手指要灵巧，以控制好球的落点。网前球的各种球路。（图 11-2-21）

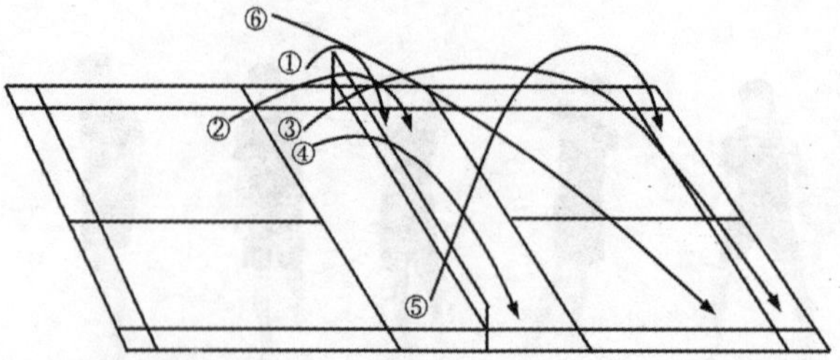


①前场搓球 ②放小球 ③前场推斜线球 ④勾球 ⑤挑斜线球

图 11-2-21

网前进攻威胁较大，因球飞行距离短，落地快，常使对方措手不及而直接得分。即使不能直接得分，也能迫使对方被动回球，创造下一拍进攻的机会。若网前进攻和中场进攻能紧密地配合起来，则能发挥前后场的连续进攻，掌握主动权。

（1）放网前球

放网前球是将网前区域低手位置的来球击至对方网前区域的前场击球技术。放网前球的来球一般处于低手位，击出的球没有旋转和翻滚，但落点可以比较贴近球网，这样可以创造有利的进攻的形势，营造转机的机会。放网前球可分为正手放网前球和反手放网前球。

① 正手放网前球

用正手握拍以正拍面将网前区域或低手位置的来球击至对方网前区域，称为正手放网前球。（图 11-2-22）

图 11-2-22

动作要领：

准备姿势右脚在前、左脚在后，两脚开立与肩同宽，右手执拍自然置于胸前，左手自然置于体侧，身体向前倾斜。

前臂随步法伸向前上方，手腕外旋后导引拍。击球时，握拍放松，拍面几乎成仰平面置于球托下，手指手腕轻轻地向上抬击球托底部，使其越网而过。

击完球后，右脚迅速蹬地回动，同时击球手臂收回至胸前，成接球准备姿势，准备回击下一个来球。

② 反手放网前球

反手放网前球是用反手握拍，以反拍面将网前区域或低手位的来球击至对方网前区域位置的回球。

动作要领：击球前的动作要领同正手放网前球动作，只是方向相反。反手握拍，反面迎球，击球时，主要靠前臂的前伸、外旋和手腕由内收至外展的合力，轻托底部把球轻送过网。击球后，整个动作还原成下次击球的准备姿势。（图 11-2-23）

图 11-2-23

（2）网前搓球

① 正手网前搓球

正手网前搓球是用正手握拍，以正拍面将网前位置的来球运用“搓”“切”等动作回击到对方网前区域附近的击球方式。

动作要领：击球前，前臂稍外旋，手腕由后伸至稍内收闪动。击球时，在正手放网前球动作基础上，加快挥拍速度，搓、切来球的右下部，使球旋转滚过网。（图 11-2-24）

② 反手网前搓球

反手网前搓球是用反手握拍以反拍面将网前位置的来球运用“搓”“切”等动作回击到对方网前区域附近的击球方式。

动作要领：击球前，前臂前伸外旋，手腕由内收至外展状；搓击球的右侧后底部，使球侧旋滚动过网。另外，还可以前臂稍伸直，手腕由外展到内收，带动球拍向前切送，击球托的后底部，使球下旋滚动过网。（图 11-2-25）

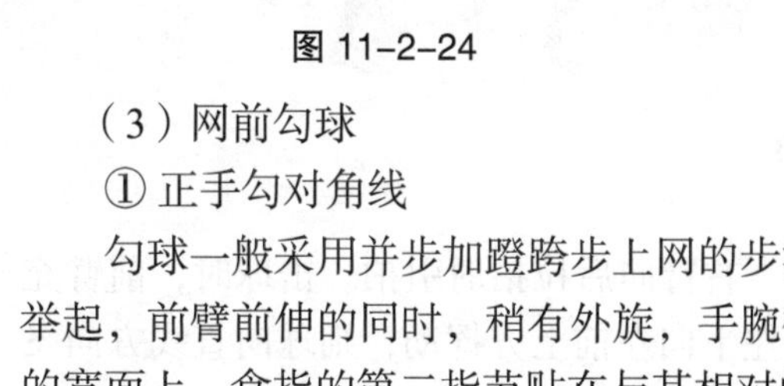

图 11-2-24

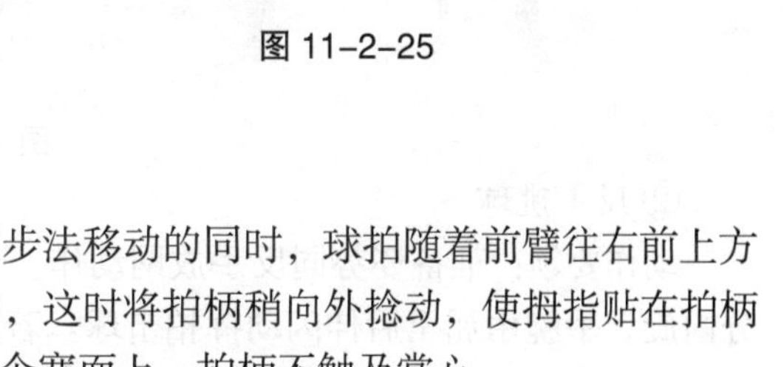

图 11-2-25

（3）网前勾球

① 正手勾对角线

勾球一般采用并步加蹬跨步上网的步法。在步法移动的同时，球拍随着前臂往右前上方举起，前臂前伸的同时，稍有外旋，手腕微后伸，这时将拍柄稍向外捻动，使拇指贴在拍柄的宽面上，食指的第二指节贴在与其相对的另一个宽面上，拍柄不触及掌心。

动作要领：击球时，靠前臂稍右内旋往左拉收，手腕由稍后伸至内收，球拍拨击球托的右侧下部，由手腕和手指控制拍面角度，击球后，球拍回收至胸前。（图 11-2-26）

② 反手勾对角线

随着步法移动的同时，手臂向左侧前方平举（注意手臂不要伸直，稍弯即可）。

动作要领：击球时，随着肘部下沉，前臂回收外旋的同时，食指和拇指协调用力捻动拍柄，使拍面拨击球托的左侧后部，将球沿对角线飞越过网。击球后，球拍回收至胸前，为下次的来球做积极的准备。（图 11–2–27）

图 11–2–26

图 11–2–27

（4）挑　球

① 正手挑球

准备动作同正手放网动作。击球前前臂充分外旋，手腕尽量后伸。

动作要领：击球时，从右下向右前方至左上方挥拍击球。在此基础上，若球拍向右前上方挥动，挑出的是直线高球；若球拍向左前方挥动，挑出的则是对角高球。（图 11–2–28）

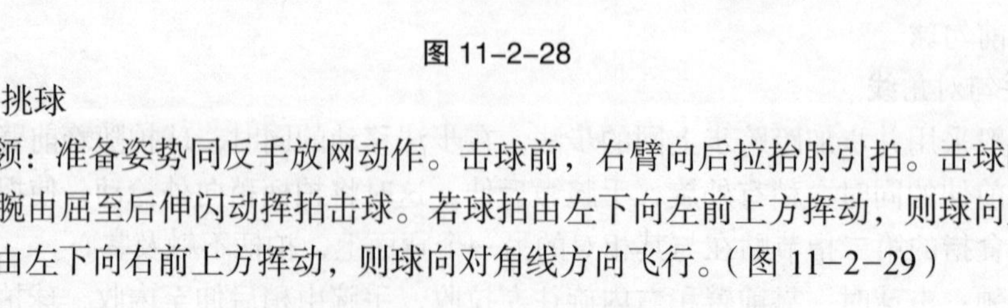

图 11–2–28

② 反手挑球

动作要领：准备姿势同反手放网动作。击球前，右臂向后拉抬肘引拍。击球时，前臂充分内旋，手腕由屈至后伸闪动挥拍击球。若球拍由左下向左前上方挥动，则球向直线方向飞行；若球拍由左下向右前上方挥动，则球向对角线方向飞行。（图 11–2–29）

图 11-2-29

3. 中场击球技术

在羽毛球击球技术中，除了后场击球技术和前场击球技术之外，还有介于前后场之间的中场击球技术，其中常见的是中场平抽球和中场接杀球技术。由于中场区域是比赛双方攻守转换的主要地带，双方运动员之间的距离比较近，球在空中滞留的时间又比较短。因此，中场击球技术对挥拍击球时球拍的预摆幅度要求相对小一些，突出体现“快”字。

（1）平抽球

平抽球是把位于身体左右两侧，高度在肩部以下、腰部以上位置的球用抽击的动作使球过网，球飞行的线路既平又快，是双打的主要技术之一。

动作要领：站在右场区的中部，两脚平行站立稍宽于肩，重心在两脚之间，微屈膝，收腹，正手握拍举于右肩前。击球前肘关节前摆，前臂稍往后带外旋，手腕稍外展至后方，引拍至体后。击球时前臂内旋，手腕伸直闪动，手指抓紧拍柄，球拍由右后往右前方高速平扫盖击来球。击球后手臂左摆，左脚往左前方迈一步，右脚跟一步回中心位置。（图 11-2-30）

图 11-2-30

（2）接杀球

接杀球技术是羽毛球实战中由守转攻的重要环节，掌握较好的接杀球技术，可以从防守反击中得到较好的进攻主动权或直接得分机会。积极有效的接杀球可以化解对手进攻，达到化被动为主动的目的。接杀球技术可分为接杀放网前球、接杀挑后场高球和接杀勾对角球等。每项技术又可分为正手和反手两种击球方法。

动作要领：两脚开立与肩同宽，自然分立于中场位置，膝关节微微弯曲，重心降低，眼视对方击球动作。判断来球落点，采用相应的步法与握拍，控制好拍面以切击或挑球的动作将球击出。击球后迅速回位，并将球拍置于胸前准备回击下个来球。

## 二、羽毛球运动基本战术

### （一）单打战术

1. 发球抢攻战术

从发球的第一拍起，争取控制对方，以攻杀得分。这种战术，一般为发网前低球结合平快球、平高球，争取第三拍的主动进攻。这种战术一般用于对付应变能力较差的对手或比赛的关键时刻。实施这一战术时，应有高质量的发球予以保证，否则很难成功。

2. 攻后场战术

此战术是通过击高球重复压对方的底线两角，造成对方的被动，然后寻找机会进攻。用它来对付初学者，或后场还击能力较差，或后退步法较慢，或急于上网的对手是很有效的。

3. 攻前场战术

对网前技术较差的对手，可运用此战术，先将其吸引到网前，然后再攻击其后场。采用此战术，自己首先要有较好的网前击球技术。

4. 打四方球战术

若对手步法较慢、体力较差、技术不全面，可以凭借快速、准确的落点攻击对方场区的四个角落，寻找机会向空当进攻。此战术的主要目的是通过打落点，逼迫对方前后奔跑，被动应付，并在其回球质量下降或露出破绽时乘虚攻之。

5. 杀吊球上网战术

对于对手打来的后场高球，本方先以杀球配合吊球把球下压，落点选在场区的两条边线附近，致使对手被动回球。若对手回网前击球，本方迅速上网搓球、勾对角球或平推球，创造在中场大力扣杀的机会。这种战术必须要很好地控制杀球、吊球的落点，在使对方被动回网前时，才能主动迅速上网。

6. 打对角线球战术

对付身体灵活性差、转体较慢的对手，不论是进攻还是防守，均应以打对角线球为主。这样，对方会因移动困难而被动，从而创造进攻机会。

7. 防守反击战术

在对方主动进攻、我方被动防守时，我方可用高质量的接杀挡网，或抓住对方攻杀力量减弱、落点不好的机会，以平抽底线球还击对方后场，扭转被动局面，并进行反击。

8. 拉吊突击进攻战术

此战术是利用快速的平高球、吊球、杀球和网前搓球、推球、勾球，准确地将球击到对方场区的后场底线两角和前场网前两角四个点上。这种战术的特点是快速拉开，调动对方，使对方前、后、左、右来回奔跑移动。在控制、反控制过程中，一旦对方来不及回中心位置或回球质量不高时，我方即可抓住机会，寻其空当部位突击进攻。因此，运用这种战术时要求出球的落点角度要大，速度要快，充分调动开对方，才能取得较好效果。

## （二）双打战术

### 1. 双打基本战术

（1）攻人战术（二打一）

集中攻击对方中有明显弱点的人，并伺机攻击另一人因疏忽而露出的空当，或对其偷袭。即便两人水平相差不多，但若能集中力量攻击其中一人，也可给其造成很大的心理压力，从而使其出现失误。

（2）攻中路战术

当对方分边平行站位防守时，将球攻击到两人的中间；当对方前后站位时，可将球下压或平推两边半场。这样可使对方防守时互相争抢或互让而出现失误。

（3）攻后场战术

对方后场扣杀能力差，本方可采用平高球、推平球、接杀挑底线等，把对方一人紧逼在底线两角移动。当对方被动还击时，则抓住机会大力扣杀。若另一对手后退协防，即可攻网前空当。

（4）后攻前封战术

当本方处于主动进攻且前后站位时，站在后场的队员见高球就杀或吊网前，迫使对方接球挡网前，这就为本方前场队员创造了封网扑杀的机会。前场队员要积极封锁前场，迫使对方被动挑高球。一旦对手挑高球达不到后场，就为本方创造了再进攻的机会。

（5）防守反击战术

在防守中寻找反攻的机会，以便摆脱困境，变被动为主动。例如，挑底线高球，即不论对方从哪里进攻，本方都应设法把球挑到进攻者的另一边底线。若对方正手后场攻直线，就挑对角线，若对方攻对角线就挑直线。这是一种较容易争得主动的防守战术，在女子双打中运用更为有效。时机有利时，即可运用反抽或挡网前回击对方的杀球，从防守中反攻，争得主动权。运用此战术时，要注意挑高球一定要挑到底线，否则将会出现对方连续攻杀而本方无力反击的局面。

（6）软硬结合战术

通过吊网前或推半场等球路，使球向下飞行，创造机会，迫使对方起高球，被动防守。进攻过程中，如不能成功，可再通过软吊网前或是拨击半场等球路，待对方挑球质量不高时再次发起进攻。运用这种战术时，进攻的对象通常是对方上网接球、处于匆忙后退的那名选手。在对方防守位置很好、回球质量很高的情况下，组织进攻应采用以打落点为主的软杀、点杀技术，以直线小对角路线杀球、大对角斜线进攻，创造机会，迫使对方回球质量不高，再做大力扣杀强攻。

### 2. 混双攻人战术

进攻时攻女选手，防守时也要想办法把女选手调到后场左右两角奔跑，一方面消耗其体力，另一方面使男选手的后场进攻威力得不到发挥。女选手可采用防守时出对角线球来限制对方强有力的进攻。

## 三、羽毛球比赛规则简介

### （一）挑　边

赛前，采用挑边的方法（抛硬币）来决定发球方和场区。挑边赢者将优先选择是发球或接发球，还是在一个场区或另一个场区比赛；输者在余下的一项中选择。

### （二）记分方法

（1）除非另有规定，一场比赛应以三局两胜定胜负。

（2）对方违例或球触及对方场区内的地面成死球，则本方胜这一回合并得 1 分。

（3）20 平后，领先 2 分的一方胜该局。

（4）29 平后，先到 30 分的一方胜该局。

（5）除（3）、（4）的情况外，先得 21 分的一方胜一局。

（6）一局的胜方在下一局首先发球。

### （三）发球与接发球的顺序

1．单　打

（1）发球区和接发球区。一局中，发球员的分数为 0 或双数时，双方运动员均应在各自的右发球区发球或接发球；一局中，发球员的分数为单数时，双方运动员均应在各自的左发球区发球或接发球。

（2）击球顺序和位置。一回合中，球应由发球员和接发球员交替从各自场区的任何位置击出，直至成“死球”为止。

（3）得分和发球。发球员胜一回合则得一分，随后发球员再从另一发球区发球；接发球员胜一回合则得一分，随后接发球员成为新发球员。

2．双　打

（1）发球区和接发球区。一局中，发球方的分数为 0 或双数时，发球方均应从右发球区发球。一局中，发球方的分数为单数时，发球方均应从左发球区发球。接发球方按其上次发球时的位置站位。接发球员应是站在发球员斜对角发球区的运动员。发球方每得一分，原发球员则变换发球区再发球。

（2）击球顺序和位置。每一回合发球被回击后，由发球方的任何一人和接球方的任何一人，交替在各自场区的任何位置击球，如此往返直至“死球”。

（3）得分和发球。发球方胜一回合则得一分，随后发球员继续发球。接发球方胜一回合则得一分，随后接发球方成为新发球方。

（4）发球顺序。每局比赛的发球权必须如下传递：先由首先发球员从右发球区发球；其次由首先接发球员的同伴从左发球区发球；然后是首先发球员的同伴；接着是首先接发球员；再接着是首先发球员，依此传递。

运动员在比赛中不应有发球、接发球顺序错误或在一局比赛中连续两次接发球（发球区错误的情况除外）。

（5）发球区错误。以下情况为发球区错误：发球或接发球顺序错误；在错误的发球区发球或接发球。如果发现发球区错误，应在“死球”后予以纠正，已得比分有效。

### （四）比赛间隙

每局比赛，当一方先得 11 分时，允许有不超过 60 秒的间歇；所有比赛中，局与局之间允许有不超过 120 秒的间歇。

### （五）交换场区

以下情况，运动员应交换场区。

① 第一局结束；② 第二局结束（如果有第三局）；③ 在第三局比赛中，一方先得 11 分时。

如果运动员未按规则规定交换场区，一经发现，在死球后立即交换，已得比分有效。

### （六）合法发球

（1）一旦发球员和接发球员做好准备，任何一方不得延误开始发球。

（2）发球员球拍头的向后摆动一旦停止，任何对发球开始的迟延都是延误。

（3）发球员和接发球员，应站在斜对角的发球区界线以内，脚不得触及发球区和接发球区的界线。

（4）从发球开始，至发球结束，发球员和接发球员的两脚都必须有一部分与场地的地面接触，不得移动。

（5）发球员的球拍，应首先击中球托。

（6）发球员的球拍击中球的瞬间，整个球应低于距场地地面高度 1.15 米。

（7）自发球开始，发球员挥拍必须连贯向前，直至将球发出。

（8）发出的球应向上飞行过网，如果未被拦截，球应落在规定的接发球区内（即落在界线上或界线内）。

（9）发球员发球时，应击中球。

一旦运动员站好位置准备发球，发球员的球拍头开始向前挥动，即为发球开始。一旦发球开始，发球员的球拍击中或未能击中球，均为发球结束。发球员应在接发球员准备好后才能发球，如果接发球员已试图接发球，即视为已做好准备。双打比赛发球时，发球员和接发球员的同伴应在各自的场区内。其站位不限，但不得阻挡对方发球员或接发球员的视线。

### （七）羽毛球的违例

以下情况均属违例。

（1）不合法发球。

（2）球发出后：停在网顶；过网后挂在网上；被接发球员的同伴击中。

（3）比赛进行中，球：落在场地界线外（即未落在界线上或界线内）；未从网上越过；触及天花板或四周墙壁；触及运动员的身体或衣服；触及场地外其他物体或人；被击时停滞在球拍上，紧接着被拖带抛出；被同一运动员两次挥拍连续两次击中，但一次击球动作中球被拍框和拍弦面击中不属“违例”；被同方两名运动员连续击中；触及运动员球拍，而未飞向对方场区。

（4）比赛进行中，运动员：球拍、身体或衣服，触及球网或球网的支撑物；球拍或身体从网上侵入对方场区（击球时，球拍与球的接触点在击球者网这一方，而后球拍随球过网的情况除外）；球拍或身体，从网下侵入对方场区，导致妨碍对方或分散对方的注意力；妨碍对方，即阻挡对方随球过网的合法击球；故意分散对方注意力的任何举动，如喊叫、做手势等。

# 第三节　网　球

网　球

## 一、网球运动基本技术

### （一）握拍方法

现代网球运动握拍方法有四种，即东方式握拍、大陆式握拍、西方式握拍和反手双手握拍。

**1. 东方式握拍法**（图 11–3–1）

（1）东方式正手握拍法

左手先握住拍颈，使拍子与地面垂直，然后右手手掌也垂直于地面，在齐腰高的地方与拍子相握。手指朝下，大拇指搁在中指旁边，食指稍展开。

（2）东方式反手握拍法

手掌移到拍柄上部，食指关节跨在右斜面上部，拇指放在拍柄左侧面，在击球时起到稳定作用。

**2. 大陆式握拍法**（图 11–3–2）

大陆式握拍正反手击球都无须换握拍，手掌大部分放在拍柄顶部的小右斜面上。

**3. 西方式握拍法**（图 11–3–3）

这种握拍法俗称“大把抓”，把球拍平放在地面上，用手在拍柄顶端顺手一把抓起。正反拍无须换握，而且击球在同一拍面上。

**4. 反手双手握拍法**（图 11–3–4）

击球手（右手）采用东方式正手握拍法，右手在下，左手在上。

上面介绍的几种握拍法，各有长处，各有特点，可根据不同的击球技术，采用不同的握拍方法。采用哪种握拍法，要根据个人情况，在实践中试验和应用，选择最适合自己的握法。

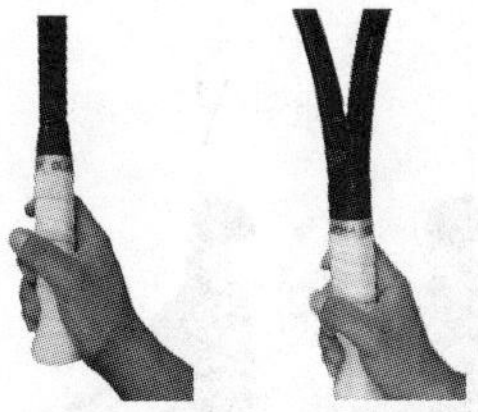

正手握拍　反手握拍

图 11–3–1

图 11–3–2

西方式正手握拍法

图 11–3–3

图 11–3–4

## （二）正手击球（图 11–3–5）

**1. 准备动作**

面对对方场区站立，两脚开立略宽于肩。两膝微屈，上体略前倾，脚跟稍抬起，重心位于两脚间。右手握拍柄，左手扶着拍颈部位，持拍于体前。两眼注视来球。

**2. 击球动作**

以左脚为轴开始转身并向后拉拍，拍头高于手腕，左臂自然前伸以保持身体平衡。在开始向前挥拍时，左脚应向要击球的方向迈步，以肩为轴向前挥拍，拍面在击球时与地面垂直，并尽量使拍面和球有较长时间的接触。击球后，球拍应继续随球挥动，挥拍结束在左肩上方，右腿摆动跟进，身体恢复准备姿势。

图 11–3–5

## （三）反手击球（图 11–3–6）

**1. 单手反手击球**

（1）准备动作

同正手击球的准备动作。

（2）击球动作

向左侧转体、转肩并变换成东方式反手握拍，向后拉拍，右脚向左前方跨步，右肩对网，重心前移。球拍向前再向上挥拍击球，击球点在右腿前腰部高度，击球时拍面垂直于地面，挥拍轨迹朝目标方向由下至上。随挥动作结束在身体的右前方。

图 11–3–6

2. 双手反手击球

（1）准备动作

准备动作与单手相同，只是双手握在拍柄上。

（2）击球动作

转肩、向后拉拍并变换握拍。身体重心转移到左脚上。球拍拉向后方并低于来球的高度，右脚向来球方向迈出。双手向前挥动并击球，击球点比单手略靠后，击球时右臂伸直，拍面垂直于地面。击球后球拍应沿目标方向继续挥出，动作完成时双手高于肩。

## （四）截击球

截击球是指来球在空中飞行、还没有落地就加以还击的一种打法。通常在球网和中场之间拦击。

1. 正手截击球（图 11–3–7）

打截击球应该采用大陆式握拍方法，因为截击球速度快，没有足够的时间变换握拍，所以正反手截击球准备动作相同。

肩部稍做转动，球拍与肩平行，后拉拍要稳固，不得过肩。在向前挥拍的同时，用左脚朝球飞行的方向迈步，保持手腕固定并在身体前方击球。随挥动作要短，以便快速回到准备接下一个球的位置。

图 11–3–7

2. 反手截击球（图 11–3–8）

肩部稍微转动，球拍与肩平行；后拉拍要稳固，在向前挥拍时右脚朝球飞行的方向迈出；保持手腕固定，并在身体前方击球；随挥动作要短，以便快速回到准备接下一个球的位置。

图 11-3-8

## （五）发球（图 11-3-9）

现代网球运动中，发球是最重要的技术之一，是唯一由自己掌握的击球技术。一分的得失常取决于发球的好坏。发球既可以直接得分，又可以为进攻创造条件。

1. 握　拍

采用东方式正手握拍法。

2. 准备动作

双脚齐肩宽，在端线后侧身站立。右脚与底线基本平行，左脚正对右网柱。手腕和手臂放松，握拍于体前，左手在拍颈处扶住拍。

3. 抛　球

左臂放松，持球自然、平稳地向上抛球，抛球和挥拍几乎是同时开始；手臂达到肩部高时，手指自然松开，球借助惯性自然上升。抛球的高度要合适，在最高点击球。

4. 击球动作

两手臂同时向下和向上运动，球从伸展的左手中向上竖直抛出，在身体前面和左脚上部，持拍臂弯肘上举。抛球后，身体开始向前转动，球拍在身后做绕环动作，接着向前挥动击球。尽量伸展身体，在最高点击球，击球的后部（拍面与地面垂直）。击球时，身体重心向前转移。随挥动作结束在身体左侧下方。

图 11-3-9

### （六）高压球

高压球是将对方挑来的高球加以扣杀的一种技术。用大陆式握拍法，抬头盯着球，侧身转体用短促的垫步调整位置，左手高举指向击球点，右手举起球拍向后拉拍，球拍后摆做搔背动作，球拍在右肩的前上方对准球心挥出，击球臂继续伸直跟进摆动，随挥动作结束在身体左侧下方。

### （七）挑高球

挑高球可分为防守性和进攻性两种。防守性挑高球是为了赢得时间、摆脱困境。进攻性挑高球是在对方上网时，将球挑到对方后场较深处，使之被动或失误。

准备时将球拍做好充分的后摆。击球时向上挥拍打球的下部，手腕绷紧，挥拍动作要尽可能地向前、向上送出。

### （八）放小球

放小球通常采用大陆式握拍方法。放小球的准备动作和正反手击球一样。侧身对网，要求更多的手腕动作，利用小臂带动手腕的力量使球拍沿着球的下部急剧滑动，缓冲球的前冲作用，使球随着球拍的下切动作向后旋转。正反拍都可以放小球，动作要领是一样的，最重要的是突然性和隐蔽性，不能让对方看出自己的意图。

### （九）接发球

接发球是网球运动中较难掌握的一项技术。一次错误的回击常常会失去一分。相反，一个巧妙的接发球又能削弱发球者进攻的锐气，减少被动，甚至可以化被动为主动。

在接发球的全过程中，眼睛要始终注视来球，一直到完成回击动作。接发球时不要做大幅度的后摆动作，主要是要控制好拍面的角度，并紧握球拍以免被震而转动。选择好落点，对控制对手发球后抢攻有重要意义。

## 二、网球运动基本战术

### （一）单打基本战术

通常的单打比赛开始时，双方都用自己最擅长的技术迎战。在摸透对方的战术后，改变战术策略，以达到使对方失去节奏，消耗对方体力，最终赢得比赛的目的。

1.发球战术

发球是最不受对方制约的技术，所以一定要充分利用，争取拿下发球局，掌握主动权。然而一成不变的发球会使对方很容易适应，并找到应对的方法。也许侥幸能拿下第一个发球局，但第二个、第三个发球局就非常危险了。发球战术具体就是：内角、外角、中路三种路线相结合，上旋、侧旋、平击多变化。

2. 接发球战术

面对快速的发球，不要急于加力回球，这样往往失误较多。如果对方反手较弱，那就打对方的反手；对方发球动作较大就打追身球，令其没有时间调整步法。最终化被动为主动。

3. 发球上网战术

如果能准确、快速地发出外角球，那就准备上网。注意不要一次冲到近网，以免导致没有回旋的余地。在发球线附近停顿一下，仔细观察对方回击球的情况，采取下一步行动。上网的要点是选择适当的时机。把球发到外角时，对方接球的另一侧是空场，对方要想把球回到场内，必须把球从靠近发球区的这一侧的球网上方回过来，否则球一定出界，所以球员只须防住你发球的这个区域的来球就可以。对方的回球质量不高，可以截一个深球或者放一个小球到对方的空场区轻松得分。

## （二）双打基本战术

双打比赛和单打比赛有很大的差别，双打更多地依赖两名搭档球员的默契配合以及网前的截击技术。网球双打比赛通常有以下常用的战术。

1. 双上网进攻战术

男、女职业选手均可采用此类型战术，这也是近年来职业网球双打比赛中采用最多的战术。发球方发球后上网，接发球方也采用积极的进攻型接发球上网，双方四人均来到网前，通过小斜线截击或其他方式得分。① 发球者：发出刁钻的一发后上网，在发球线处截击将球打到接发球方脚下，待接发球方回球时跟进到网前，在网前打出直接得分球。② 接发球者：选择进攻型的接发球，回到发球者脚下，同时迅速上网，在发球线处截击，把球打到对方中间结合部，再来到网前，找机会打出得分球。③ 发球者搭档：根据发球落点，适时调整网前位置，盯住接球方，判断回球方向，及时上前抢网，同时注意防守双打边线和单打边线之间区域的直线穿越球。④ 接发球搭档：在发球线附近，防守发球者搭档的截击球，同时要提防发球方第一次截击球，根据来球，来到网前打出小斜线或高压球得分。

2. 双上网防守战术

男子职业选手均采用此类型。由于在双上网进攻型中，两人太靠近球网，无法照顾到挑高球，因此该类型重点是接发球方接发上网后，来到发球线附近，防守发球方的挑高球，且大部分球由此人处理，接发球搭档则伺机打出截击或高压球得分。① 发球者：发出刁钻的一发后上网，在发球线处截击，将球打到接发球方脚下，待接发球方回球时跟进到网前，在网前打出直接得分球。② 接发球者：选择进攻型的接发球，回到发球者脚下，同时迅速上网，在发球线处截击，并把球打到对方中间结合部，同时防守对方打出的挑高球，把得分机会让给网前搭档。③ 发球者搭档：根据发球落点，适时调整网前位置，盯住接球方，判断回球方向，及时上前抢网，同时注意防守双打边线和单打边线之间区域的直线穿越球。④ 接发球搭档：在发球线附近，防守发球者搭档的截击球，同时要提防发球方第一次截击球，根据来球，来到网前打出小斜线或高压球得分。

## 三、网球比赛规则简介

### （一）比赛场地、设施

双打场地的标准尺寸是 23.77 米 ×10.97 米，单打场地的标准尺寸是 23.77 米 ×8.23 米。在端线、边线后应分别留有不小于 6.4 米、3.66 米的空余地。两个网柱间的距离是 12.8 米。网柱顶端距地平面是 1.07 米，球网中心上沿距地平面是 0.914 米。（图 11-3-10）

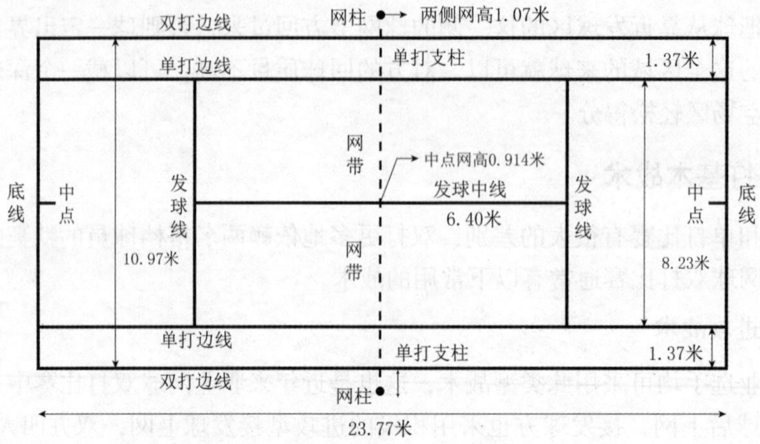


图 11-3-10

### （二）比赛规则简介

1．站位和发球的选择

在准备活动开始前，通过抛硬币的方式决定比赛的第一局站位和发球/接发球权。抛硬币获胜的运动员/队可以选择：（1）在比赛的第一局中选择发球或接发球，在这种情况下，对手选择站位；（2）选择比赛的第一局站位，在这种情况下，对手选择发球或接发球；（3）要求对手作出以上任意一种选择。

2．交换场地

运动员应在每一盘的第一局、第三局和随后的每一个单数局结束后交换场地。运动员还应在每一盘结束后交换场地，但当一盘结束后双方所得局数之和为偶数时，运动员须在下一盘第一局结束后交换场地。

在平局决胜局中，运动员应在每 6 分后交换场地。

3．发　球

（1）发球次序。

在常规局结束后，该局的接发球员在下一局中发球，该局的发球员在下一局中接发球。

双打比赛中，在每一盘第一局开始前，由先发球的那队决定哪一名运动员先在该局发球。同样，在第二局开始前，他们的对手也应当决定由谁在该局先发球。第一局发球的运动员的搭档在第三局发球，第二局发球的运动员的搭档在第四局发球。这一次序一直延续到该盘结束。

（2）发球动作。

在即将做出发球动作前，发球员必须静止站在底线后（即远离球网的那一侧），双脚位于中心标志的假定延长线和边线的假定延长线之间。

然后，发球员应当用手将球向任何方向抛出并在球落地前用球拍将球击出。在球拍击到球或未能击到球的那一刻，整个发球动作即被认为已经完成。对于只能使用一只手臂的运动员，可以用球拍完成抛球。

（3）发球程序。

① 在常规发球局中，发球员在每一局都应当从场地的右侧半区开始，交替在场地的两个半区发球。

② 在平局决胜局中，第一分发球应当从场地的右半区发出，然后交替从场地的两个半区发球。

③ 发出的球应当越过球网，在接发球员回球之前落到对角方向的发球区内。

（4）何时发球和接发球。

发球员应该在接发球员做好准备以后再发球。但是，接发球员应当按照发球员合理的发球节奏来比赛，并在发球员准备发球时，在合理的时间内做好接发球的准备。

接发球员如果试图回击发球，则视为已做好准备。如果证实接发球员确未做好准备，那么该次发球不能被判为失误。

（5）重新发球。

如果出现下列情况则应当重新发球：

① 发出的球触到了球网、中心带或网带后落在有效发球区内；或在球触到了球网、中心带或网带后，在落地前触到了接发球员或其搭档，或他们穿戴的或携带的任何物品；② 球发出时，接发球员还没有做好准备。

在重发球时，之前的那次发球作废，发球员应重发，但是不能取消重发前的发球失误。

**4．运动员失分**

如果出现下列情况，运动员将失分。

（1）发球员连续两次发球失误。

（2）在活球状态下，运动员在球连续两次落地前未能击球。

（3）在活球状态下，运动员回击的球落到有效击球区外的地面或在落地前碰到有效击球区外的其他物体。

（4）在活球状态下，运动员回击的球在落地前触到永久固定物。

（5）接发球员在发球没有落地前击球。

（6）运动员故意用球拍托带或接住处于活球状态中的球，或故意用球拍触球超过一次。

（7）在活球状态下的任何时候，运动员或他的球拍（无论球拍是否在他手中），或他穿戴的或携带的任何物品触到球网、网柱/单打支柱、网绳或金属绳、中心带或网带，或对手场地。

（8）运动员在球过网前击球。

（9）在活球状态下，除了运动员手中的球拍以外，球触及到运动员的身体或他穿戴的或携带的任何物品。

（10）在活球状态下，球触到了运动员的球拍，但球拍不在他的手中。

（11）在活球状态下，运动员故意并实质性地改变了球拍的形状。

（12）双打比赛中，同队的两名运动员在回球时都触到了球。

5．有效回击

下列情况属于有效回击。

（1）球触到了球网、网柱/单打支柱、网绳或金属绳、中心带或网带并且越过球网后落到有效场地内。

（2）在活球状态下，球落在有效场地内后旋转或被风吹回过网，运动员过网击球，将球击打到有效场地内，并且没有违反运动员失分规则的规定。

（3）回击球从网柱外侧绕过，无论该球是否高于球网，即使触到网柱，只要落在有效场地内，均视为有效。

（4）球从单打支柱及其相邻网柱之间的网绳下面穿过而又没有触及球网、网绳或网柱，并且落在有效场地内。

（5）运动员在自己球网一侧内回击球后，球拍随球过网，球落入有效场地内。

（6）在活球状态下，运动员击出的球碰到了有效场地内的另一个球。

6．得 1 分

除被判重发球的回合，下列情况该运动员得一分：

（1）对方运动员未能正确发球。

（2）对方运动员未能正确还击。

（3）运动员在发球或还击后，对方运动员在击球前，球触及了除球网装置以外的任何东西。

（4）对方击球后，球没有触及本方台区而越过本方台区或端线。

（5）对方击球后，球穿过球网，或从球网和网柱之间、球网和比赛台面之间通过。

（6）对方阻挡。

（7）对方故意连续两次击球。

（8）对方用不符合规则的拍面击球。

（9）对方运动员或其穿或戴（带）的任何东西使比赛台面移动。

（10）对方运动员或其穿或戴（带）的任何东西触及球网装置。

（11）对方运动员不执拍手触及比赛台面。

（12）双打时，对方运动员击球次序错误。

# 第十二章

# 武　术

## 第一节　初级长拳（第三路）

初级长拳（第三路）动作图示

**第二段**

1. 虚步栽拳　2. 提膝穿掌　3. 仆步穿掌　4. 虚步挑掌

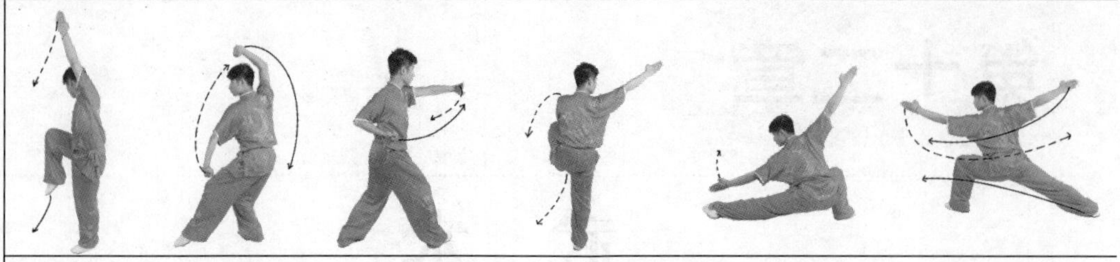

5. 马步击掌　6. 插步双摆掌　7. 弓步击掌

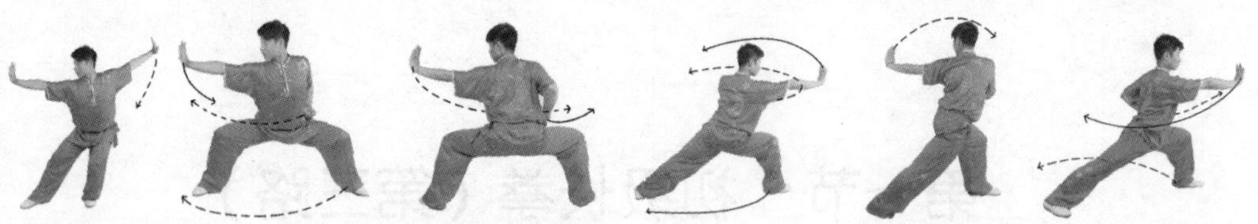

8. 转身踢腿马步盘肘

**第三段**

1. 歇步抡砸拳　2. 仆步亮掌

3. 弓步劈拳　4. 换跳步弓步冲拳

5. 马步冲拳　6. 弓步下冲拳　7. 插步亮掌侧踹腿　8. 虚步挑拳

第四段

1. 弓步顶肘　2. 转身左拍脚

3. 右拍脚　4. 腾空飞脚　5. 歇步下冲拳

6. 仆步抡劈拳　7. 提膝挑掌　8. 提膝劈掌弓步冲拳

结束动作

1. 虚步亮掌　2. 并步对拳　3. 还原

# 第二节　初级刀术

## 初级刀术动作图示

预备式

第一段

1. 弓步缠头　2. 虚步藏刀

3. 弓步前刺　4. 并步上挑　5. 左抡劈

6. 右抡劈　7. 弓步撩刀

8. 弓步藏刀

第二段

1. 提膝缠头　2. 弓步平斩　3. 仆步带刀

4. 歇步下砍　5. 左劈刀

**第二段**

6. 右劈刀　　7. 歇步按刀

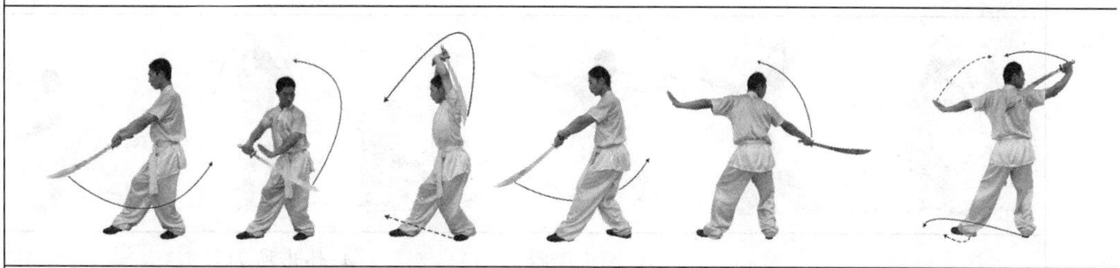

8. 马步平劈

**第三段**

1. 弓步撩刀　　2. 插步反撩　　3. 转身挂劈

4. 仆步下砍　　5. 架刀前刺

6. 左斜劈　　7. 右斜劈

8. 虚步藏刀

第四段

1. 旋转扫刀　2. 翻身劈刀

3. 缠头箭踢　4. 仆步按刀

5. 缠头蹬腿　6. 虚步藏刀

7. 弓步缠头

8. 并步抱刀

| | |
|---|---|
| 结束动作 |  |

# 第三节 初级剑术

## 初级剑术动作图示

| | |
|---|---|
| 预备式 |  |
| 第一段 | 1. 弓步直刺 2. 回身后劈 3. 弓步平抹 4. 弓步左撩 |
| |  |
| | 5.提膝平刺 6. 回身下刺 7. 挂剑直刺 |
| |  |

| | |
|---|---|
| 第一段 | 8. 虚步架剑 |
| |  |
| 第二段 | 1. 虚步平劈　2. 弓步下劈　3. 带剑前点　4. 提膝下截 |
| |  |
| | 5. 提膝直刺　6.回身平崩　7.歇步下劈 |
| |  |
| | 8. 提膝下点 |
| |  |
| 第三段 | 1. 并步直刺　2. 弓步上挑　3. 歇步下劈　4. 右截腕　5. 左截腕 |
| |  |
| | 6. 跃步上挑　7. 仆步下压　8. 提膝直刺 |
| |  |

第四段

1. 弓步平劈 2. 回身后撩 3. 歇步上崩 4. 弓步斜削

5. 进步左撩 6. 进步右撩 7. 坐盘反撩

8. 转身云剑

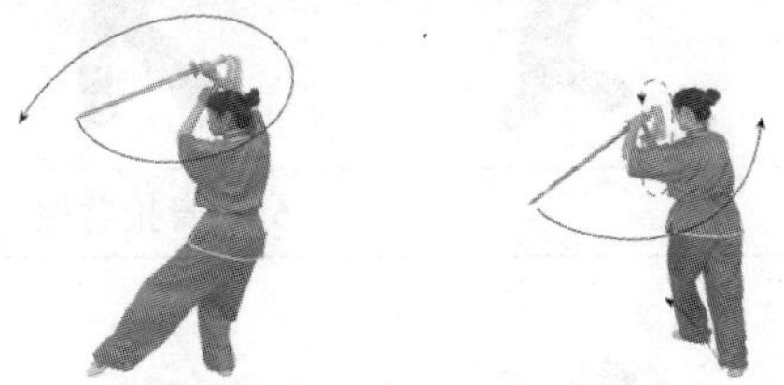

结束动作

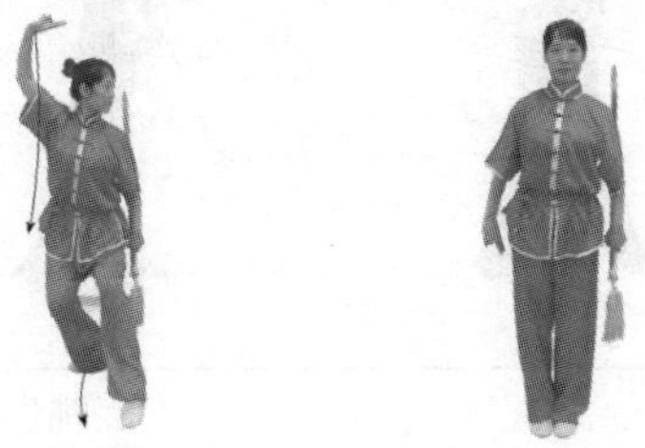

# 第四节 初级棍术

## 初级棍术动作图示

起势

第一段

1. 弓步劈棍　　2. 弓步撩棍

3. 虚步上拨棍　　4. 虚步把拨棍

5. 上步抡劈棍　　6. 翻身抡劈棍

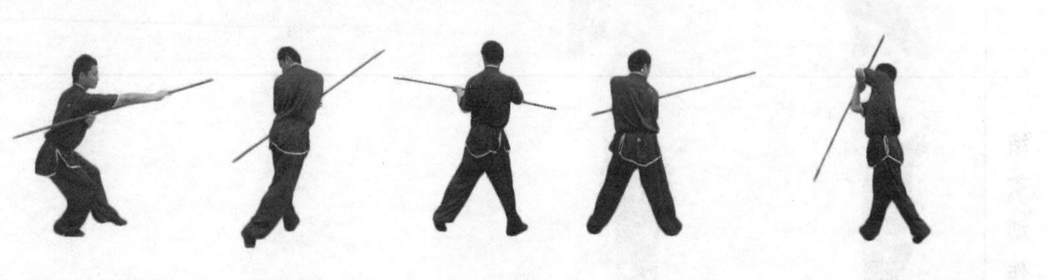

7. 马步平抡棍　　8. 跳步半抡劈棍

第二段

9. 单手抡劈棍　　10. 提膝把劈棍

11. 弓步抡劈棍　　12.弓步背棍

13. 挑把棍　　14. 转身弓步戳棍

15.踢腿撩棍　　16. 弓步拉棍

第三段

17. 提膝拦棍　　18. 插步抡把劈棍

第三段

19. 马步抡劈棍

20.翻身马步抡劈棍　21.上步右撩棍

22.上步左撩棍　23. 转身仆步摔棍

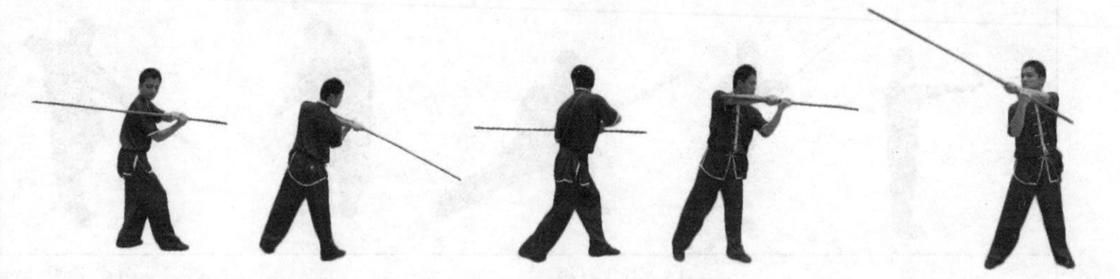

24. 弓步崩棍

第四段

25. 马步把劈棍　26. 歇步半抡劈棍　27.左平舞花棍

<table>
<tr><td rowspan="6">第<br>四<br>段</td><td>28. 右平舞花棍</td></tr>
<tr><td></td></tr>
<tr><td>29. 插步下点棍</td></tr>
<tr><td></td></tr>
<tr><td>30. 弓步下点棍　　31. 插步下戳棍　　32. 提膝拦棍</td></tr>
<tr><td></td></tr>
<tr><td>收<br>势</td><td></td></tr>
</table>

# 第十三章

# 艺术体育运动

## 第一节　健美操

健美操

### 一、健美操运动基本动作与组合

基本动作是健美操运动的基础，是最小的动作元素。健美操是由若干个健美操基本动作组成的，这些基本动作是健美操的主要表现手段。几个单个动作组成健美操的“短句”，短句一般以八拍为单位；几个短句连在一起形成组合，完整的成套动作就是由几个组合组成的。因此，学习健美操，首先需要学习基本动作。基本动作主要包括基本步法、上肢动作和基本手型。

#### （一）健美操运动基本动作

1. 基本步法

基本步法是健美操动作中的最小单位，是组成组合动作、成套动作的基础。进行基本步法的练习，可以提高练习者的协调性、节奏感和韵律感。健美操基本步法分为无冲击、低冲击和高冲击三类动作。（图 13-1-1 ～图 13-1-35）

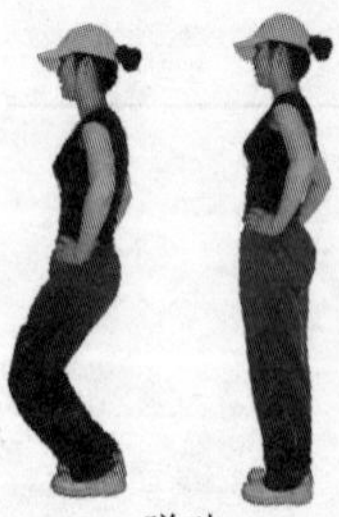
弹动
图 13-1-1

半蹲
图 13-1-2

弓步
图 13-1-3

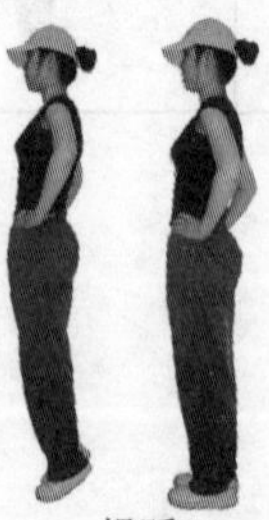
提踵
图 13-1-4

踏　步

图 13-1-5

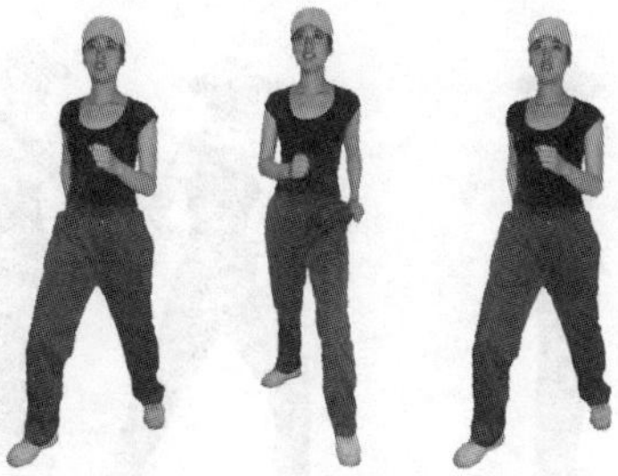

“V”字步

图 13-1-6

漫　步

图 13-1-7

脚尖侧点地

图 13-1-8

脚尖后点地

图 13-1-9

脚尖前点地

图 13-1-10

脚跟前点地

图 13-1-11

并　步

图 13-1-12

迈步点地

图 13-1-13

迈步屈腿

图 13-1-14

迈步吸腿

图 13-1-15

迈步弹踢

图 13-1-16

侧交叉步

图 13-1-17

吸　腿

图 13-1-18

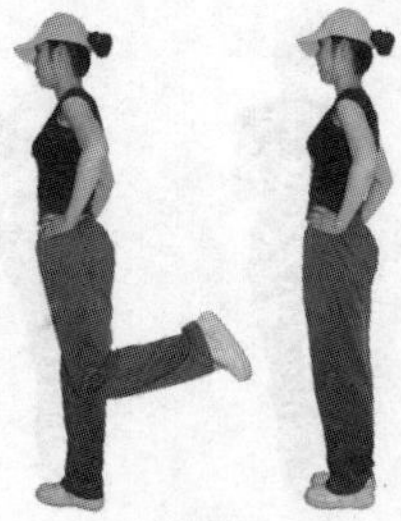

后屈腿

图 13-1-19

踢　腿

图 13-1-20

弹踢腿

图 13-1-21

并步跳

图 13-1-22

迈步吸腿跳

图 13-1-23

迈步后屈腿跳

图 13-1-24

并腿纵跳

图 13-1-25

开合跳

图 13-1-26

分腿半蹲跳

图 13-1-27

并腿滑雪跳

图 13-1-28

弓步跳
图 13-1-29

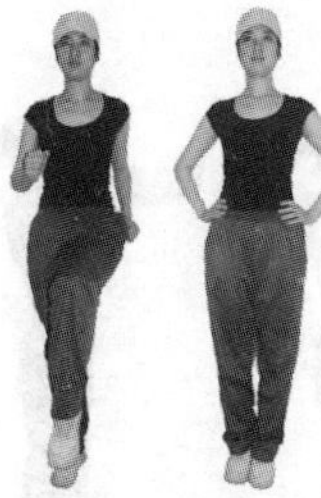
吸腿跳
图 13-1-30

后屈腿跳
图 13-1-31

弹踢腿跳
图 13-1-32

摆腿跳
图 13-1-33

后踢跑
图 13-1-34

侧并小跳
图 13-1-35

2. 上肢基本动作

（1）自然摆动：屈肘前后摆动，可以同时或依次摆动。（图 13-1-36）

（2）臂屈伸：上臂固定，肘屈伸。臂屈时肱二头肌收缩，臂伸时肱三头肌收缩。（图 13-1-37）

（3）直臂上摆：臂由下摆提至前平举或侧平举。（图 13-1-38）

（4）冲拳：握拳由腰间冲至某位置。（图 13-1-39）

（5）屈臂提拉：臂下举至胸前平屈。（图 13-1-40）

（6）推：手掌由肩侧推至某位置。（图 13-1-41）

图 13-1-36

图 13-1-37

图 13-1-38

图 13-1-39

图 13–1–40

图 13–1–41

3. 基本手型（图 13–1–42）

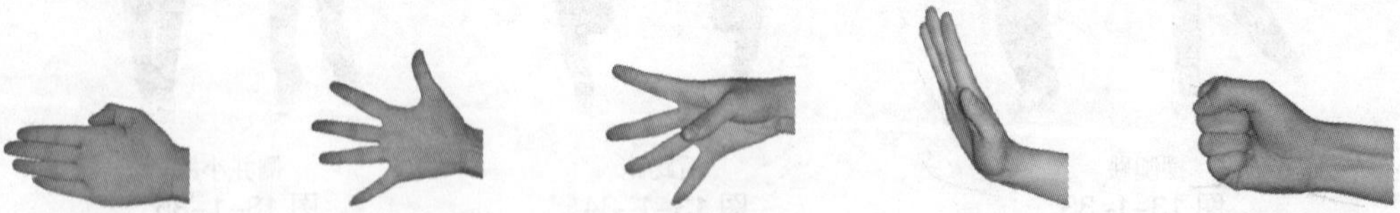

并 掌　　开 掌　　花 掌　　立 掌　　拳

图 13–1–42

### （二）健美操运动基本动作的变化规律

健美操动作看起来变化多端，其实都是在基本动作的基础上演变而来的。基本动作看似简单，其实变化无穷。掌握了这一规律，不但学得快、记得快，更重要的是，还能按照规律随意编排，终身受益。

（1）改变身体的方向（如转体 90° 或 180° 的开合跳，不同方向的连续踏步或带转体的踏步等）。

（2）改变出脚的方向（如前后弓步跳和左右弓步跳，“V”字步和“A”字步等）。

（3）改变动作速度或强度（如节奏的改变：快快慢；不同高度的踢腿跳等）。

（4）上下肢动作相互组合（如相同的步法，不同的上肢动作，或者相反）。

（5）不同步法相互组合（如吸腿跳与踢腿跳，开合跳与弓步跳等）。

（6）复合变化（如在改变身体方向的同时也改变出脚的方向，改变速度的同时改变方向等）。

以踏步为例，让我们一起实践。

原地踏步—踏点步—“V”字步—“A”字步—漫步—变方向的三步一点（前、后、左、右）—转体 360° 三步一点（左、右）—小马跳。

## 二、健美操大众锻炼标准三级套路

健美操大众锻炼标准测试套路（三级）图解和说明如下。

## 组合一

| 动 作 | | <br>1 2 3 4<br><br>5 6 7 8 | |
|---|---|---|---|
| 节 拍 | | 下肢步法 | 上肢动作 |
| 预备姿势 | | 站 立 | |
| 一 | 1～4 | 右脚开始向侧迈步后屈腿 2 次，2 时右转 90° | 1～2 左臂摆至侧上举，右臂摆至胸前平屈，3～4 同 1～2，但方向相反 |
| | 5～8 | 向右迈步后屈腿 2 次，6 时右转 180° | 双手叉腰 |
| 动 作 | | <br>1 2 3～4 | |

| | | | |
|---|---|---|---|
| 动 作 | | <br>5　　6～7　　8 | |
| 节 拍 | | 下肢步法 | 上肢动作 |
| 二 | 1～2 | 1/2“V”字步 | 1 右臂侧上举，2 左臂侧上举 |
| | 3～8 | 6 拍漫步，8 拍右转 90° | 随脚的动作自然前后摆动 |
| 动 作 | | <br>1　　2　　3　　4<br><br>5　　6　　7　　8 | |
| 节 拍 | | 下肢步法 | 上肢动作 |
| 三 | 1～8 | 右脚开始交叉步 2 次，右转 90° 成“L”形 | 1 双臂前举，2 胸前平屈，3 同 1，4 击掌；5～8 同 1～4 |

<table>
<tr><td colspan="2">动　作</td><td colspan="2"><br>1　～　2<br><br>3 ～ 4　5 ～ 6　7 ～ 8</td></tr>
<tr><td colspan="2">节　拍</td><td>下肢步法</td><td>上肢动作</td></tr>
<tr><td rowspan="2">四</td><td>1 ～ 4</td><td>左脚侧并步跳，1/2 后漫步</td><td>1 ～ 2 双臂侧上举，3 ～ 4 右臂摆至体前，左臂摆至体后</td></tr>
<tr><td>5 ～ 8</td><td>左转 90°，左脚开始小马跳 2 次</td><td>5 ～ 6 右臂上举，7 ～ 8 左臂上举</td></tr>
<tr><td colspan="4">第五至第八个八拍，动作相同，但方向相反</td></tr>
</table>

## 组合二

<table>
<tr><td>动　作</td><td><br>1　2　3　4</td></tr>
</table>

<table>
<tr><td colspan="2">动　作</td><td colspan="2"><br>5　　～　　6　　7　　8</td></tr>
<tr><td colspan="2">节　拍</td><td>下肢步法</td><td>上肢动作</td></tr>
<tr><td rowspan="3">一</td><td>1 ～ 4</td><td>右脚向右前上步吸腿 2 次</td><td>双臂自然摆动</td></tr>
<tr><td>5 ～ 6</td><td>左脚向后交换步</td><td>双臂随下肢动作自然摆动</td></tr>
<tr><td>7 ～ 8</td><td>右脚上步吸腿</td><td>双臂自然摆动</td></tr>
<tr><td colspan="2">动　作</td><td colspan="2"><br>1　　2　　3<br><br>4　　5 ～ 6　　7 ～ 8</td></tr>
<tr><td colspan="2">节　拍</td><td>下肢步法</td><td>上肢动作</td></tr>
<tr><td rowspan="2">二</td><td>1 ～ 4</td><td>左脚开始向右侧交叉步</td><td>双臂随步法向反方向臂屈伸</td></tr>
<tr><td>5 ～ 8</td><td>右转 45°，左脚做漫步</td><td>5 ～ 6 双臂侧屈外展，7 ～ 8 经体前交叉摆至侧下举</td></tr>
</table>

| | | | |
|---|---|---|---|
| 动　作 | | <br>1　2　3　4　5<br><br>～　6　7　～　8 | |
| 节　拍 | | 下肢步法 | 上肢动作 |
| 三 | 1～4 | 左脚开始“十”字步，同时左转 90° | 双臂自然摆动 |
| | 5～8 | 左脚开始向侧并步跳 2 次 | 双臂自然摆动 |
| 动　作 | | <br>1　2　3　4<br><br>5　6　7　8 | |
| 节　拍 | | 下肢步法 | 上肢动作 |
| **四** | 1～8 | 左脚漫步 2 次，右转 90° | 双臂自然摆动 |
| **第五至第八个八拍，动作相同，但方向相反** | | | |

## 组合三

<table>
<tr><td colspan="2">动 作</td><td colspan="2"><br>～ 1 2 3<br><br>4 5 6 7 8</td></tr>
<tr><td colspan="2">节 拍</td><td>下肢步法</td><td>上肢动作</td></tr>
<tr><td rowspan="2">一</td><td>1～6</td><td>右脚开始做侧点地 3 次</td><td>1～2 右臂向下臂屈伸，3～4 左臂向下臂屈伸，5～6 动作同 1～2</td></tr>
<tr><td>7～8</td><td>左脚开始向前走 2 步</td><td>击掌 2 次</td></tr>
<tr><td colspan="2">动 作</td><td colspan="2"><br>1 2 3 4<br>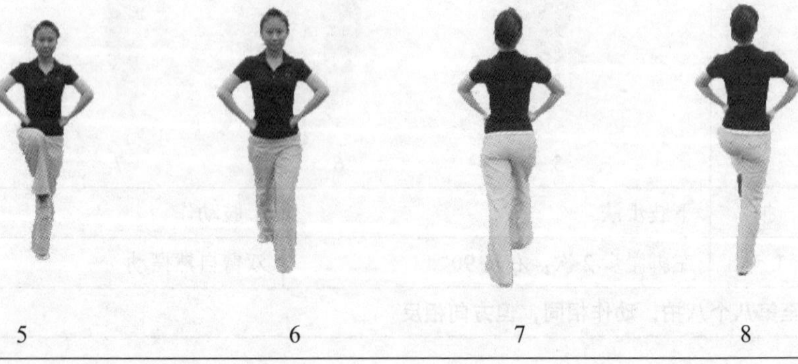<br>5 6 7 8</td></tr>
</table>

| 节　拍 | | 下肢步法 | 上肢动作 |
|---|---|---|---|
| 二 | 1～4 | 左脚开始吸腿跳 2 次 | 1 侧上举，2 双臂胸前平屈，3 同 1，4 叉腰 |
| | 5～8 | 吸右腿跳，向后落地，转体 180°，吸左腿 | 双手叉腰 |
| 动　作 | | 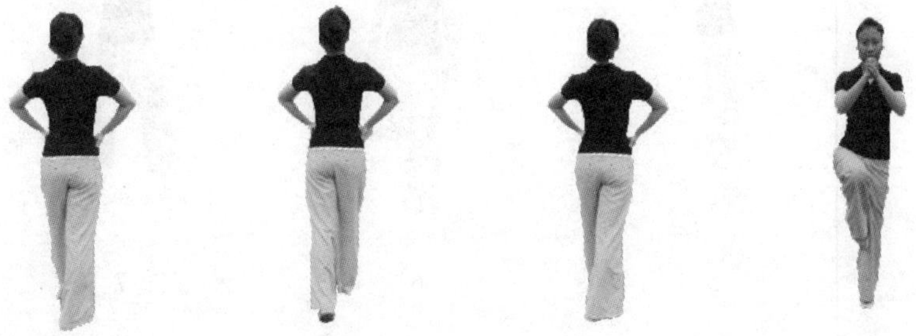<br>1　2　3　4<br><br>5　6　7　8 | |

| 节　拍 | | 下肢步法 | 上肢动作 |
|---|---|---|---|
| 三 | 1～4 | 左脚开始向前走 3 步吸腿跳，同时左转体 180° | 1～3 叉腰，4 击掌 |
| | 5～8 | 右脚开始向前走 3 步吸腿 | 5～6 手臂同时经体前下摆，7～8 经肩侧屈外展至体前击掌 |
| 动　作 | | <br>1　2　3　4 | |

5　　6　　7　　8

| 节　拍 | | 下肢步法 | 上肢动作 |
| --- | --- | --- | --- |
| 四 | 1～8 | 左脚开始并步 4 次，成“L”形 | 双臂做屈臂提拉 4 次 |
| **第五至第八个八拍，动作相同，但方向相反** | | | |

## 组合四

动　作

1　　2　　3　　4

5　　6　　7　　8

| 节　拍 | | 下肢步法 | 上肢动作 |
| --- | --- | --- | --- |
| 一 | 1～4 | 右腿上步吸腿 | 双臂做向前冲拳、后拉 2 次 |
| | 5～8 | 左脚向前走 3 步吸腿 | 手臂同时经前向下摆，7 肩侧屈外展，8 击掌 |

<table>
<tr><td colspan="2">动　作</td><td colspan="2"><br>1　　2～3<br><br>4　　5～6　　7～8</td></tr>
<tr><td colspan="2">节　拍</td><td>下肢步法</td><td>上肢动作</td></tr>
<tr><td rowspan="2">二</td><td>1～4</td><td>右脚向侧迈步，2～3 向右前 1/2 漫步，4 左脚向侧迈步</td><td>1 侧上举，2～3 随脚的动作自然摆动，4 动作同 1</td></tr>
<tr><td>5～8</td><td>右脚向左前方做漫步</td><td>双臂自然摆动</td></tr>
<tr><td colspan="2">动　作</td><td colspan="2"><br>1　　2　　3　　4<br><br>5　　6　　7　　8</td></tr>
</table>

| 节拍 | | 下肢步法 | 上肢动作 |
|---|---|---|---|
| 三 | 1～6 | 右脚开始上步吸腿 3 次 | 1 肩侧屈外展，2 击掌，3～6 动作同 1～2 |
| | 7～8 | 左脚前 1/2 漫步 | 双臂自然摆动 |
| 动作 | | 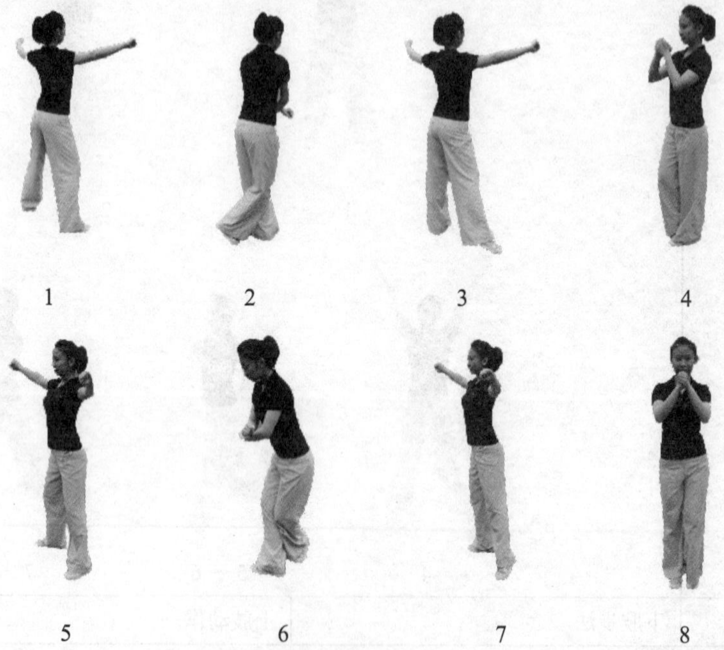 | |
| 节拍 | | 下肢步法 | 上肢动作 |
| 四 | 1～8 | 左转 90°，向左做侧交叉步转体 180° 接侧交叉步 | 1～4 双臂做外展、内收、外展、击掌，5～8 动作同 1～4 |
| **第五至第八个八拍，动作相同，但方向相反** | | | |

# 第二节　体育舞蹈

体育舞蹈

## 一、体育舞蹈的特点和分类

### （一）体育舞蹈的特点

体育舞蹈是由属于文艺范畴的舞蹈演变而来的体育项目，它兼有文艺和体育的特点，是介于文艺和体育之间的边缘项目，是以竞赛为目的，具有自娱性和表演观赏性的竞技舞蹈。它具有以下三个特点。

**1. 规范性**

规范性表现在技术上对足法、方位、角度的精确要求，它是历经百年历史锤炼，几代人的加工而逐渐形成的。

**2. 艺术观赏性**

体育舞蹈融音乐、舞蹈、服装于一体，通过优美的体态、舞姿等动人的肢体语言展示人的气质和风度，极具观赏价值，被认为是一种“真正的艺术”。

**3. 体育性**

体育性一方面体现在竞技性上，另一方面表现在锻炼价值上。体育舞蹈选手在完成某舞种成套动作之后的最高心率为女子 197 次/分，男子 210 次/分。作为体育锻炼的手段，体育舞蹈在生理和心理方面对人体有许多有益的影响。

### （二）体育舞蹈的分类

体育舞蹈按舞蹈的风格和技术结构，分为摩登舞和拉丁舞两大类。按竞赛项目可分成三类，即摩登舞、拉丁舞和团体舞。摩登舞包括华尔兹、探戈、狐步、快步和维也纳华尔兹五种。拉丁舞包括桑巴、恰恰恰、伦巴、斗牛舞和牛仔舞五种。

**1. 摩登舞**

摩登舞具有端庄、含蓄、稳重、典雅的风格。舞步流畅，轻柔洒脱，舞姿优美，起伏有序，音乐节奏清晰，舞蹈富于技巧性，是老少皆宜的舞系。在服装方面也相当考究，男士着西服或礼服（燕尾服），女士宜穿晚礼服或露背长裙，显示出庄重、高贵的气质及身材线条的优美。舞鞋也较讲究，男士一般穿黑色或与服装同色的软底跟缚带皮鞋，鞋底用牛皮毛面向外反做，要求轻软、合脚；女士的舞鞋要求鞋面色彩与衣裙协调，样式为高跟皮鞋，鞋跟的高度为 5 ～ 8 厘米，鞋底用牛皮反做，鞋面还可镶加亮饰。

**2. 拉丁舞**

拉丁舞具有热情、奔放、浪漫的风格特点。舞蹈动作豪放粗犷，速度多变，手势和脚步内容丰富，充满激情，音乐节奏鲜明强烈，尤为中青年人所喜爱。其服饰着重展示人体的曲线美，且带有拉美风格。男士下着体现人体线条的高腰筒裤或萝卜裤，上衣着适合于选手风格的长袖、坎袖衫，紧身或宽松式服装。女士穿露背或露腿的短裙或长裙，以展示背、腰、臀、胯、腿部动作和优美线条，增强风格性。拉丁舞鞋的鞋跟比摩登舞鞋稍高，女鞋为系带的凉鞋，鞋上可加亮饰，使脚部动作更醒目。

3. 团体舞

团体舞是摩登舞或拉丁舞的混合舞，由 8 对选手借助音乐的引导以及五种舞蹈在变化莫测的队形变动中编制出丰富多彩的图案。它将音乐、舞姿、队形、图案和选手们的和谐配合融为一体，达到了视、听的完美统一，使体育舞蹈的风格特点得到了更为鲜明的表现。

同一系列的舞种除在风格和内容上有其共同特点外，每个舞种在步法、节奏、技术处理以及风格上都有自己的独特之处。

## 二、体育舞蹈的作用

体育舞蹈是一项可以增强体质、改善心理的运动，属于有氧运动。它可以增强腿、肩、臂和躯干等部位的力量，还能教会你运用肢体去展现美、理解美、欣赏美，感受舞蹈的魅力。你也许不能成为职业选手，但会发现自己走路、谈话、甚至于思想都带有了几分自信，会自我感觉更好，睡得更香，而且经常微笑。人们迷恋体育舞蹈是因为音乐响起时那种内心激动不已的体验，所有这些都是体育舞蹈带来的益处。

### （一）培养乐感

舞蹈都是用强拍来开步的，不管强拍或是弱拍都是拍节中的一拍。从一个强拍到下一个强拍之前的部分称为一小节。每小节有两拍的叫二拍子，有三拍的叫三拍子，有四拍的叫四拍子。用作表示拍子的记号，如 2/4、3/4、4/4 等叫作拍号，它们分别读作“四二拍子”“四三拍子”“四四拍子”。2/4 拍子的强弱规律是：强、弱、强、弱，反复循环，一强一弱交替出现。3/4 拍子的强弱规律是：强、弱、弱、强、弱、弱。4/4 拍子的强弱规律是：强、弱、次强、弱、强、弱、次强、弱。

学习体育舞蹈就必须对音乐的重要性有足够的认识，不断地提高音乐修养。无论是表现摩登舞的绅士风度，还是表现拉丁舞的热情奔放，首先都应从感受音乐入手。一般初学者往往只注重舞蹈技术动作的学习，忽视了音乐的作用，在动作时，常出现舞步与音乐脱节的现象，破坏了动作的整体感和韵律感。音乐素养差会使舞蹈平淡无味，艺术感染力也就自然减弱。所以，我们在学习体育舞蹈之前，应知道自己在音乐方面有哪些差距，然后制订一个有针对性的计划，逐渐地感知音乐，其中包括音乐的节奏、旋律、意境，不同的配器、和声所要表达的音乐情感，不同舞蹈音乐的风格及结构特征。

### （二）提高身体的基本协调能力

学习体育舞蹈还必须具备一定的协调能力。作为初学者，首先要了解自身的条件和基本情况，寻找一种适合自己的练习方法。借助于其他的运动方式，如徒手体操、艺术体操、健美操等练习来逐渐提高协调能力。

### （三）改善身体形态

身体基本形态的训练可以改善你的身形和体态。通过芭蕾来训练身体各个部位的基本姿态，使其符合要求，如膝盖和脚面绷直、腿部外开、收腹立腰、姿态控制、手型与手臂位置的准确、手臂动作与头部动作的协调配合等，达到规范的要求。练习中要选配优美动听的音乐，音乐风格与动作风格相一致，以利于培养舞者的韵律感、美感意识和表现能力。按生理解剖部位（上肢、胸、肩、躯干、胯和下肢部位）将所选择的动作进行有机的组合，形成“节”和成套动作，并反复练习，从而为学习体育舞蹈奠定基础。

## 三、体育舞蹈基本技术

### （一）华尔兹

华尔兹舞的动作如行云流水般顺畅，像云霞般光辉，潇洒自如，典雅大方，被誉为“舞中皇后”。华尔兹舞曲的节奏是 3/4 拍，每分钟 28 ～ 30 小节，每小节有 3 拍。

1. 基本动作练习

（1）升降练习

方法：此动作练习主要为了体会踝、膝部的屈伸，加强脚及身体的控制能力，加强身体升降的稳定性。（图 13-2-1）

（2）手臂前后摆动的升降练习

方法：随着膝、踝的屈伸，身体、手臂前后摆转，掌握升降摆转的延伸动作。（图 13-2-2）

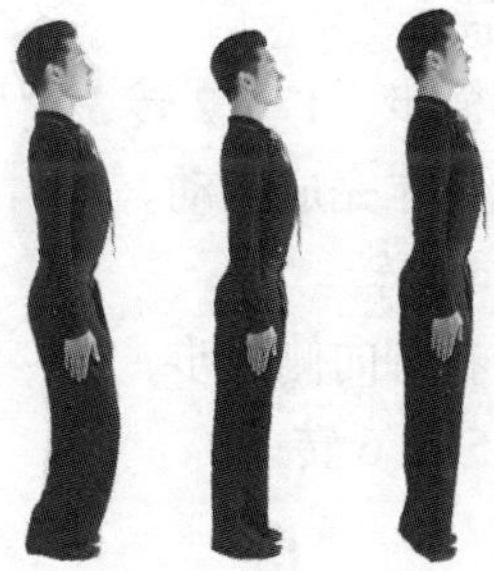

图 13-2-1

图 13-2-2

2. 握抱姿势

（1）闭式舞姿

男女舞伴相对站立，双脚并拢，脚尖对齐，正对前方。女士偏向男士右侧的 1/3，男女伴的右脚尖对准对方的双脚中线。男女伴的头都向左转，目光从男女伴右肩方向看出。女士从臀部以上向后上方打开，男士左手与女士右手掌心相握，虎口向上，前臂与大臂的夹角为 135°，高度与女士右耳相平。男士右手五指并拢，轻轻置于女士左肩胛骨下端。女士左手

四指并拢，虎口放在男士右臂三角肌处。（图 13-2-3）

（2）开式舞姿

在闭式舞姿的基础上，男女舞伴的上身各向外打开 25°，头面向手的方向，目光从手的方向向远方延展，男士与女士的右髋部仍相靠不能打开。

3. 基本步法

（1）左脚并换步（图 13-2-4）

① 男士左脚前进；女士右脚后退。

② 男士右脚经过左脚向侧步稍前；女士左脚经右脚向侧步稍后。

③ 男士左脚并右脚；女士右脚并左脚。

图 13-2-3

图 13-2-4

（2）右脚并换步

① 男士右脚前进；女士左脚后退。

② 男士左脚经过右脚向侧步稍前；女士右脚经左脚向侧步稍后。

③ 男士右脚并左脚；女士左脚并右脚。

（3）左转步（图 13-2-5）

共六步。节奏为 1、2、3、1、2、3。

① 男士左脚前进，开始左转；女士右脚后退，开始左转。

② 男士经右脚向侧横步，1 ～ 2 转 1/4；女士左脚向侧横步，1 ～ 2 转 3/8。

③ 男士左脚并右脚，2 ～ 3 转 1/8；女士右脚并左脚，身体完成转动。

④ 男士右脚后退，继续向左转；女士左脚前进，继续向左转。

⑤ 男士左脚向侧横步，4 ～ 5 转 3/8，身体稍转；女士右脚向侧横步，4 ～ 5 转 1/4。

⑥ 男士右脚并左脚，身体完成转动；女士左脚并右脚 5 ～ 6 转 1/8。

图 13-2-5

（4）右转步（图 13-2-6）

共六步。节奏为 1、2、3、1、2、3。

① 男士右脚前进，开始右转；女士左脚后退，开始右转。

② 男士经左脚向侧横步，1 ～ 2 转 1/4；女士右脚向侧横步，1 ～ 2 转 3/8。

③ 男士右脚并左脚，2 ～ 3 转 1/8；女士左脚并右脚，身体完成转动。

④ 男士左脚后退，继续向右转；女士右脚前进，继续向右转。

⑤ 男士右脚向侧横步，4 ～ 5 转 3/8，身体稍转；女士左脚向侧横步，4 ～ 5 转 1/4。

⑥ 男士左脚并右脚，身体完成转动；女士右脚并左脚，5 ～ 6 转 1/8。

图 13-2-6

（5）侧行追步（图 13-2-7）

侧行追步有四步，3 拍走 4 步。节奏为 1、2、&、3。由开式舞姿开始。

① 男士右脚前进并交叉于反身动作及侧行位置；着地时先脚跟后脚掌；女士左脚前进并交叉于反身动作位置，着地时先脚跟后脚掌，开始左转。

② 男士左脚横步，着地时用脚掌；女士右脚横步，着地时用脚掌，1 ～ 2 转 1/8 周。

③ 男士左脚并于右脚，着地时用脚掌；女士左脚并于右脚，着地时用脚掌，2 ～ 3 转 1/8 周，身体稍转。

④ 男士右脚横步稍后，着地时先脚掌后脚跟；女士右脚横步稍后，着地时先脚掌后脚跟。

图 13-2-7

（6）“V” 字步（图 13-2-8）

① 男士左脚前进；女士右脚后退。

② 男士右脚向斜内侧前进；女士左脚斜退。

③ 男士左脚在侧行位置交叉于右脚后；女士右脚在侧行位置交叉于左脚后。

（7）外侧右转步（图 13–2–9）

节奏为 1、2、&、3。由侧位开始。① 男士右脚前进并交叉于反身动作及侧行位置；女士左脚前进并交叉于反身动作及侧行位置。

② 男士左脚向侧；女士右脚向侧。

③ 男士右脚在侧行位置交叉于右脚后；女士左脚并右脚。

④ 男士左脚向侧且稍前进；女士右脚向侧并稍后退。

图 13–2–8

图 13–2–9

（8）右旋转步（图 13–2–10）

右旋转步有六步，节奏为 1、2、3、1、2、3。

① 男士右脚前进开始右转；女士左脚后退开始右转。

② 男士左脚向侧横步，1 ～ 2 转 1/4 周；女士右脚向侧横步，1 ～ 2 转 3/8 周，身体稍转。

③ 男士右脚并于左脚，2 ～ 3 转 1/8 周；女士左脚并于右脚，身体完成稍转。

④ 男士左脚后退，左脚保持在反身动作位置中（轴转）右转 1/2 周过渡到跟，掌转；女士右脚前进（轴转）右转 1/2 周，跟转。

⑤ 男士右脚前进继续右转，跟掌；女士左脚后退，并向左侧继续右转，跟掌。

⑥ 男士左脚横步稍后，5 ～ 6 转 3/8 周，掌跟；女士右脚经左脚斜进，5 ～ 6 转 3/8 周，掌跟。

图 13–2–10

（9）踌躇步（图 13–2–11）

① 男士左脚前进开始左转，着地时先脚掌后脚跟；女士右脚后退开始左转，着地时先脚掌后脚跟。

② 男士右脚横步 1 ～ 2 转 1/4 周，着地时用脚掌；女士左脚横步 1 ～ 2 转 1/4 周，着地时用脚掌。

③ 男士左脚并于右脚不置重量，2 ～ 3 转 1/8 周（掌跟，重心在右脚）；女士右脚并于左脚不置重量，2 ～ 3 转 1/8 周（掌跟，重心在左脚）。

（10）后叉形步（图 13-2-12）

① 男士反身动作位置中左脚后退；女士在反身位置及外侧中右脚前进。

② 男士右脚斜退；女士左脚向侧。

③ 男士侧行位置中，左脚交叉于右脚后；女士侧行位置中，右脚交叉于左脚后。

图 13-2-11

图 13-2-12

## （二）探　戈

探戈舞的风格是：动静交织，潇洒奔放，头部左顾右盼，快速转动。舞曲为 2/4 拍，每分钟 30 ～ 34 小节。音乐的特点是以切分音为主，带有停顿。舞步分 S（慢）和 Q（快），其中，S 占 1 拍，Q 占半拍，跳探戈舞时，要求膝关节放松，微屈，重心下沉，脚下干净利落，不拖泥带水。

**1. 握抱姿势**

闭式舞姿：男伴的右脚回收半脚并到左脚内侧脚弓处，前后错开半个脚，重心下沉，膝关节弯曲并松弛。左手回收，肘关节上抬，前臂内收角度加大（接近 90°）。男士右手略向下斜插女伴的脊椎骨略靠近右肩胛骨的地方（不要超过脊柱）；女士的左手拇指贴向掌心，四指并拢，虎口处抵住男伴的上臂外侧靠近腋部。男伴右肘与女伴左肘部相重叠，即男伴右肘骨抵住女伴的左肘内窝。目视方向与华尔兹相同。动作时有闪回的动作。男伴与女伴位置是 1/3 微贴，接触点是膝关节、髋部到腹部的位置。（图 13-2-13）

**2. 基本步法**

（1）二常步（图 13-2-14）

二常步有两步，节奏为S、S。

① 男士左脚前进；女士右脚后退。

② 男士右脚前进；女士左脚后退。

（2）直行侧步（图 13-2-15）

直行侧步有三步，节奏为Q、Q、S。

① 男士左脚前进；女士右脚后退。

② 男士右脚向侧稍后退；女士左脚向侧稍前进。

③ 男士左脚前进；女士右脚后退。

图 13-2-13

图 13-2-14

图 13-2-15

（3）并脚结束（图 13-2-16）

并脚结束有三步，节奏为Q、Q、S。

① 男士右脚后退；女士左脚前进。

② 男士左脚横步稍前，左转 1/4 周；女士右脚横步稍后，左转 1/4 周。

男士右脚并于左脚；女士左脚并于右脚。

（4）右摇转步（图 13-2-17）

① 男士右脚前进；女士左脚后退。

② 男士左脚向侧并稍后；女士右脚前进。

③ 男士重心回立右脚，1 ～ 3 右转 1/4 周；女士左脚后退，1 ～ 3 右转 1/4 周。

图 13-2-16

图 13-2-17

（5）基本左转（图 13-2-18）

基本左转有六步，节奏为Q、Q、S、Q、Q、S。

① 男士在反身位置中左脚前进；女士在反身位置中右脚后退。

② 男士右脚向侧并稍后退；女士左脚向侧且稍前进。

③ 男士左脚交叉于右脚之前；女士右脚并左脚且稍后退。

④ 男士右脚后退；女士左脚前进。

⑤ 男士左脚向侧稍前进；女士右脚向侧并稍后退。

⑥ 男士右脚并左脚且稍退后；女士左脚并右脚且稍前进。

图 13-2-18

（6）行进连步（图 13-2-19）

行进连步有两步，节奏为Q、Q。

① 男士在反身动作位置中左脚前进；女士在反身位置中右脚后退。

② 男士右脚向侧并在侧行位置中稍后退；女士左脚向侧并在侧行位置中稍后退。

（7）并式侧行步（图 13-2-20）

并式侧行步有四步，节奏为S、Q、Q、S。

在侧行位置上开始。

① 男士在侧行位置中，左脚向侧；女士在侧行位置中，左脚向侧。

② 男士右脚前进并交叉于反身动作位置与侧行位置中；女士右脚前进并交叉于反身位置与侧行位置中。

③ 男士左脚向侧并稍前进；女士左脚向侧。

④ 男士右脚向侧并稍后退；女士右脚交叉于左脚之后。

图 13-2-19

图 13-2-20

# 第三节　健美运动

健美

## 一、健美的科学训练方法

针对人体不同部位的健美运动，其方法均有所不同。

### （一）腿部肌群

双腿是人体的基座，承担着整个身体的重量，如果两腿无力，将会给日常生活和工作带来不便，更谈不上健美。人的衰老从腿开始。两腿无力，行走活动减少，会导致心肺功能下降，所以应重视腿部肌群的锻炼。

**1. 股四头肌、臀大肌**

（1）负重深蹲（图 13-3-1）

在做动作的过程中，应始终抬头、挺胸、紧腰，使杠铃垂直上升，意念集中在股四头肌、臀大肌上。

（2）跨举（图 13-3-2）

下蹲和起立时，腰背要挺直，两臂伸直，不得屈臂和耸肩。起立时应完全靠腿部力量。屈膝下蹲时，不可突然下蹲，应以股四头肌、臀大肌的力量控制杠铃缓缓下降，意念集中在股四头肌、臀大肌上。

图 13-3-1

图 13-3-2

**2. 股二头肌**

（1）俯卧腿弯举（图 13-3-3）

做俯卧腿弯举时，腹部要始终紧贴凳面，臀部不能撅起，意念集中在股二头肌上。

（2）立姿腿弯举（图 13-3-4）

动作不可太快，待股二头肌极力收缩后，稍停，再缓缓放下。意念集中在股二头肌上。

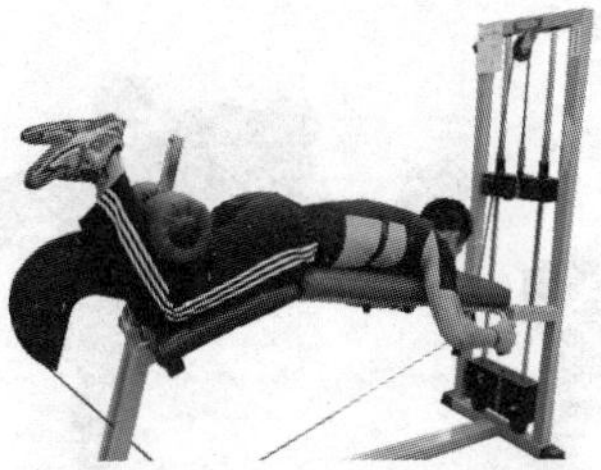

图 13-3-3

图 13-3-4

3. 小腿肌群

（1）立姿提踵（图 13-3-5）

做动作时，要保持重心稳定，下降时，脚跟要低于垫木面。意念集中在小腿肌群上。

（2）坐姿提踵（图 13-3-6）

在做动作的过程中，杠铃横杠的位置要正对脚跟，脚跟下降时，要低于垫木面。意念集中在小腿肌群上。

图 13-3-5

图 13-3-6

## （二）胸部肌群

胸部肌群包括位于胸前皮下的胸大肌、位于胸廓上部前外侧胸大肌深层的胸小肌和位于胸廓外侧面的前锯肌。在锻炼胸肌时，需要采用不同的动作从不同的角度来对胸肌进行不同的刺激，才能使胸部肌肉练得既发达又有线条。

1. 杠铃平卧推举（图 13-3-7）

要求上推路线要垂直。意念集中在胸大肌上。

2. 仰卧飞鸟（图 13-3-8）

要求肩、肘、腕始终在同一垂面内。意念集中在胸大肌和三角肌前束上。

图 13-3-7

图 13-3-8

## （三）背部肌群

背部肌群主要由上背部斜方肌、中背部背阔肌和下背部骶棘肌三部分组成。强壮发达的背部肌肉，使上体呈"V"字形，并能使腰背挺直，塑造良好的体形。

1. 直立耸肩（图 13-3-9）

在做动作的过程中，两臂不得上提杠铃，臂部和两手仅起固定杠铃的作用。耸肩时，不得弯腰、弯背。意念集中在斜方肌上。

2. 单杠引体向上（图 13-3-10）

在动作过程中，身体不能摆动，向上拉时不能用蹬腿力量，拉得越高越好。意念集中在背阔肌上。

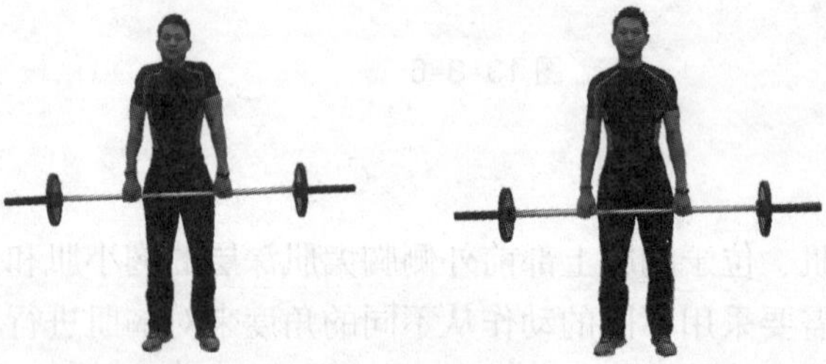
图 13-3-9

图 13-3-10

## （四）肩部三角肌

肩部是否健美，主要看三角肌发达与否。三角肌位于肩部皮下，呈三角形，底向上，尖向下，从前后外侧包裹着肩关节，它的最前部和最后部的肌纤维呈梭形，而中部肌纤维呈多羽状，这种结构使三角肌具有较大力量。

1. 颈前推举（图 13-3-11）

要求上体保持正直，不得借助腰、腿力量。意念集中在三角肌前束上。

2. 颈后推举（图 13-3-12）

要求两肘始终保持外展，杠铃垂直向上推。意念集中在三角肌后束上。

图 13-3-11

图 13-3-12

## （五）臂部肌群

臂部肌群分上臂肌和前臂肌。上臂肌主要是肱肌、肱二头肌和肱三头肌。前臂肌主要是旋前圆肌、屈手肌、伸手肌和手肌。

1. 上臂肌群

（1）杠铃弯举（图 13-3-13）

弯臂时，上体切忌前后摆动。意念集中在肱肌、肱二头肌上。

（2）反握引体向上（图 13-3-14）

在上拉过程中，不得借助腰、腹的振摆来做动作。意念集中在肱二头肌上。

图 13-3-13

图 13-3-14

2. 前臂肌群

反握腕弯举：手腕向上弯曲时，要尽量收缩前臂肌。意念集中在前臂屈肌群上。（图 13-3-15）

图 13-3-15

### （六）腹部肌群

腹部肌群由腹直肌、腹外斜肌、腹内斜肌构成。

1. 单杠悬垂举腿（图 13–3–16）

做动作时不得借助身体摆动的助力。意念集中在下腹部。

2. 仰卧起坐（图 13–3–17）

做上体前屈时动作要慢，不得后仰助力。意念集中在腹直肌上。

图 13–3–16

图 13–3–17

## 二、健美运动的锻炼方法

### （一）锻炼要求

（1）动作要到位。在锻炼中，要使所练肌肉得到完全收缩和伸展。要认真地完成好每一个动作，不要只做其中一个部分，手举到最高点时，要用力保持 5 秒，使肌肉达到顶峰收缩。

（2）用力控制住器械，不要随意放下。当动作达到最高位时，要控制好器械。

（3）不要有借力动作。借力动作就是指不通过肌肉而靠摆动技巧完成。借力动作对肌肉训练没有帮助，所以千万不能用借力动作。

（4）在训练的过程中，做到连续刺激。在举起器械的整个过程中，动作要平稳，不仅要控制好动作，还要使所练的肌肉处于顶峰收缩状态。训练中，除所练肌肉保持紧张外，其他部位应保持放松状态。

（5）在训练某一块肌肉时，一定要把注意力集中在自己的肌肉上。要知道自己是在锻炼肌肉而不是在举重，所以不要想所举的重量和其他东西，只需注意所练的肌肉如何在运动中收缩和伸展。

### （二）肌肉练习的两个原则

1. 肌肉锻炼隔天练

肌肉锻炼最怕勉强和停歇，勉强的情况下肌肉容易受伤。同样，2 ～ 3 天之后，如果没有运动的刺激，前一段时间的运动效果会逐渐消退。因此，一般应隔天进行肌肉练习。

对于每周有 3 次锻炼时间的健身者，可以把身体分为几个组合进行锻炼，每次一个大肌肉群加上一个小肌肉群，把每个肌肉群都练到。例如，周一可以锻炼胸肌和肱三头肌，周三锻炼背部的肌肉和肱二头肌，周五锻炼腿部、肩部的肌肉，周二、四、六休息，让肌肉得到充分的休息和营养补充。

**2. 肌肉要交替训练**

肌肉力量与体积的发展与训练强度紧密相关，交替练习更有利于肌肉体积和力量的增长。

例如，在卧推和肱三头肌下推练习中，肱三头肌是原动肌。练习者做完卧推后立即做肱三头肌下推练习，能克服 30 千克的阻力。若在两组练习间完成一组站立肘屈伸练习，那么再做下推练习时就能克服 34 千克的阻力，因为疲劳的肱三头肌得到了一定的恢复。训练者若有意对同块肌肉进行连续刺激，那就要注意恢复间歇时间必须充足。

锻炼肌肉是很简单的，重复地举放重物就可以锻炼出肌肉，但注意改善细节和避免错误，就可以在最短的时间锻炼更多的肌肉，同时还能避免运动带来损伤的危险。

### （三）力量训练的四大误区

**1. 每个动作重复 8 ～ 12 次**

这个误区是建立在“在最佳范围内锻炼肌肉”的理论上，但事实上，使用此方法会使肌肉在中等强度下持续中等量的时间，这样会妨碍肌肉的最大生成量。因为肌肉的形成需要经历高强度和大重量的刺激，这样才会使肌纤维增粗，而同重量长时间的训练只会提高肌肉耐力。

**2. 每个练习做 3 组**

在人的力量不变的情况下，一个动作重复的次数越多，需要做的组数就越少，反之亦然。

保持锻炼的总量，不必在意每组重复多少。可以重复 8 次或 8 次以上，那样可以做 3 组左右的动作。如果重复仅有 3 次，那么至少要做 6 组动作。

**3. 每个肌肉群做三四组动作**

不要把注意力放在不同动作的运动次数上，一共重复 25 ～ 50 次就足够了。也就是说，5 组动作重复五遍（25 次）或两三组动作每组重复 15 次（30 ～ 45 次）。

**4. 举哑铃时一定要提臀**

举哑铃能够锻炼背部肌肉，当背部酸痛时会延伸至横向腹腔肌肉，而横向腹腔肌肉是维持脊柱肌肉群稳定的一部分。在举重时，提臀能够锻炼到横向腹腔肌肉，从而增加对脊柱的支持，减少对背部的损伤。

# 第四节　瑜　伽

## 一、练习瑜伽的准备

### （一）练习前的准备

（1）环境应安静幽雅，温度应适宜怡人。如果是在室内练习，灯光应偏向自然、柔和；通风换气，保证空气清新，以便静心和集中注意力。

（2）练习前，排尽体内废物，换上宽松、柔软、舒展、可撑拉的服装，严禁穿紧身内衣练习；在允许的环境中，赤脚练习较好；不戴任何饰物，保持脸部洁净。

（3）为让紧张的大脑和神经系统更快地放松，可以点上香熏炉，让空气中弥漫着自己喜欢的、沁人心脾的芬芳香味。

（4）配上宁静、舒缓、悠扬的瑜伽音乐，使人联想到纯净、美好的大自然，易于消除杂念。

（5）对于初学者和柔韧性不好的人来说，准备一条毛巾做辅助是必不可少的。为防止做地面动作时受伤，应准备一块薄地毯或健身垫。

### （二）练习的心理提示

（1）将瑜伽当作娱乐和令人快乐的事来做。放松心情，愉快地练习，不要一味地追求高难度的动作，不要强迫自己在短时间内达到演示者的水平。

（2）瑜伽的练习需要大家抱着对自己身心健康高度负责的态度来进行。对于较高难度的动作，在还没完全明白前，不要擅自进行。务必在教练指导下逐步完成，以确保身体不受任何损伤。

（3）瑜伽的奥妙要亲自体会才能有所领悟。参考书中的内容最适合业余瑜伽爱好者进行练习，但请勿期望立即生效，至少需要持续三个月方能有效果，持续时间越长，效果越显著。

### （三）饮食提示

瑜伽练习要达到健身、美体、养颜的效果，饮食是不可忽视的要素。

（1）练习前3小时不进正餐，半小时前不大量饮水（除特殊要求外）；练习结束一刻钟至半小时后，饮富含维生素的果汁或纯净水一杯，帮助补充水分，排除毒素。

（2）平常饮食适时、适量，以绿色植物为主。饮食是血液质量、纯度的根源，摄入果蔬类植物性食物与肉类动物性食物的比例应为3 ∶ 1。

（3）少食或不食用刺激性强的食物，如过冷、过热、辛辣、油炸、腌制、含防腐剂或甜食类食品。

（4）饮食过程情绪平和，速度适中。

## （四）准备姿势

任何一个准备姿势，必须保证动作和内心稳定，气息调顺。

（1）站姿：60%的重心置于前脚掌，双腿夹紧并拢；向上提臀，使臀线上提；脊柱向上挺拔；收紧腹部和胃部；展开胸腔，肩胛骨微微后夹；向上伸展颈项，感觉头部被向上牵引；正视前方。（图 13-4-1）

（2）简易坐姿：坐于地上，双腿自然弯曲，盘起；双手轻放于膝盖上。（图 13-4-2）

（3）直角坐姿：双腿伸直、并拢；背部直立，头部端正；双臂自然支撑于体侧。（图 13-4-3）

图 13-4-1

图 13-4-2

图 13-4-3

## （五）放松姿势

在每个姿势练习完之后，都必须彻底放松全身，不要将疲劳带到下一个姿势。任何一个放松姿势都要求全身脏器完全地放松，意识要尤其针对疲劳、酸痛的部位。

（1）折叠式放松：直立下蹲，含胸低头；两臂自然下垂，半握拳，用拇指和其余四指支撑着地。（图 13-4-4）

（2）仰卧式完全放松：仰躺于地面，双臂分别于体侧打开 30°，手心向上，双腿自然分开 30°。（图 13-4-5）

图 13-4-4

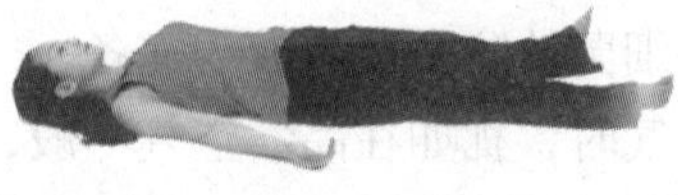

图 13-4-5

（3）俯卧式完全放松：俯卧于地面，头转向一侧；双臂分别于体侧打开 30°，手心向上，双腿自然分开 30°。（图 13-4-6）

（4）英雄式放松：双膝并拢，两脚分开，臀坐落于两脚之间的地面上；手肘支撑，慢慢地将上体和头部有控制地放落到地面上；双手自然打开于体侧，手心向上。初次练习时，可将双膝稍稍分开练习。深呼吸，长久地保持这个姿势，对腿部有疼痛病症的人

有益。（图 13–4–7）

图 13–4–6

图 13–4–7

## 二、呼吸和悬息

### （一）呼　吸

瑜伽的呼吸又称为调息。完全的瑜伽式呼吸能使肺部更加强健，增加对身体的氧气供应量，洁净血液，规律性地按摩内脏器官。

**1. 呼吸方法**

最基本的呼吸方法有三种：胸式呼吸、腹式呼吸和胸腹式完全呼吸。

（1）胸式呼吸：气息的吸入，局限于胸腔的区域，气息较浅，这种呼吸适宜做针对性较强的动作（例如，上背部和胸部的动作）。

动作要领：意识力集中于肺部，缓缓吸气，感觉自己的肋骨向外扩张，气息充满胸腔，保持腹部的平坦；缓缓呼气放松胸腔，将气呼尽。

（2）腹式呼吸：气息的吸入，局限于腹部的区域，气息较深，横膈膜下降得较为充分。

动作要领：更多地关注腹部，缓缓吸气，感觉腹部被气息充分膨胀，向前推出，胸腔保持不动；缓缓呼气，横膈膜上升，腹部慢慢向内瘪进。

（3）自然完全的呼吸（胸腹式呼吸）：自然完全的呼吸，提供给身体最充足的氧气，将体内的浊气、废气充分地排出体外。

动作要领：缓缓吸气，感觉到由于横膈膜下降，腹部完全鼓起；随后，肋骨处向外扩张到最开的状态，肺部继续吸入氧气，胸腔完全扩张，胸部上提；吸满气后，缓缓地呼出，放松胸腔，将胸部的气呼出，随后温和地收紧腹部，腹部向内瘪进去，感觉肚脐去贴后背，将气完全呼尽为止。

**2. 呼吸时的注意事项**

（1）意识力集中到一呼一吸上。

（2）瑜伽呼吸只有在特殊情况和要求下，才由口腔参与呼吸，一般只由鼻腔参与活动，因为鼻腔对灰尘和细菌的防御措施较为完备。

（3）每一次吸气时，犹如在品尝空气一般，缓缓而深长地吸入。

（4）每一次呼气时，犹如蚕吐丝一般，细而悠长。意识中要将体内的浊气通通排除。

### （二）悬　息

悬息是指在调息过程中屏住呼吸的这段时间内的状态，是在调息练习已有一段时间，并能够毫不费劲、从容自如地控制并调节吸气和呼气的完整过程后，开始进行的练习。

悬息分为内悬息和外悬息两种。内悬息是指吸气后蕴气而不呼，外悬息是指呼气后闭而不吸。

**1. 内悬息的练习**

状态：吸气—内悬息—呼气。

时值：吸气、内悬息、呼气三者的时间相等。

时间：吸气、内悬息、呼气的第一个阶段 1～4 秒钟、第二阶段 1～7 秒钟、第三阶段 1～9 秒钟。

**2. 外悬息的练习**

状态：呼气—外悬息—吸气。

时值：呼气、外悬息、吸气三者的时间相等。

时间：呼气、外悬息、吸气的第一个阶段 1～4 秒钟、第二阶段 1～7 秒钟、第三阶段 1～9 秒钟。

**3. 悬息的效果**

正确而有规律的悬息练习，能给身体健康带来极大的益处，可帮助清除肺部的浑浊气体，清除血液系统中的毒素，加大对人体的氧气供给量，使人精神焕发，头脑清晰，内心平静稳定。

## 三、瑜伽坐姿

瑜伽中的坐姿可以帮助人们达到内心更为平静、祥和的状态，使机体和内心获得全面、健康的积极影响。坐姿可以预防由于长期紧张、压抑、忧虑引起的各种疾病，增强免疫系统的功能。

瑜伽所有冥想坐姿都具有减少下肢的血流量、减缓血液流速、消除下肢的僵硬和疲劳、给予脊柱下半部分补养的作用，对腹脏器官有益。

### （一）简易坐

坐于地面，双腿自然弯曲盘起；双手轻放于膝盖上。（图 13-4-8）

特点：可以减轻风湿疼痛，消除关节炎。

### （二）雷电坐

跪立，双膝并拢，大脚趾交叠，脚跟、脚踝像括号一样，向左右两边分开；背部垂直于地面，臀部坐于两脚内侧。（图 13-4-9）

特点：适合于患有坐骨神经疼、尾骨感染及胃病的人练习。

### （三）达仁坐

直角坐姿准备，背部自然伸直，将右脚跟顶住会阴部，右脚脚底紧贴大腿；将左脚置于右脚上，左脚脚跟靠近耻骨，前脚掌和脚趾插进大腿和小腿之间。（图 13-4-10）

特点：可镇静神经，保持并提高思维的敏锐与清晰。患有坐骨神经痛、尾骨感染的人避免做这个姿势。

### （四）莲花坐

直角坐姿准备，将右脚脚背置于左大腿根上；再将左脚脚背置于右大腿根上，两只脚的脚心朝上；两膝向下，贴近地面；伸直背部，端正头部。（图 13–4–11）

图 13–4–8

图 13–4–9

图 13–4–10

图 13–4–11

特点：有益于呼吸系统和消化系统的健康，使神经系统也充满活力，消除紧张情绪；使下肢的肌肉富有弹性，各个关节柔韧，虽然久坐，也不会出现充血。

坐姿重点提示有以下几点。

（1）双手帮助将脚盘放到准确的位置上。

（2）每一种坐姿都要左右换腿练习。

（3）一旦有不适感觉，一定要放松、按摩腿部，或交换腿来练习。

（4）坐姿的时间一长，有人会驼背、低头，请时时注意保持腰部、背部、颈部、头部成一条向上的直线。

（5）刚开始练习，尤其是练习难度较大的坐姿时，时间长了脚背、脚踝、膝盖、髋部，甚至是腰部都会容易出现不适的现象，对于初学者来说这是很正常的现象，只要及时地按摩放松，不会有任何负面影响，坚持一两个月就会只剩下舒适的感觉了。

## 四、瑜伽休息术

### （一）休息术

瑜伽休息术，是一帖简单而有效的放松身心的良方，任何人都可以做。

休息术包括瑜伽语音休息术、放松身体各部位、精力充沛后起身。

我们在日间进行休息术时，最好保持清醒状态，注意力集中到放松上，以达到放松的最佳效果。瑜伽休息术在夜间进行时，目的在于帮助身心尽快放松，消除失眠的痛苦。临睡前躺在床上，进行全套的瑜伽休息术，不必从头至尾保持警醒状态，可以自然而然地做着休息术直到睡着。如果能做到放松全身各部位后再睡着就更好了，这样次日早晨醒来会感觉轻松、舒畅、神采奕奕。

准备好瑜伽垫，开始瑜伽休息术。仰躺于垫子上，端正全身，使脊柱伸直、放平。伸直双臂，置于体侧 15° 的位置，双手手心向上，两脚分开约 30 厘米的距离，全身以最舒适的状态保持不动，闭上眼睛。

1. 语音休息术

静心关注自己的一呼一吸，开始瑜伽语音休息术。

选择好任意一个自己喜爱的语音，如Madana—Mohana（马丹那—末汉那）。

每次吸气时，心里默念Madana—Mohana（马丹那—末汉那）。

每次呼气时，嘴巴轻轻地出声念Madana—Mohana（马丹那—末汉那）。

让这柔和、宁静的声音发自肺腑，由气息带出，感觉这声音飘的很远很远，每一个音节之间可以加大间隔，根据自己气息的长短合理安排，吸气与呼气的时间一样长。将语音反复10次左右，不要着急。

2. 放松身体各部位

放松意识力，不要思考，开始单纯地放松身体各部位。

意识力在每一个需要放松的部位松动地注意一会儿，再转到下一个需要放松的位置。

放松右脚的五个脚趾，放松右脚心、脚跟、脚背、脚踝、右小腿胫骨、小腿肚、膝盖、膝盖窝、大腿前侧、大腿后侧。

继续放松右髋、右侧腰、右侧腋窝、右侧肩膀、右边大臂的内外侧、右边小臂的内外侧、右手腕、右手心、右手臂、右手的五个手指，包括手指尖都完全放松了。

放松左脚的五个脚趾，放松左脚心、脚跟、脚背、脚踝、左小腿胫骨、小腿肚、膝盖、膝盖窝、大腿前侧、大腿后侧。

继续放松左髋、左侧腰、左侧腋窝、左侧肩膀、左侧大臂的内侧、外侧、左边小臂的内侧、外侧、左手腕、左手心、左手背、左手的五个手指，包括手指尖都完全放松了。

放松整个臀部、骨盆，所有的肋骨每一根都放松了，放松后腰及整个背部。

放松尾骨、骶骨、腰椎、胸椎、颈椎，整条脊柱全部放松了。

放松腹部、腹部的内脏器官，放松肾脏、胃部、肝脏、肺部、心脏，所有的内脏器官都放得很松、很松。

放松肩胛骨，放松颈部的两侧、前侧、后侧。

放松后脑勺、头顶、头的两侧，整个头部完全放松了，头皮、每一根头发全都放松了。

放松前额、面颊、下巴，放松眉目、眼球、眼眶、眼睑、睫毛。

放松耳朵、鼻子、上唇、下唇、牙齿、舌头、喉咙。

放松身体的每一个毛孔，每一寸皮肤，放松全身的肌肉。

感觉整个身体很重、很重，沉到海底，沉到地底，随后感觉身体很轻、很轻，轻得像一片羽毛，漂浮到空中，身体似羽毛飘落到地上。

3. 瑜伽休息术注意事项

（1）放松身体各部位，可以按照不同的顺序，反复进行，直到彻底放松。

（2）注意保暖，不要躺在冰凉的地面上；寒冷处休息需要铺上保暖的毯子。

（3）不习惯平躺的人，可以在后脑勺处放个小枕头或别的柔软的东西，甚至可以坐着进行。

（4）不要饱餐后做休息术，尤其是在晚上。

## （二）休息术结束起身

动一动脚趾，手指，捏一捏拳，感觉到身体慢慢地变暖了。

用力搓热双手，掌心轻轻覆盖在面颊、前额、太阳穴上轻轻地按摩，按摩鼻子的两侧。

用手掌向上推送下颚，用手指尖轻轻敲击眼眶四周，搓揉耳廓、耳垂。

将身体向右侧卧，右手支撑头部，左手轻轻按摩并敲打百汇穴，使头脑警醒。

闭着眼睛，盘腿坐起，调息三次后，睁开眼睛，感觉到明亮的视线。

缓缓起身，直立，完成整套瑜伽休息术。

# 第十四章

# 户外运动

## 第一节　定向越野

定向越野

### 一、定向运动的器材与设备

#### （一）指北针

辨别正确方向最有用的工具是指北针，它是定向运动中可以使用的合法工具。目前，国际上的定向越野比赛常使用由透明有机玻璃材料制造的指北针。

#### （二）定向地图

它是定向运动中最重要的材料，其质量的好坏不仅直接影响到运动员比赛的成绩，同时也反映比赛的公正性。因此，国际定向联合会已专门为国际间的定向比赛制定了《国际定向运动地图制图规范》，其基本要求如下。

1. 比例尺

通常为 1 ∶ 15000；如比赛需要时也可采用 1 ∶ 10000。

2. 等高线

等高线是由地面上高度相等的各点连接而成的曲线。从等高线上可以看出不同地形高度的差异，也能清楚地了解哪里有山，哪里有坑谷、山脊及地形的陡缓。通常地图上等高线越多，山越高；等高线越密集，地形越陡；等高线越疏，地形越缓。

3. 等高距

相邻两条等高线水平截面的垂直距离称为等高距。它指的是两相邻等高线的高差。从等高线显示地貌原理可知：① 等高距愈小，同一幅图上等高线愈多、愈密，图面愈不清晰，但地貌显示愈详细；② 等高距愈大，等高线愈小、愈稀疏，图面愈清晰，但地貌显示愈简略。

4. 精　度

定向比赛必须使用较高精度的地图，至少要使以正常速度奔跑的运动员没有任何不准确的感觉。

5. 内容表示的重点

详细表示与定向运动直接相关的地物、地貌。要用各种颜色、符号等来详细区分通行的难易程度。

6. 路线设计

一条定向路线一般包括一个起点（用等边三角形表示，边长 7 毫米）、一个终点（用一个不同大小的同心圆，大圆直径为 7 毫米，小圆直径为 5 毫米，表示起、终点不在同一地点；起点和终点在同一地点时用等边三角形外加圆圈，其直径为 7 毫米）及一系列的检查点（用单圆表示，直径为 6 毫米）。检查点用于检验运动员是否按规定完成全程，因此，应设专门的标志，检查点应在定向地图中准确地标示出来，如图所示。（图 14–1–1）

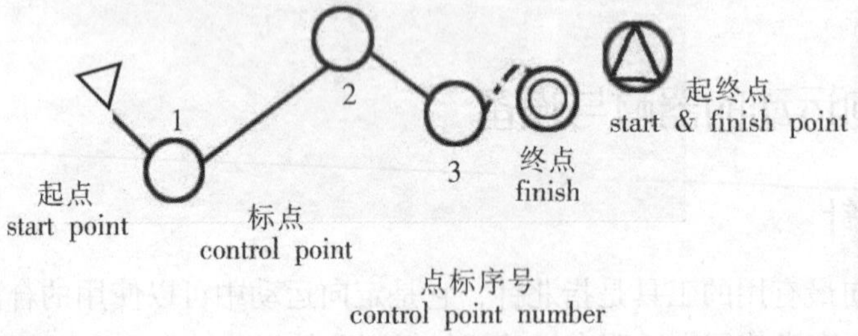


图 14–1–1

## （三）号码布

运动员在比赛中所使用的号码布通常不超过 24 厘米 ×20 厘米，号码的数字高度不小于 12 厘米，且数字清晰，字体端正。正式的比赛要求运动员的号码布必须佩戴于胸前和背后两处。

## （四）点标旗

点标旗标志由三面标志旗组成。每面标志旗的尺寸是 30 厘米 ×30 厘米，从对角线分开，左上为白色，右下为橙红色。点标旗通常要编上代码（国际上曾使用数字做代码，现已规定用英文字母做代码），目的是方便运动员在比赛中根据点标旗上的代码来判断自己是否找到了正确的检查点。点标旗的悬挂方法有两种，即桩式和无桩式，点标旗悬挂的高度一般是从其上方计算，距离地面 80 ～ 120 厘米。

## （五）打卡器

打卡器是证明运动员是否通过比赛中的各个检查点的凭据。运动员必须在到达每一个检查点时，使用打卡器在检查卡片上打卡或使用电子打卡系统打卡，以证实自己到达此检查点。常用的人工打卡器为钳式，也可使用印章或色笔。

### （六）检查卡片

检查卡片用于判定运动员的比赛成绩，通常用厚纸片制成，分为主卡和副卡两部分。其中，主卡由运动员在比赛中携带，并按顺序把到访的每个检查点打卡图案打印在卡片的空格中，回终点时交给裁判员验证。副卡在出发前交工作人员留底和公布比赛成绩时使用。

### （七）运动服装

定向运动通常对运动员的服装没有特别要求，只要求运动服装轻便、舒适。服装过紧或过厚都不利于野外运动。另外，运动鞋必须是轻便、鞋底柔软且摩擦力强、不打滑的。为保护自己，可采用一些有弹性的面料做护腿，以防损伤。

## 二、定向运动的基本技能

### （一）识图及用图技能

在定向运动中，必须首先标定地图，即保持地图的方位与实际地形的方位一致，这就是给地图定向，它是定向运动中最重要的技能。定向地图时应边走边对照，随时确定自己在地图上的位置，做到“人在路上走，心在图中移”。

**1. 概略标定地图**

在定向运动中，地图的方位是：上北，下南，左西，右东。只要将地图的上方与现地的北方同向，地图即被标定。

**2. 指北针标定地图**

指北针是定向运动中最重要的仪器，是找到正确方向的最有用的工具。指北针也是定向运动中可使用的唯一合法工具，在定向运动中，指北针的红色指针永远指向北。

使用指北针给地图定向的方法如下。

（1）将地图与指北针都水平放置。

（2）佩戴的指北针水平放置不动，转动地图直到地图上的指北线与指北针红色的指针平行，此时地图即被定向。具体方法如下。

① 把指北针套在左手拇指并水平放置在地图上，接着将指北针上右侧的蓝色箭头从自己所在的位置指向你要行进的位置。

② 然后水平转动指北针和地图（你的身体也随着转动），直到指北针上红色的指针与地图上表示南北线的北箭头同方向。

③ 此时指北针上蓝色箭头所指的方向就是你要行进的正确方向。

**3. 利用直长地物标定地图**

利用直长地物（如道路、土垣、沟渠、高压线等）标定地图，首先应在图上找到这段直长地物，概略标定地图后，使图上的直长地物符号与现地直长地物方向一致，地图即已被标定。

4. 利用明显地形点标定地图

在明显地形点上使用地图时，可首先确定站立点在图上的位置。方法是选择一个地图上与现地都有的远方明显地形点作为目标点，并转动地图，使地图上的站立点至目标的连线与现地的站立点至目标的连线相重合，此时地图即已标定。

5. 确定站立点

标定地图后，就应立即确定站立点在图上的位置，这是在现地使用地图的关键。方法有直接确定法、目估法和交会法等。

（1）直接确定法

当自己所站的位置在明显地形点上时，只要从地图上找出该地形点，站立点即可确定。现地可称得上明显地形点的地物包括：房屋、塔、桥梁、围栏和输电线等；可称得上明显地形点的地貌包括：山地、谷地、洼地、鞍部、冲沟、陡崖、山脊和陡坡等。

（2）目估法

利用明显地形点，采用大致估计的方法确定站立点在地图上的位置。

（3）交会法

常用的方法有 90° 法、截线法和后方交会法。

① 90° 法：是指当待测点位于线状地形（如道路、沟渠、山背线、谷地和陡坡交换线等）上时，如果在与运动方向相垂直的方向上能够找到一个明显地形点，线状地形符号与垂直方向线的交会点即为站立点。

② 截线法：测点位于线状地形上，但在其与运动方向相垂直的方向上没有明显地形点，可以采用此法。其步骤为：在线状地形的侧方选择一个图上与现地都有的明显地形点；利用指北针的直长边缘切于图上明显地形点的定位点上；然后转动指北针，使其直长边照准该地形点；沿指北针的直长边向后画方向线，该方向线与线状地形符号的交点，就是站立点在图上的位置。

③ 后方交会法：测点上无线状地形可利用，而且地图与现地相应地都有两个以上的明显地形点时可采用此法。通常要求地形较开阔，视野良好。其步骤为在图上找到选定的方位物之后，标定地图；然后按照截线法的步骤分别向各个方位物瞄准并画方向线，图上方向线的交点就是站立点。

## （二）选择路线的技能

什么是最佳行进路线？简单来说是最安全、省时间、省体力，且便于发挥自己的运动技能及体能优势的路线。路线选择应遵循的原则如下。

（1）有路不越野原则。这样运动员容易确定站立点，且路面易奔跑，更能增强运动员的信心。

（2）走高不走低原则。也就是从上到下法，这样运动员站得高、看得远，有利于确定站立点和保持行进速度。

（3）提前绕行法原则。在定向比赛中，运动员必须超前读图，提前思考，明确下一个目标点，要通观全局，提前选择好最佳的迂回运动线路。

## （三）保持正确行进方向的技能

选择最佳路线后，运动员必须采取相应的方法，才能确保正确的行进方向，安全到达目的地。常见的方法有记忆法、拇指压法、“扶手”法、简化法等。

**1. 记忆法**

采用此法一般是按线路行进的顺序，分段地记住路线的方向、距离、要经过的地形点、周围的参照（辅助）物。运用记忆法时，运动员应做到“人在地上跑，心在图中移”。这样可以减少读图时间，提高运动成绩。

**2. 拇指压法**

在定向运动中运动员常把拿图手的拇指想象为自己（即缩小到地图中的自己），当运动员向前运动时，其拇指也在地图上作相应的移动，这种方法称为拇指压法。拇指压法可以随时帮助运动员确定自己在地图中的位置。

**3.“扶手”法**

在定向运动中，指运动员把现地中的线形、地形，如各种道路、溪流、输电线、地类界等地貌，比喻为人们上下楼梯时的安全扶手，作为行进的“引导”。利用这种方法运动员能较为容易和安全地到达目的地，也能使运动员增强比赛的信心。

**4. 简化法**

运动员在读图时要学会如何概括地形和简化地图。尤其是在一些零碎而杂乱地域时，更要注意概括该地域的地形结构，突出主要的地形特征，从而把复杂的地图在脑袋中描绘成一幅新的简化了的地图。

## （四）正确寻找检查点的技能

运动员到达检查点附近后，如何正确捕捉目标点是十分关键的。掌握以下方法有助于迅速捕捉目标点。

**1. 偏向法**

如果运动员要穿越一块没有明显特征的地带而要寻找一个交叉口、一条路的尽头或面状地物的侧顶点时，不能正对着这一目标点直接去找，而是采用稍为偏离目标点方向瞄准，然后再顺着找到目标点。（图 14-1-2）

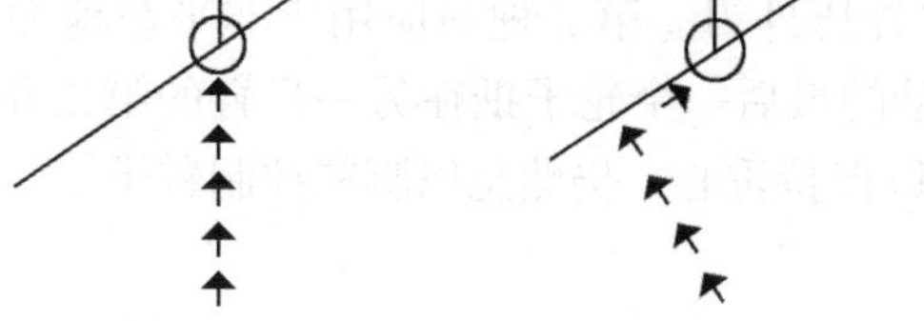


图 14-1-2

2.“放大”法

“放大法”要求运动员在寻找检查点时尽可能地扩大视野，并从目标点附近大的、明显的地形点找起，然后再找检查点。如果目标点所在地较小，此时如果运动员只是看很小的一点地形，是很难找到它的。（图 14-1-3）

3.借点法

如检查点周围有高大的、明显的地形点或地物时，可采用“借点法”方法。运动员在行进之前，必须先将地图中的目标点（地形或地物）辨认清楚，行进中先找到这些目标点，然后再利用它来判断检查点的具体位置。（图 14-1-4）

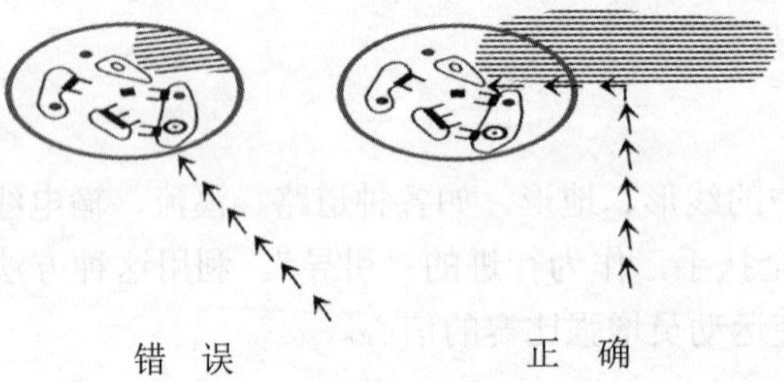


图 14-1-3

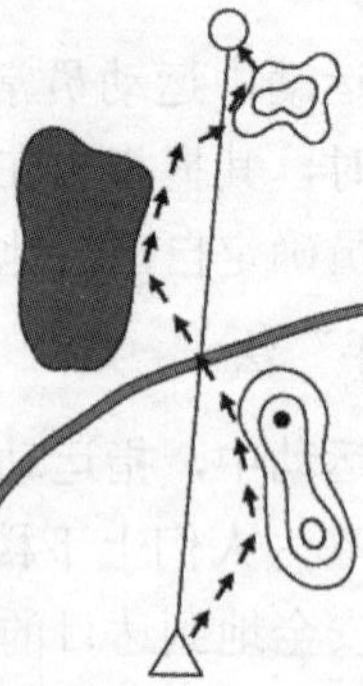

图 14-1-4

# 第二节 轮 滑

## 一、轮滑基本技术

### （一）站 姿

一种是普通的平行站立，即两脚平行稍窄于肩，双膝微弯以保持重心，控制好脚踝的力量不要让脚左右摆动，要保证轮子垂直于地面。穿专业平花鞋平行站立时，因为鞋的结构设计影响，两脚会自然地向外压外刃。第二种是应用于非平整地面的“丁”字形站立（也叫“T”字形站立），即一只鞋的最后一个轮子抵在另一只鞋的第二和第三只轮子之间，双膝微屈，双腿之间稍有间隙，以保持重心，仍然是以脚踝控制鞋子。

### （二）起 步

从“T”字形站姿起步，让一只脚保持前进姿势，脚尖向前，另一只脚向身体侧后方蹬地推出，就会有向前前进之力量。此时身体的重心应完全放在前脚上，身体稍向前倾（不是驼背），这样后脚的发力收回过程才能顺畅。后脚收回后，换另一只脚向身体侧后方蹬出，重心位置依然放在前脚上。以此类推。

### （三）滑　行

滑行时为保持较好的平衡，要尽量屈膝弯腰。目的是稳定重心和便于发力。

### （四）身体的重心

滑行时身体的重心要始终稍向前倾，随着两脚的不断交替，重心要不断地转移。当一只脚向侧后方蹬出时，身体重心必须要完全放在另一条腿上，这样才能保证蹬出的腿很顺畅地收回来。当这条腿收回落地时，重心马上转移到这条腿上，再把另一条腿蹬出。切记每次蹬腿时身体重心都要完全放在另一条腿上。如此循环。

### （五）滑行姿势

双膝微弯，身体稍向前倾以保持重心。滑行速度越快，屈膝弯腰的幅度越大。标准的速滑姿势为双手自然背后（无摆臂的情况下），背部与地面平行，大腿与小腿弯曲角度不大于 120°。

### （六）停　止

以上述姿势滑行，双脚靠近保持平行，有刹车块的脚稍稍向前，使两脚距离相差约有半个脚，提起脚尖直到脚跟的刹车块碰触到地面时，然后慢慢将重心移到有刹车块的脚，增加压力，直到停下来。

## 二、轮滑练习方法

轮滑是一项极易掌握的体育运动，任何人都能很快地学会它。但对很多人来说，初次接触轮滑时，心理上会产生一种畏惧感——担心摔跤。其实，只要简单地掌握一些轮滑的方法和技巧，就能把这项运动变成乐趣。

初学轮滑者一定要有耐心，禁忌滑行前不做准备活动，不戴护具。初学时一定要注意培养正确姿势，滑行时腰、膝、踝关节保持弯曲，降低身体重心，身体失去平衡时要向下蹲。

### （一）初级入门技术

#### 1. 移动重心的练习

（1）原地站立与踏步：穿好轮滑鞋，两脚平行站立与肩同宽，两腿微屈，上体稍前倾，两臂自然下垂。身体重心移至左腿，右腿稍抬起、放下。然后身体重心移至右腿，左腿稍抬起、放下。反复进行练习，逐渐加快速度。

（2）单脚支撑平衡：在掌握原地踏步的基础上，保持原来姿势，手扶栏杆或同伴，将重心移至一条腿上，另一腿向侧伸出再收回成开始姿势，换脚重复以上动作。

（3）模仿滑行姿势的蹲起练习：速度轮滑的滑跑姿势直接关系到滑行速度的快慢。正确的滑跑姿势，是上体前倾接近水平，肩背稍高于臂部，腿部弯曲，上体与地面成15°～20°角，大腿和小腿成90°～110°角，踝关节成50°～70°角，两手互握放于背后或在体侧自然摆动，头部自然抬起，眼向前看5～10米处。

（4）“八”字行走练习：两脚成外“八”字站立，保持好站立的姿势，重心移至左脚上，右脚向前迈一小步，重心随之移至右脚上，然后抬左脚向前迈一步，重心随着移至左腿上，重复上述练习。

（5）交叉步行走：原地站立，先将重心移至左腿上，收右腿，向左腿前外侧迈步交叉姿势，重心随着移至右腿上，接着收左腿左侧跨一步，成开始姿势，反复练习。

2. 直道滑行

（1）单脚蹬地双脚滑行练习：右脚用内刃蹬地，将重心推送至向前滑行的左腿上，右脚蹬地后迅速与左腿并拢成两脚滑行。接着用左脚蹬地，将重心推送至向前滑行的右腿上，左脚蹬地后迅速与右腿并拢成两脚滑行。

（2）单脚蹬地单脚滑行：上体前倾，两臂自然下垂，两脚稍分开，成外“八”字站立，重心移至右腿上，用右脚内刃蹬地，左脚用力向前滑出，随着蹬地动作结束，把重心推送至左腿上，左腿成半蹲支撑惯性滑行，接着向前收右腿，同时左脚蹬地，随左腿蹬地运作结束，把重心推送至成半蹲支撑惯性滑行的右腿上。反复进行。

（3）初步体会直道滑行方法：上体前倾，肩背稍高于臀部，两手互握放于背后或自然摆动，腿部弯曲，上体与地面成15°～20°角，膝关节成90°～110°角，踝关节成50°～70°角。保持这种姿势做单脚蹬地、单脚支撑惯性滑行练习。

（4）直道滑行的摆臂动作：有力的摆臂是顺着身体纵轴前后加速摆动，当两臂向上摆动时，可增加蹬地腿的蹬地力量。同时，两臂摆动越快，身体重心的移动也越快。所以要提高滑动的频率，就必须减小摆臂的幅度，加快摆臂的频率。

## （二）提高阶段技术

1. 弯道滑行

弯道滑行技术和直道滑行技术有明显的区别。弯道滑行技术特点在于练习者用交叉步滑行。由于向心力的作用，上体不仅前倾，而且还要向左倾。

（1）左脚支撑、右脚连续蹬地的滑行：从站立姿势开始，左脚用外刃支蹬地后迅速与左脚并拢，接着右脚再做一次蹬地动作，左脚继续做前外曲线滑行。

（2）在圆弧上做不连贯的交叉步滑行：在圆弧上用直线滑行步法，中间插入弯道交叉步。当左脚有稳定的平衡时，右脚向左脚左侧前方迈一小步；只要右脚有短暂的滑行之后，左脚就迅速从右腿后方收回，同时右脚蹬左脚直线滑进。重复上述动作。

2. 停止法

在滑行中，有时需要及时停止滑行，所以在初步掌握滑行基本动作的同时，就要学会停止滑行的方法。常用的停止法有“T”形停止法和双脚急停法。

（1）“T”形停止法：在向前滑行中，将重心放在右脚上，右膝弯曲，同时抬起左脚横放在右脚后成“T”形，然后以左脚四轮的侧面摩擦地面，减缓滑行速度，直到停止滑行。

（2）双脚急停法：在向前滑行中，两脚并拢，两脚同时向逆时针方向（或顺时针方向）转体 90°，右脚以内侧轮、左脚以外侧轮压紧地面，同时屈膝后坐，上体前倾，身体向左（右）倾倒，两臂前伸，两脚用力压紧地面，就会停止滑行。

## 三、注意事项

（1）练习轮滑前，应先做好准备活动，尤其是手腕和下肢各关节及韧带，要充分活动开。

（2）应戴一些防护用具，如轮滑专用的护腕、护肘、护膝及头盔等。现在很多体育商店都有这种轮滑的专用护具。（图 14-2-1、图 14-2-2）

（3）练习前要检查轮滑鞋的螺丝等紧固部件，以免滑行中因轮滑鞋出问题而受伤。

（4）初学者应在初学场内或规定范围内练习，或尽可能在人少的地方练习，不要任意滑行。初次学习轮滑时，最好有滑行熟练的同伴或辅导员进行辅导。

（5）禁止做危险或妨碍他人的动作，特别是在人多的公共轮滑场内，如几人拉手滑行，在速滑跑道上逆行，乱蹦乱跳，在场内横插乱窜，追逐打闹，突然停止等，这都是既妨碍他人，又容易发生危险的行为。

（6）学习轮滑时摔跤是不可避免的，但要学会在摔跤时做自我保护。方法是：当要向前或向侧摔倒时，要主动屈膝下蹲，用双手撑地缓冲，减小摔倒的力量；当要向后摔倒时，也要主动屈膝下蹲，降低重心，尽量让臀部先坐下，并注意保护尾骨处，同时低头团身，避免头部向后仰磕地；摔倒时应尽量避免直臂单手撑地，这样很容易损伤手腕。

（7）患有严重疾病的人（如有心脏病、高血压病等）不宜参加激烈的轮滑活动，最多可以慢速滑锻炼一下。此外，饮酒后和过度疲劳的人也不宜参加轮滑活动。

轮滑鞋

图 14-2-1

轮滑头盔

图 14-2-2

# 第三节　越野行走

## 一、入门与基础

### （一）手　杖

手杖的材质由碳纤维合成物或其他合成物制成，每支只有150克左右，既有很好的弹性，又具备足够的支撑力，是重量、弹性、支撑力的完美结合。杆体上粗下细的形状也充分考虑了杆体支撑的强度和重心分布，尽可能地提高操控性。

使用两只手杖，使人体由两个支撑变为四个支撑，减轻腰椎和膝关节的压力，无论是登山还是行走，都可以保护关节，预防关节病。

### （二）手杖的使用方法

**1. 持杖方法**

分清左右手，防滑头尖朝后；虎口夹住手杖，拖着手杖行走；手臂下垂，以肩为轴前后摆动；走成手脚一顺边，先采用握住手杖中部，拎着手杖行走的方法辅助练习。

**2. 拖手杖行走**

这是越野行走的基础动作。掌握了拖手杖行走，就学会了基本行走技巧的50%。

**3. 稍用力支撑行走**

在保证动作不变形的前提下，找到手脚并用“四条腿”走路的感觉。

以手指的力量推地前行，保持第一步学会的技术动作不变形。

**4. 戴上腕带行走**

手掌虚握手杖，通过腕带推动手杖行进。虎口控制手杖手柄，防止手杖左右摆动。

**5. 用力支撑大步行走**

手臂前后摆开，大步行走：后腿蹬直，前腿后脚跟先着地，再过渡到全脚掌着地。前摆腿多迈出5～10厘米，使用侧髋部前移。手臂以肩为轴前后摆开。前摆手推手杖时，手腕稍直立，以手掌压腕带，并逐步过渡到以虎口推腕带，推至腰后。前摆手推过腰部，手掌离开手杖手柄。

**6. 山地行走**

使用两支越野行走手杖登山，可以减轻膝关节的压力。

（1）台阶行走

上台阶行走法（一拉一推）、下台阶行走法（两手交替在前）。

（2）休闲走与康复走

休闲走是在标准越野行走姿势的基础上，缩小步幅，放慢步频，前摆手可以高过肚脐，手杖稍直立，后摆手推至腰部即可。康复走是体弱或者腰腿行动不便人群的康复锻炼方法，在休闲走的基础上，根据自己的身体情况，调整手杖直立的程度，主要以减轻腰部关节压力，并使上下肢都得到运动为目的。

## 二、竞赛规则简介

### （一）比赛场地

任何坚固、匀质、符合国际田联《田径场地设施标准手册》中有关规定的方面均可用于越野行走比赛。

**1. 年龄组**

少年男子和女子：凡在比赛当年12月31日号满16或17周岁者。

青年男子和女子：凡在比赛当年12月31号满18或19周岁者。

**2. 报　名**

（1）只有符合越野行走资格规定的运动员，方可参加按越野行走规则举行的比赛。

（2）在所有国际比赛中，均应接受具有此类资格保证的运动员参赛，除非技术代表收到对其身份提出异议的反对意见。

### （二）放弃比赛

经过最后确认，某运动员将参加某项目比赛，但后来没有参加比赛者，应取消有关运动员参加该次比赛所有后继项目（包括接力赛）的参赛资格。

### （三）服　装

各项目参赛的运动员必须穿着干净的服装，其设计式样和穿着方式应无碍观瞻，服装的材料着湿时不得透明。运动员不得穿着可能有碍于裁判员观察的服装。运动员的比赛上衣应前后颜色一致。

### （四）鞋

运动员必须双脚穿鞋比赛。穿鞋比赛的目的是使双脚得到保护和稳定并牢固地抓住地面。不得使鞋的结构为运动员提供任何额外的助力，鞋中不得附加任何种类的技术装置，以使穿着者得到任何不公平的有利条件。

### （五）号　码

应为每名参赛运动员提供两块号码布，将其分别佩戴在胸前和后背的显著位置。佩戴号码布必须以其原样，不得以任何形式裁剪、折叠或遮挡，不按规定佩戴号码者不得参加比赛。

### （六）中途报时

可以正式宣告和（或）显示比赛的中途时间和领先运动员的参考时间。除此之外，未经赛事主管批准，任何人都不得在比赛场内向运动员传递此类时间信息。

有关裁判长应对在比赛中、在比赛区域内提供或接受帮助的任何运动员予以警告，并告诫他如重犯将取消其该项目的比赛资格。如果运动员随后在该项目中被取消比赛资格，那么他在该项目中取得的成绩被视为无效，但此前取得的成绩视为有效。

根据规则，下列情况视为提供帮助。

（1）运动员在比赛场上拥有或使用录像机、盒式录音机、收音机、CD机、无线通信机、移动电话或类似装置。

（2）使用为运动员提供使用规则限定的设备中所不能获取的有利条件的任何技术或设备。

下列情况被允许，不被认为是提供帮助。

（1）运动员与教练员进行交流，该教练员不在比赛区内，并且不干扰比赛进行。

（2）可在比赛区域内对运动员进行必要的医学检查、治疗或理疗，以使运动员能够参加或继续参加比赛。此类医学检查、治疗和（或）理疗可由组委会任命的佩戴袖标或背心，或身着其他明显服装的医务官在比赛区域内进行，也可由注册随队医务人员经过医务代表或技术官员的专门批准，在比赛区域外的医务治疗区进行，但不得延误比赛的进程。一旦运动员离开检录处，无论是比赛中或是比赛开始前，其他任何人对运动员进行此类护理或治疗，均被认为是对运动员提供帮助。

（3）出于保护和（或）医疗目的的任何种类的个人保护（例如绷带、带子、腰带、支持物等），裁判长与医务代表一起合作，有权核实任何使用上述物品的情况是否合理。

### （七）饮用水、海绵块

根据天气情况，组委会可向运动员提供饮用水和浸水的海绵块。

### （八）取消比赛资格

如果运动员在比赛中因违反技术规则而被取消比赛资格，那么他在该次比赛中取得的成绩被视为无效。

运动员违反体育道德或有不正当的行为，将在正式成绩中注明取消比赛资格的原因。

# 第四节　花样跳绳

## 一、花样跳绳注意事项

（1）须在平滑地面进行，注意地面不可有高低落差及坑洞。
（2）室内跳绳时须留意天花板的高度，亦应远离风扇及家具杂物。
（3）多人跳绳时须留意人与人之间的距离，避免被他人的绳子打伤。

花样跳绳

## 二、花样跳绳的步骤

### （一）选择一条适合你的绳子

绳子长度应适合跳绳者的身高，长度适中的绳子可以顺畅地绕过身体及头部，过长或过短的绳子会使跳绳动作不协调。

计算绳子长度的方法：初学者可以双脚踏住绳的中央，双手执绳的两端拉直至胸口位置（或以下），便是适当长度。

### （二）选择适合的运动鞋

为了减轻脚部因跳绳时与地面接触而产生的撞击力，应选择有避震或弹性设计的运动鞋。

### （三）跳绳前须做热身运动

热身运动应以伸展动作为基础，每个动作须保持 8 ～ 10 秒，以使肌肉柔和舒缓地伸展，使肌肉能充分地适应进一步的运动量。一般而言，全套热身运动所需时间长为 5 ～ 10 分钟，但也须配合当时天气的温度而加长或缩短，务求能使体温轻微上升。

### （四）跳绳姿势要正确

（1）眼向前望，腰背要伸直。
（2）沉肘：前臂肘约成 90° 角。
（3）以手腕力量摆绳。
（4）跳跃时双脚并合，脚尖或前脚掌有节奏地踏地跳。
（5）着地时膝盖微屈，以吸收跳跃时的震荡力。
（6）踏跳时以脚前掌着地，足踝大部分时间是不着地的。

### （五）跳绳后须做舒缓运动

将身体尽量放松，做深呼吸，可重复先前用绳进行的伸展运动，亦可利用散步方式放松身体各部分，直至体温和呼吸恢复正常为止。

## 三、花样跳绳基本技术

### （一）个人花样

1. 左中右跳（图 14–4–1 至图 14–4–3）

图 14–4–1

图 14–4–2

图 14–4–3

2. 左右钟摆跳（图 14–4–4、图 14–4–5）

图 14–4–4

图 14–4–5

3. 前绳交叉及后绳交叉跳（图 14–4–6、图 14–4–7）

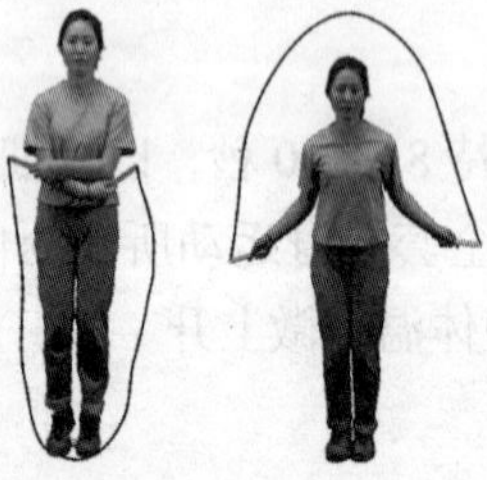

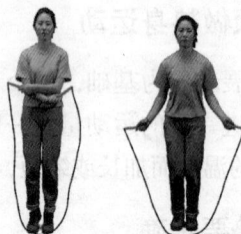

图 14–4–6

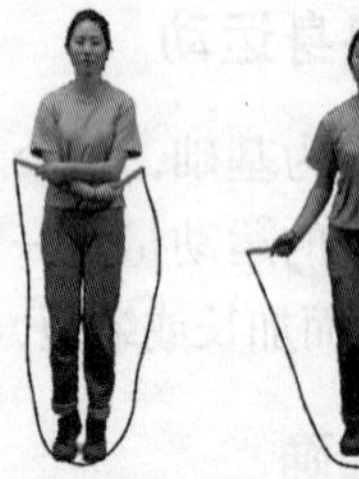

图 14–4–7

4. 开合跳（图 14–4–8 至图 14–4–11）

图 14–4–8

图 14–4–9

图 14–4–10

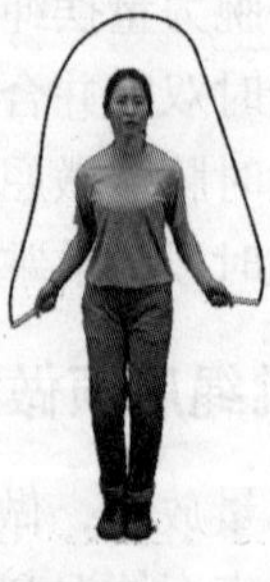

图 14–4–11

5. 扭动跳（图 14–4–12、图 14–4–13）

图 14–4–12

图 14–4–13

6. 胯下一跳，胯下二跳（图 14–4–14 至图 14–4–17）

图 14–4–14

图 14–4–15

图 14–4–16

图 14–4–17

7. 单脚跳（图 14–4–18、图 14–4–19）

图 14–4–18

图 14–4–19

8. 脚踝跳（图 14–4–20、图 14–4–21）

图 14–4–20

图 14–4–21

9. 脚步花样——如踢腿或肯肯舞跳（图 14–4–22 至图 14–4–25）

图 14–4–22

图 14–4–23

图 14–4–24

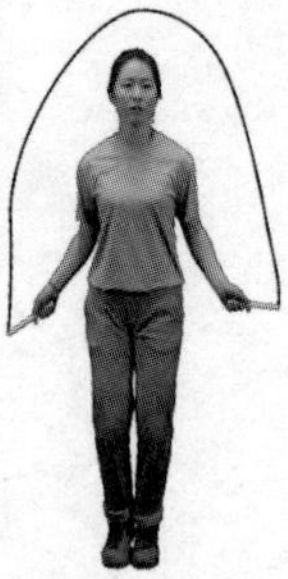
图 14–4–25

肯肯舞跳（提膝跳+踢腿跳）：

第一跳：提膝跳。

第二跳：双脚跳。

第三跳：踢腿跳。

第四跳：双脚跳。

10. 不同摆绳花样（不需跳过绳子）

（1）花样一（图 14–4–26 至图 14–4–28）

图 14–4–26

图 14–4–27

（之后向相反方向解绳）

图 14–4–28

（2）花样二（图 14–4–29 至图 14–4–31）

图 14–4–29

图 14–4–30

（之后向相反方向解绳）

图 14–4–31

（3）花样三（图 14-4-32 至图 14-4-34）

图 14-4-32

图 14-4-33

图 14-4-34

## （二）双人花样

1. 朋友跳（图 14-4-35）

可加转身跳或摆绳者出入等动作。

图 14-4-35

2. 单侧回旋跳（图 14-4-36）

图 14-4-36

3. 横排跳（图 14-4-37）

图 14-4-37

4. 连锁跳（图 14-4-38、图 14-4-39）

可随意加减人数，若绳子没有绳柄，则需要在跳动时转动绳头。

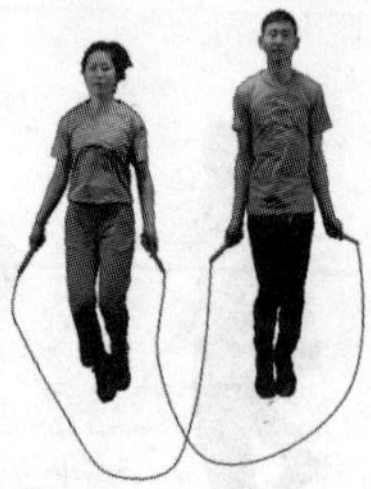

图 14-4-38

图 14-4-39

## （三）多人花样

1. 跳大绳（图 14-4-40）

可自创花式，如猜拳、转球、转换位置和集体舞步等。

图 14-4-40

2. 大绳绳中绳（图 14-4-41）

图 14-4-41

3. “十”字绳（图 14-4-42）

图 14-4-42

4. 交互跳（图 14-4-43）

基本上所有集体跳都可以加入绳中绳动作，若技术许可，更可加入双人跳。

图 14-4-43

5. 伞形跳（图 14-4-44）

图 14-4-44

## （四）集体花样

应根据音乐节奏做出不同的跳绳花样，将单人、双人和多人串联起来，再配合不同的队形编排出一套原创的跳绳动作。